V&R

Geldpolitik und Europäische Währungsunion

Festschrift für
Hans-Joachim Jarchow
zum 65. Geburtstag

Herausgegeben von
Günther Engel und Peter Rühmann

Vandenhoeck & Ruprecht

Die Deutsche Bibliothek – CIP-Einheitsaufnahme

Geldpolitik und Europäische Währungsunion :
Festschrift für Hans-Joachim Jarchow
zum 65. Geburtstag / hrsg. von Günther Engel und Peter Rühmann. –
Göttingen : Vandenhoeck und Ruprecht, 2000
ISBN 3-525-13235-2

Druck und Bindung: Hubert & Co., Göttingen.

Vorwort der Herausgeber

Am 16. August dieses Jahres vollendet Hans-Joachim Jarchow, Professor an der Georg-August-Universität Göttingen für Volkswirtschaftslehre, insbesondere für Geld und Währung, sein 65. Lebensjahr. Aus diesem Anlass widmen ihm Kollegen und Schüler diese Festschrift als Zeichen der Anerkennung für sein Wirken in Forschung und Lehre. Sie verbinden dies mit dem Wunsch, dass seine Schaffensfreude weiterhin ungebrochen bleibe.

Das wissenschaftliche Werk von Hans-Joachim Jarchow ist beachtlich. Es umfasst neben den Monographien eine Vielzahl von Beiträgen in Sammelwerken und einige Dutzend Artikel in wissenschaftlichen Zeitschriften. Seine jeweils zweibändigen Lehrbücher „Theorie und Politik des Geldes“ sowie „Monetäre Außenwirtschaftstheorie“ haben bisher insgesamt über zwanzig Auflagen erlebt.

Seit Beginn seiner wissenschaftlichen Laufbahn beschäftigen Hans-Joachim Jarchow Fragen der Geldtheorie und Geldpolitik sowie monetäre außenwirtschaftliche Zusammenhänge. Im Bereich der Geldtheorie und Geldpolitik gelang es ihm zu Beginn der siebziger Jahre, die erst kurz zuvor entwickelte Geldangebotstheorie an die institutionellen Gegebenheiten der deutschen Geldpolitik anzupassen und den von ihm entwickelten Ansatz zusammen mit seinem Mitarbeiter Herbert Möller empirisch zu überprüfen. Im Bereich der monetären Außenwirtschaft gilt sein wissenschaftliches Interesse sowohl der Makroökonomik offener Volkswirtschaften als auch der Wechselkurstheorie. Stellvertretend seien hier nur seine Veröffentlichungen zur Lohnbildung in einer offenen Volkswirtschaft und zur Geld- und Fiskalpolitik in einer Währungsunion genannt.

Das Werk von Hans-Joachim Jarchow spiegelt deutlich die Auseinandersetzung mit der währungsgeschichtlichen Entwicklung in der zweiten Hälfte des zwanzigsten Jahrhunderts wider. Seine Überlegungen zur Kontrolle des Geldangebots erhalten ihre Bedeutung durch den Zusammenbruch des Festkurssystems von Bretton Woods, der den Zentralbanken einen Spielraum zur Verfolgung binnenwirtschaftlicher Ziele verschafft hat. Die europäische Währungsintegration, die zum Europäischen Währungssystem und schließlich zur Europäischen Währungsunion führte, hat er in seiner Arbeit kritisch begleitet, wie seine Veröffentlichungen zeigen, die sich nicht nur an Wissenschaftler wenden, sondern teilweise auch an die interessierte Öffentlichkeit.

Das Wirken von Hans-Joachim Jarchow beschränkt sich nicht auf Göttingen. Insbesondere der „Ausschuss Geldtheorie und Geldpolitik" des Vereins für Socialpolitik bietet ihm ein Forum für die Diskussion seiner Vorstellungen. Den Studierenden der Wirtschaftswissenschaften an deutschsprachigen Universitäten ist er weit über Göttingen hinaus durch seine Lehrbücher bekannt geworden. In diesen entfaltet er seine Begabung zur präzisen und klaren Darstellung von wirtschaftlichen Zusammenhängen, die ihm auch im Hörsaal stets die Anerkennung der Teilnehmer an seinen Lehrveranstaltungen verschafft hat. Als Schüler und Kollegen wissen die Herausgeber an ihm seine Fähigkeit zu schätzen, Effizienz in der Sache mit Freundlichkeit im Umgang mit anderen Menschen verbinden zu können.

Die in dieser Festschrift vereinigten Beiträge zur „Geldpolitik und Europäischen Währungsunion" knüpfen in vielfältiger Weise an das Werk von Hans-Joachim Jarchow an. Sie beziehen sich inhaltlich auf seine Arbeitsschwerpunkte und verkörpern in ihrer Gesamtheit die Anwendung der wissenschaftlichen Analyse auf Fragen von aktueller Bedeutung. Den Beiträgen zu dieser Festschrift sind zunächst einige hochschulpolitische Erinnerungen von Jörg Niehans vorangestellt, dem gegenüber als Wissenschaftler und als Mensch Hans-Joachim Jarchow eine ganz besondere Wertschätzung empfindet.

Die anschließenden Fachbeiträge, für die im Anhang jeweils eine Zusammenfassung wiedergegeben ist, sind nach drei Themenkomplexen geordnet. Im ersten geht es um eine theoretische Wirkungsanalyse der Geldpolitik, wobei sich die modellmäßige Erfassung einer Währungsunion auf einen Schwerpunkt der jüngeren Forschungstätigkeit von Hans-Joachim Jarchow bezieht. Der zweite Themenkomplex befasst sich mit drei Fragen bezüglich der praktischen Ausgestaltung der Geldpolitik, die im Rahmen der Europäischen Währungsunion erhöhte Aktualität gewonnen haben, nämlich mit der Strategie der direkten Inflationssteuerung, der Berücksichtigung von Aktienkursen und der Notwendigkeit einer fiskalpolitischen Koordination. Im dritten Themenkomplex wendet sich der Blick von der Geldpolitik selbst zu ihrem Umfeld, und es wird untersucht, welche Konsequenzen der Übergang zur Europäischen Währungsunion für den monetären und den realen Bereich der Volkswirtschaft haben dürfte.

Die Herausgeber danken allen, die zur Fertigstellung dieser Festschrift beigetragen haben, an erster Stelle natürlich den Autoren, außerdem Herrn O.F. Schneemann für die umfangreichen Aufbereitungsarbeiten zur Erstellung einer einheitlich gestalteten Druckvorlage, die er unter tatkräftiger Mithilfe der Herren F. Noto, H. Buch und J. Südekum sowie der Sekretärin Frau H. Beier ausgeführt hat. Zusätzlich sind die Herausgeber der Universität und dem Universitätsbund für eine finanzielle Unterstützung der Drucklegung zu Dank verpflichtet.

Göttingen, im Juli 2000

Günther Engel
Peter Rühmann

Inhalt

Hochschulpolitik

Jürg Niehans: Studienreform in unruhiger Zeit: Eine Erinnerung ... 13

Wirkungsanalyse der Geldpolitik

Hans-Jürgen Ramser: Geld und Wirtschaftswachstum ... 33

Hans-Werner Wohltmann: Geldpolitik in einer asymmetrischen Währungsunion: Ein dynamischer Ansatz ... 53

Ausgestaltung der Geldpolitik

Ernst Baltensperger: Die Rolle des Geldes im Inflation Targeting ... 95

Helmut Hesse und **Bernd Braasch:** Aktienkurse in geldpolitischer Sicht ... 111

Jürgen von Hagen: EMU: Political Economic Issues and Challenges ... 129

Umfeld der europäischen Geldpolitik

Michael C. Burda: Einige Überlegungen über europäische Arbeitsmärkte und die Europäische Währungsunion ... 163

Peter Cornelius: Makro-Märkte und Risikomanagement in der Europäischen Währungsunion ... 189

Wolf Schäfer: MOEL – Wechselkursarrangements ... 217

Manfred Timmermann: Risikocontrolling und Risikomanagement auf internationalen Finanzmärkten ... 229

Anhang

Veröffentlichungen von Hans-Joachim Jarchow 257

Autoren der Festschrift 263

Zusammenfassungen der Beiträge 265

Hochschulpolitik

Studienreform in unruhiger Zeit: Eine Erinnerung

Jürg Niehans

Jedermann trifft von Zeit zu Zeit einen Menschen, mit dem er sich von der ersten Minute an gut versteht, so dass jeder Kontakt neue Gemeinsamkeiten enthüllt. Ein solcher Mensch war für mich Hans- Joachim Jarchow. Zunächst trafen wir uns in unserem wissenschaftlichen Interesse für die Geldtheorie, insbesondere ihre internationalen Aspekte. Dabei zeigte sich, gleichsam als Nebenprodukt, ein hohes Mass an Übereinstimmung in universitätspolitischen Fragen. Ausserdem ergaben sich aus den beruflichen Kontakten zahlreiche ausserberufliche Berührungspunkte, die jedes Zusammentreffen zu einem Vergnügen machten. In dieser Festschrift liegt das Hauptgewicht naturgemäss auf den Gebieten von Jarchows wissenschaftlichen Beiträgen. Zu den Gemeinsamkeiten, die uns freundschaftlich verbinden, gehört aber auch das Eintreten für Reformen des wirtschaftswissenschaftlichen Studiums. Dem Studienreformer Jarchow ist deshalb der nachfolgende Beitrag gewidmet.

Die Bemühungen um Studienreformen im deutschen Sprachgebiet sind ein kleiner Ausschnitt aus einem weltumspannenden Prozess, den man den Institutionentransfer nennen kann. Zu diesem Prozess gehörte schon die Herausbildung und Ausbreitung jener Institutionen, die gemeinhin als Universitäten bezeichnet werden. Innerhalb der Universitätsgeschichte hat im letzten Drittel des 19. Jahrhunderts die Übertragung des deutschen Doktorandenseminars auf das amerikanische College unter der Führung der Johns Hopkins Universität zur Entstehung der „Graduate School“ geführt, die für die Entwicklung der modernen Wissenschaft von so grosser Bedeutung werden sollte. Die Rückübertragung dieser institutionellen Neuerung auf die kontinentaleuropäische Universität wiederum wurde zu einem dominierenden Problem in der zweiten Hälfte des 20. Jahrhunderts. Ein Teilaspekt dieser Rückübertragung ist die Einführung des sogenannten „Kreditpunktesystems“, zu der Hans-Joachim Jarchow an der Universität Göttingen einen entscheidenden Beitrag geleistet hat. Solche institutionelle Übertragungsprozesse gehen, wie wir wissen, oft nicht reibungslos vonstatten. Diese alte Wahrheit hat sich auch an der Rechts- und Wirtschaftswissenschaftlichen Fakultät der Universität Bern bestätigt, als sie vor zwanzig Jahren zum Kreditsystem überging. Die folgenden Aufzeichnungen halten meine Erinnerungen an diese konfliktreiche Episode fest.

1. Vorspiel in der Luft

An einem Junitag des Jahres 1976 befand ich mich in einem Flugzeug der Swissair über dem Atlantik auf dem Rückflug von einem kurzen Besuch in der Schweiz. Die Universität Bern hatte mich zu Berufungsverhandlungen für den Lehrstuhl für theoretische Nationalökonomie eingeladen, von dem Hugo Sieber aus Gesundheitsrücksichten zurückzutreten gezwungen war. Ich blickte damals auf zehn fruchtbare, erfolgreiche und akademisch befriedigende Jahre an der Johns Hopkins Universität in Baltimore zurück und konnte mir an sich nichts Besseres denken, als auch das letzte Jahrzehnt meiner Lehrtätigkeit dort zu verbringen. In zunehmendem Masse hatte ich jedoch die Verpflichtung empfunden, die gewonnene akademische Erfahrung auch der schweizerischen Wirtschaftswissenschaft zugute kommen zu lassen. Dazu kamen familiäre Rücksichten. Unser jüngster Sohn war schwer erkrankt, und meine Frau und ich fragten sich, ob ihm nicht in der Schweiz besser geholfen werden könne als in Amerika. So hatte ich denn auf die Einladung grundsätzlich positiv reagiert.

Bei den Berner Kollegen hatte ich die freundschaftlichste Aufnahme und bei den Universitätsbehörden grosses Entgegenkommen gefunden. Von Ämtern und Instituten hatte ich mir eine Mappe voll Unterlagen geben lassen. Zu diesen gehörte auch das Reglement über die Studiengänge und Prüfungen an der Wirtschaftswissenschaftlichen Abteilung der Rechts- und Wirtschaftswissenschaftlichen Fakultät und die zugehörige Studienordnung. Diese versuchte ich, hoch über Grönland, zu verstehen. Trotz redlichem Bemühen wollte mir dies aber nicht gelingen. Alles schien mir kleinlich, verkniffen und undurchsichtig. Je mehr ich las, umso weniger begriff ich und umso weniger konnte ich mir vorstellen, dass dies der Rahmen meiner bernischen Lehrtätigkeit sein könnte. Ich musste mir auch davon Rechenschaft geben, dass schlechte Studienreglemente zukünftige Berufungen erschweren würden. So war denn bis zur Ankunft in New York der Entschluss herangereift, mich, falls ich nach Bern berufen würde, für eine Verbesserung dieser Reglemente einzusetzen. Ich wusste damals noch nicht, dass dieser Entschluss meinen ersten drei Jahren in Bern den Stempel aufdrücken sollte. Bevor er in die Tat umgesetzt werden konnte, waren zwar noch manche andere Fragen zu klären, aber am 1. Juli 1977 konnte ich mein neues Amt antreten.

2. Die Initiative: Kreditsystem

In Bern begann ich mich sogleich mit Kollegen und Assistenten über die bestehenden Verhältnisse zu unterhalten. Mit dem Wiederbeginn des Semesters suchte ich auch Kontakte mit Studenten anzuknüpfen, denen meine Türe jederzeit ohne Voranmeldung offen stand. Rasch zeigte sich, dass ich nicht der einzige war, der mit der Prüfungsordnung unzufrieden war. Unter den Assistenten, denen die Beratung der Studenten oblag, hatte sich eine eigentliche Wissenschaft, genannt „Achtologie", herausgebildet, so genannt, weil das gesamte Prüfungspensum in Achtel zerlegt war. Sie wurde ergänzt durch die Hilfswissenschaft der „Blockologie", indem die einzelnen Vorlesungen zu Prüfungszwecken in Blöcke zusammengefasst waren. Dies hatte zur Folge, dass eine Lehrveranstaltung nie für sich allein, sondern nur zusammen mit anderen prüfungstechnisch nutzbar gemacht werden konnte, wobei die zulässigen Kombinationen mitunter willkürlich anmuteten. Dem Studenten waren zwar zahlreiche, ja fast zahllose Wahlmöglichkeiten zwischen Achteln und Blöcken offen gelassen, aber da sich die Blöcke häufig überschnitten und manche Kombinationen eben doch ausgeschlossen waren, entstand der Eindruck einer hoffnungslosen Unübersichtlichkeit.

Gewisse Konsequenzen lagen umso klarer zutage. So hatte der Student, wenn er einmal das zweisemestrige Einführungsstudium hinter sich gebracht hatte, bis zur mündlichen Schlussprüfung, abgesehen von zwei Lizentiatsarbeiten, überhaupt keine Prüfungen abzulegen. Zwar hatte der Druck der Verhältnisse ganz von selbst dazu geführt, dass manche Dozenten in ihren Vorlesungen freiwillige Prüfungen abnahmen, aber dies war, streng genommen, illegal; eine Grundlage im Studienreglement gab es dafür nicht. So pflegte sich denn das Studium in den unteren Semestern praktisch auf das „Hören“ von Vorlesungen zu beschränken. Die ernsthafte Arbeit begann nur allzu häufig erst mit dem Büffeln von Vorlesungsskripten in den letzten Studiensemestern. Die Bibliotheken standen leer, Seminararbeiten wurden kaum geschrieben. Es gab, abgesehen vom Einführungsjahr, keine Kenntnisse, die in Vorlesungen für Fortgeschrittene vorausgesetzt werden konnten. Der einzige Ausweis über den Besuch einer Vorlesung war der unleserliche Namenszug, den der Dozent am Anfang und am Schluss des Semesters ins Testatbuch des Studenten setzte oder durch einen Assistenten stempeln liess.

Ausserdem führte das Blocksystem, da ja die Blöcke aus Vorlesungen bestanden, zu einer engen Verknüpfung des Prüfungsreglements mit dem Vorlesungsangebot. Anteile an den Prüfungen wurden wie Eigentumsrechte der Dozenten behandelt, und ihreVerteilung unter die Fakultätsmitglieder wurde zu einer Hauptfunktion des Examensordnung. Jede Vorlesung, die gehalten wurde, musste im Reglement aufgeführt sein; jede Vorlesung, die aufgeführt war, musste gehalten werden. Vorlesungen von Gast- oder Privatdozenten, die im Reglement nicht vorgesehen waren, konnten vom Studenten nicht in sein Studienpensum einbezogen werden. Jede Veränderung im Lehrkörper drohte Verhandlungen unter den Dozenten über die Anpassung der Blöcke zu erfordern. Der Anrechnung von Studien an anderen Fakultäten oder Universitäten, der Freizügigkeit, standen schwer zu überwindende Hindernisse im Wege. Wenn ein Dozent ausschied, musste sein Lehrstoff noch jahrelang geprüft werden. Mit alledem war das geltende Reglement ausgesprochen neuerungsfeindlich.

Den Ausweg aus diesen Schwierigkeiten sah ich im „Kreditpunkte-“ oder „Zählersystem“, das ich in Amerika, wo es eine Selbstverständlichkeit ist, kennen gelernt hatte. Sein Grundgedanke liegt darin, dass sich der Student für jede bestandene Prüfung Gutpunkte erwirbt, und wenn diese eine gewisse Zahl erreicht haben, wird ihm das Diplom verliehen. Der Nachweis einer genügenden Leistung wird damit in die einzelne Lehrveranstaltung verlegt; das Schlussexamen entfällt. Die Vorteile dieser Konzeption schienen mir auf der Hand zu liegen. Dank der produktiveren Verwendung früherer Semester sollte es möglich sein, bei kürzerer Studiendauer ein fruchtbareres Ergebnis zu erzielen. Das Prüfungsreglement würde vom Vorlesungsangebot gelöst. Gast- und Privatdozenten würden in gleicher Weise an den Prüfungen beteiligt wie Ordinarien. Wechsel im Lehrkörper und die Entwicklung der Wissenschaft würden keine Anpassung der Reglemente mehr erfordern. Prüfungen, die an anderen Fakultäten oder Universitäten abgelegt wurden, könnten ohne weiteres auf das Berner Pensum angerechnet werden. Ja, man könnte sich selbst interdisziplinäre Studienprogramme vorstellen.

Am Ende meines ersten Halbjahres in Bern legte ich den Kollegen an der Wirtschaftswissenschaftlichen Abteilung diese Überlegungen vor, und in einer Notiz vom 9. Januar 1978 entwarf ich die Umrisse der neuen Konzeption. Die Initiative wurde mit zwiespältigen Gefühlen aufgenommen. Das geltende Examensreglement war erst 1971, nach grossen fakultären Mühen, in Kraft getreten, und meine Kollegen scheuten sich begreiflicherweise, schon wieder eine so undankbare Aufgabe in Angriff zu nehmen. Manche waren auch von den Tugenden des „amerikanischen" Kreditsystems nicht von vornherein überzeugt. Interesse war aber immerhin vorhanden, und man wollte mir wohl auch nicht so früh schon eine Enttäuschung bereiten. So wurde denn, wie immer in solchen Fällen, eine Kommission eingesetzt, die das Projekt weiter bearbeiten sollte. Ein beunruhigter Kollege fragte mich, wie lange denn der Revisionsprozess dauern würde. Ich sagte zwei Jahre, und so lange hat er in der Tat gedauert.

3. Die Kommission: Synthese

Die Kommission bestand aus drei Ordinarien, von denen ich der jüngste war. Ihre Zusammensetzung sollte sich in der Folge als entscheidende Voraussetzung des Erfolgs erweisen. Walter Müller war Betriebswirt, ein Mann unabhängigen und eigenwilligen Urteils und politisch der Linken zuneigend. Die Studentenunruhen, für die er viel Verständnis aufbrachte, hatten ihn, wie er mir sagte, zu einem gewandelten Menschen gemacht. Bei allen Wechselfällen der nächsten zwei Jahre zeigte er unerschütterliches Vertrauen in unsere Fähigkeit, dank überlegener Sachkenntnis und Erfahrung die Neuerung zum Erfolg zu führen. Walter Rüegg war von der Geschichte des Humanismus zur Soziologie gekommen und war einer der besten Kenner der europäischen Universitätsgeschichte. Als Rektor in Frankfurt hatte er die universitätspolitische Feuertaufe erhalten und in Bern hatte er sich mutig für die Entpolitisierung der Soziologie eingesetzt. Mich selbst hielten Studenten und Kollegen des linken Flügels für liberal, und zwar mit Recht, während Ideologen des freien Unternehmertums es mir nicht immer verzeihen konnten, dass ich die Aufgabe des Wirtschaftstheoretikers unpolitisch verstand. Schon in Zürich hatte ich unter der Führung von Wilhelm Bickel an der Einführung des Lizentiats mitgewirkt. Später hatte ich in Johns Hopkins mitgeholfen, die umfassenden mündlichen Prüfungen für Doktoratsstudenten abzuschaffen. Es hatte sich gezeigt, dass die Noten, die verschiedene anwesende Examinatoren für die gleiche Prüfungsleistung erteilten, derart weit zu streuen pflegten, dass die mündlichen Prüfungen zum Erkenntniswert der schriftlichen nichts hinzufügten.

Die Kommission begann ihre Arbeit mit der Umrissskizze eines reinen Kreditsystems, in dem sämtliche Leistungsnachweise im Zusammenhang mit einzelnen Vorlesungen, Übungen, Seminarien u. dgl. erbracht werden. Dies warf natürlich sogleich die Frage auf, was die Zähleinheit sein solle, die einsemestrige Vorlesung (ohne Rücksicht auf die Zahl der Wochenstunden), die Semesterwochenstunde, oder sonst etwas. Da die Zahl der Wochenstunden von einer Vorlesung zur anderen sehr verschieden sein konnte, wurde sie zugunsten der Semesterwochenstunde entschieden. Schwieriger zu beantworten war die Frage, ob die Semesterwochenstunden nur gezählt, oder ob sie auch nach der Schwierigkeit oder dem Arbeitsaufwand gewichtet werden sollten. Die Diskussion darüber führte zum Schluss, dass eine Gewichtung zwar sachlich vielfach gerechtfertigt wäre, dass sich aber objektive Kriterien für die Anforderungen einer Vorlesung nicht finden lassen. Der Entscheid fiel deshalb zugunsten der ungewichteten Semesterwochenstunde.

Vor allem aber zeigte sich, dass für die Beibehaltung der Möglichkeit, für gewisse Gruppen zusammengehörender Lehrveranstaltungen gemeinsame Prüfungen vorzusehen, überzeugende Gründe ins Feld geführt werden konnten. Das reine Kreditsystem war nicht optimal. Zur Hauptaufgabe der Kommission wurde damit die Entwicklung einer Synthese, in der verschiedene Formen des Leistungsnachweises zur Wahl stehen. Von der Achtologie / Blockologie ausgehend war eine solche Synthese schwer zu erreichen, da die Noten einzelner Vorlesungen nicht einfach „nachgeschoben“ werden konnten. Von einem reinen Kreditsystem aus hingegen war die Synthese leicht zu bewerkstelligen, da nur die Zusammenfassung einzelner Vorlesungen zu Blöcken zugelassen zu werden brauchte. Die verzwickten Epizykel der Achtologie verwandelten sich gleichsam mit einer kopernikanischen Wendung in ein durchsichtiges Zusammenspiel verschiedener Prüfungsformen. Schon im ersten Kommissionsentwurf vom 23. Mai 1978 war diese Stufe erreicht.

4. Widerstand: Die Fachschaft

Die Universität Bern stand zu jener Zeit noch im Zeichen der Studentenunruhen. An solche war ich an sich von Johns Hopkins gewöhnt. Der Kampf um die Rassenintegration hatte in Amerika vielfach die Überzeugung zurückgelassen, dass das Sittengesetz Widerstand gegen die Staatsgewalt verlangen könne. Die Eskalation des Vietnamkrieges unter der Präsidentschaft von Lyndon Johnson gab dieser Überzeugung eine neue Dimension. Unter Nixon erreichten die Unruhen ihren Höhepunkt. Auch Hopkins erlebte einen „Streik“, der allerdings recht harmlos verlief. Seminarräume pflegten zu jener Zeit von einem Haschischdunst durchzogen zu sein. Ich wurde von einem trotzkistischen Studentenkomitee aufgesucht, das mir den unmittelbar bevorstehenden Zusammenbruch des Kapitalismus ankündigte (Mein Angebot, von meinen Besuchern Aktien zum halben Tagespreis mit Lieferung in 3 Monaten zu kaufen, wurde leider nicht angenommen). Bleibende Spuren hinterliessen diese Protestaktionen, trotz gelegentlichen Gewalttaten, in den amerikanischen Universitäten kaum. Der Protest war nicht institutionalisiert, und eine Prise Humor blieb immer beigemischt. In Europa war dies anders, und so auch in Bern.

Bei einer meiner ersten Aussprachen mit Studenten wurde ich gefragt, ob ich für studentische Mitbestimmung sei. Im Brustton der Überzeugung sagte ich ja. Von Johns Hopkins war ich an Mitbestimmung gewöhnt und hatte sie immer als fruchtbar empfunden. Ich nahm als selbstverständlich an, dass es sie auch in Bern gab. Nichtsdestoweniger war meine Antwort vorschnell, denn in Bern beschränkte sich die Mitwirkung der

Studenten und Assistenten in Fakultätsangelegenheiten auf die Entsendung von Delegierten ohne Stimmrecht. Zwar gab es Mitsprache, aber keine Mitbestimmung.

Zudem war zu jener Zeit seit etwa vier Jahren selbst die Mitsprache blockiert. In den Studentenunruhen der vergangenen Jahre hatte die Fachschaft als Organisation der Studenten die Fakultätssitzungen aus Protest boykottiert und keine Delegierten mehr gewählt. Zwischen der Universität und den studentischen Organisationen herrschte noch immer ein latenter Kriegszustand. Der überwiegende Teil der Studentenschaft hielt sich als „schweigende Mehrheit" der Fachschaft fern, und die letztere war von einer radikalen Minderheit beherrscht. Einer dieser Aktivisten war ein gutmütiger Hüne aus der Innerschweiz, der aussah als könnte er im Tellspiel den Titelhelden spielen. Er reiste periodisch nach Berlin, um dort, wie es schien, neue Anregungen und Weisungen zu empfangen. Zwei andere gehörten zu den besten Studenten ihres Jahrgangs und schrieben bei mir eine ausgezeichnete Seminararbeit. Ein vierter, der aussah wie ein furchtsames Mäuschen, zitterte sichtlich, als er einmal zu mir in die Sprechstunde kam. Auf die Frage, ob er Angst habe, antwortete er mit der Gegenfrage, ob ich denn keine habe. Es stellte sich heraus, dass er durchaus nicht vor mir Angst hatte, sondern vor dem Gang der Welt. Als persönlich aggressiv lernte ich nur einen der Linksstudenten kennen. Ich werde ihm im folgenden den Decknamen Karl Kalt beilegen. Manche der Agitatoren waren keineswegs Ökonomiestudenten, ja mitunter gar nicht in Bern immatrikuliert.

Für meine Initiative hatte ich zunächst bei den Studenten viel Zustimmung und Unterstützung gefunden. Man war sich einig darüber, dass ein neues Reglement „freiheitlich" sein solle und dass der „Verschulung" der Kampf anzusagen sei - was immer solche Schlagworte bedeuten mochten. Die Frage nach der Mitbestimmung erwies sich aber als hintergründiger, als ich anfänglich erkannt hatte. Das Prüfungsreglement von 1971 war nämlich von einer Kommission von 18 Mitgliedern, einer Art verfassunggebender Versammlung, ausgearbeitet worden, in der die Professoren, die Assistenten und die Studenten paritätisch, also zu je einem Drittel, vertreten waren. Das strategische Ziel der Fachschaft war es, die Drittelparität auch bei einem neuen Reglement durchzusetzen. Das Prüfungsreglement sollte zum Rammbock für die Drittelparität werden. Die Fakultät hingegen hatte in ihrer überwiegenden Mehrheit für Drittelparität nichts übrig.

Für sie war es selbstverständlich, dass jede Reglementsreform nach den geltenden Vorschriften des Universitätsgesetzes vorgenommen werden musste. Damit erhielt die Fachschaft eine falsche Front. Einer Prüfungsordnung, die sie inhaltlich weitgehend befürwortete, erklärte sie den Krieg, weil ihr die Universitätsordnung die Drittelparität verweigerte.

Auf die Fachschaft wirkte meine Initiative höchst belebend. Angesichts der Passivität der schweigenden Mehrheit war die studentische Aktivität eingeschlafen. Durch den Vorschlag einer Examensreform wurde sie wieder geweckt. Mir wurde bestätigt, dass ich von der Fachschaft mindestens eine Lebensrettungsmedaille verdient habe. Am 13. Juni 1978 wurde die Fachschaft zudem eingeladen, wieder Vertreter zu wählen und durch diese an der Prüfungsreform mitzuwirken. Nach anfänglichen Unregelmässigkeiten im Wahlverfahren kam die Fachschaft dieser Einladung nach und stellte sogar einen Gegenentwurf in Aussicht.

5. Die Abteilung: Mitwirkung ohne Mitbestimmung

Ein Jahr lang ging nun der Entwurf zwischen der Kommission und der Wirtschaftswissenschaftlichen Abteilung hin und her. Die volkswirtschaftlichen Fakultätsmitglieder traten geschlossen für die Reform ein, wenngleich mit unterschiedlichem Enthusiasmus und Optimismus. Der Sozialhistoriker und Politologe hingegen bezeichnete das Kreditprinzip als „Katastrophe für die Professoren“ und machte mich in einem Brief für seinen hartnäckigen Stirnhöhlenkatarrh verantwortlich. Der hauptsächliche Gegner war ein Betriebswirtschafter, der sich besonders mit Personalführung und „Gruppendynamik“ beschäftigte. Seine Spezialität war eine Notengebung, die einen Studenten bestrafte, wenn seine Leistung aus der Gruppe allzu deutlich hervorstach. Er beschrieb zwar sich selbst als „politisch liberal“, aber seine Interpretation von Liberalismus machte ihn zum Schutzpatron der Fachschaftslinken. Von mir glaubte er, wie er mir sagte, ich hätte den „Realitätsbezug“ verloren.

Der entscheidende Schritt war der Ersatz der Blöcke durch sogenannte „Fachprogramme" von 8 bis 12 Wochenstunden, die gesamthaft geprüft werden konnten. Die

„generellen Fachprogramme" wurden dem Studenten von der Studienordnung fertig zur Verfügung gestellt. Ein „individuelles Fachprogramm" wurde vom einzelnen Studenten mit einem Dozenten vereinbart, war also gleichsam massgeschneidert. Dazu kamen in beschränktem Umfange sogenannte „Sonderstudien" für kleinere Projekte. Damit erhielt der Student die Wahl zwischen vier Formen des Leistungsnachweises, nämlich (1) Lehrveranstaltungsprüfungen, (2) generellen Fachprogrammen, (3) individuellen Fachprogrammen und (4) Sonderstudien. Den Anhängern der Achtologie wurde die Zustimmung erleichtert, indem die Fachprogramme an erster Stelle genannt wurden. Die Wahl der Prüfungsform war damit in hohem Masse dem Studenten überlassen. Der eine mochte die meisten seiner Kreditpunkte in Lehrveranstaltungsprüfungen erwerben, ein anderer konnte seine Examina auf relativ wenige Schlussprüfungen konzentrieren. Immerhin wurden sowohl für Fachprogramme wie für Lehrveranstaltungsprüfungen Minima festgesetzt.

Das Gesamtpensum wurde, ohne Einschluss der beiden Lizentiatsarbeiten, auf 96 Kreditpunkte bemessen. Dahinter stand der Gedanke, dass eine Vorlesungsstunde zusätzliche Arbeit von durchschnittlich 2 Stunden erfordere, so dass das Lizentiatsstudium, das Einführungsjahr nicht gerechnet, in 6 Semestern zu bewältigen sein sollte.

All diese Bestimmungen waren offenbar rein formaler Natur und hätten kaum weniger gut für ein Lizentiat in Geschichte oder Physik gelten können. Das war ja der Zweck der Übung: Die Form der Prüfung sollte vom Inhalt unabhängig sein. Gleichzeitig war aber auch zu bestimmen, über welche Leistungen sich ein Lizentiat der Wirtschaftswissenschaft ausgewiesen haben sollte. Dies war die Funktion der sogenannten Studienordnung. Die traditionelle Konzeption war die des Normalstudienplanes mit nur wenigen und beschränkten Wahlmöglichkeiten. Die bernische Studienordnung von 1971 bedeutete demgegenüber schon einen merklichen Fortschritt, indem sie zahlreiche Wahlmöglichkeiten offen liess, allerdings um den Preis zunehmender Undurchsichtigkeit. Die Kommission ging einen Schritt weiter, indem sie dem Studenten in der Wahl der Lehrveranstaltungen grösstmögliche Freiheit gewährte. Der Student sollte grundsätzlich selbst dafür verantwortlich sein, was er an der Universität lernte. An die Stelle des Normalstundenplanes trat ein Baukastenprinzip, an die Stelle der Aufzählung zulässiger Kombinationen traten Generalklauseln. Als Orientierungshilfe sollte ein Katalog regelmässig gehaltener Lehrveranstaltungen dienen. Die bestandenen Leistungsnachweise waren mit Vorlesungsbezeichnung, Dozent und Note in einem „Studienblatt" einzutragen, das der Student, wenn er wollte, seinen künftigen Arbeitgebern zur Kenntnis bringen konnte. Die Kommission hoffte - wie sich zeigen sollte zu Recht -, dass dies einen wirksamen Anreiz zum Besuch auch anspruchsvoller Lehrveranstaltungen schaffen würde. Andererseits machte die Kommission keine Anstrengungen, einen Studenten daran zu hindern, sich mit einem mässig schweren Schulsack zu begnügen. Selbst relativ „billigen" Diplomen wurde eine gesellschaftliche Funktion zuerkannt. Für eine Universität wie Bern, die, ähnlich einer „Gesamthochschule", Studenten mit den verschiedensten Ansprüchen und Bildungszielen zu dienen hat, schien dies die geeignete Konzeption zu sein.

Mit Wahlfreiheit allein war es allerdings nicht getan. Immerhin musste dafür gesorgt werden, dass ein Lizentiat der Volkswirtschaftslehre ein ansehnliches Mindestmass an volkswirtschaftlichen Kenntnissen besitzt, und entsprechend für Betriebswirte, Soziologen und Politologen. Dies geschah durch die Bezeichnung einer relativ geringen Zahl von Pflichtvorlesungen und einer sehr viel grösseren Zahl weiterer Fachvorlesungen, aus denen der Student wählen kann. Viel zu reden gab in der Abteilung die Anrechnung von Leistungsnachweisen aus ausserfakultären Fächern, beispielsweise Chemie oder Musikwissenschaft. Auch hier war die Kommission grosszügig; sie setzte nur eine Obergrenze fest und verlangte, dass der betreffende Leistungsnachweis zu irgend einem Lizentiatsstudium gehöre. Im Februar 1979 war die Arbeit so weit gediehen, dass der Entwurf einem weiteren Kreis von Interessenten mit der Bitte zur Meinungsäusserung zur Kenntnis gebracht werden konnte.

Die Arbeit der Wirtschaftswissenschaftlichen Abteilung war stets begleitet von den Aktivitäten der Fachschaft. Diese waren zweigleisig. Auf der einen Seite dauerte die Obstruktion an. Die Reglementsreform wurde in die Öffentlichkeit getragen und damit zum Politikum gemacht. Es fanden Podiumsdiskussionen, Proteststreiks gegen „skandalöse Verschulung" und „Aktivitätstage" statt, immerhin ohne Zwischenfälle.

Das eine oder andere Institut wurde mit Buttersäure verseucht. Fakultätsmitglieder wurden in der Fachschaftszeitung verunglimpft.

Gleichzeitig wirkten aber die neugewählten Studentenvertreter aktiv und produktiv an der Abteilungsarbeit mit. Anfangs 1979 legte eine studentische Arbeitsgruppe, verstärkt durch einige Assistenten und ein Fakultätsmitglied, sogar einen Alternativentwurf vor. Er enthielt einige Neuerungen, die keinesfalls die Zustimmung der Fakultät hätten finden können. Zu ihnen gehörte die Anrechnung „autonomer Seminarien der Studierenden" bis zu einem Drittel des Pensums und die Leitung der Institute durch „Institutskonferenzen", denen neben den Professoren je zwei Assistenten und vier Studenten angehören sollten. Im grossen ganzen zeigte sich aber, zur Verblüffung der Abteilung, dass der Alternativentwurf dem Abteilungsentwurf in hohem Masse ähnlich war. Damit war in bezug auf die entscheidende Synthese das Rennen gelaufen. Der Alternativentwurf wurde von seinen Urhebern zur weiteren Bearbeitung zurückgezogen und nicht wieder gesehen. Am 31. Mai wurde der Entwurf von der Wirtschaftswissenschaftlichen Abteilung mit zehn Stimmen gegen eine (bei einer Enthaltung) angenommen und an die Fakultät weitergeleitet. Aus dem einfachen Prinzip des Kreditsystems hatte sich ein neuartiges Modell des wirtschaftswissenschaftlichen Studiums entwickelt.

6. Die Fakultät: Sicherungen

Die Rechts- und Wirtschaftswissenschaftliche Fakultät hatten die Unruhen der vergangenen zehn Jahre zermürbt und ermattet zurückgelassen. Auf dem einen Flügel standen jene, die den studentischen Forderungen und Vorstellungen mit „Offenheit" begegneten, von ihren Gegnern aber als „Anpasser", ja mitunter fast als Verräter betrachtet wurden. Auf dem anderen Flügel standen die konservativen Verteidiger der traditionellen Universität, die von den „Revolutionären" als „reaktionär" oder „versteinert" verschrien wurden. Dazwischen gab es fliessende Übergänge. Zwei juristische Ordinarien waren eidgenössische Parlamentarier, der eine auf der Linken, der andere auf der Rechten. Zwischen Privatrecht und Staatsrecht hatte sich ein Graben zu öffnen begonnen, in hohem Masse aus persönlichen Gründen.

Natürlich hatten die fakultären Auseinandersetzungen zahlreiche persönliche Fehden und Animositäten hervorgerufen. Manche Kollegen brachten es nicht mehr über sich, sich auf der Strasse zu grüssen, und bei Fakultätsanlässen hatte die Sekretärin Mühe, die Sitzordnung diplomatisch so zu gestalten, dass keine „Feinde" nebeneinander sassen (die Anwesenheit von abschirmenden Ehefrauen pflegte die protokollarischen Probleme erleichtern). Es ist begreiflich, dass die Fakultät unter diesen Umständen nicht davon begeistert war, dass die Volkswirte den Zankapfel der Reglementsreform unter sie geworfen hatten. Eine erste Aussprache unter den Juristen zeitigte denn auch vorwiegend negative Meinungsäusserungen, wenn auch keineswegs kategorische Ablehnung.

Die studentische Arbeitsgruppe hatte vor allem befürchtet, dass der Abteilungsentwurf zwar den Dozenten mehr Freiheit gewähre, den Studenten hingegen nicht. Sie verlangte nach besserem „Schutz vor der Willkür der Mächtigen". Die erste Lesung der Abteilungsvorlage machte deutlich, dass die Juristen den studentischen Klagen über mangelnde rechtliche Sicherungen Gewicht beimassen. Dies galt insbesondere in bezug auf die Durchführung von Prüfungen. Der Entwurf hatte die volle Verantwortung für die Durchführung von Prüfungen den jeweiligen Dozenten überbunden. In einer Diskussionsveranstaltung hatte ich (unvorsichtigerweise) den Ausdruck gebraucht, in der Durchführung von Prüfungen sei der Dozent „König". Solche Freiheit ging nicht nur den Studentenvertretern, sondern auch manchen Juristen zu weit. Zwar hatte ich bisher nie Missbräuche erlebt, aber in einer Atmosphäre des Misstrauens waren sie denkbar. Die Fakultät beschloss deshalb, Bestimmungen über die Durchführung von Prüfungen, vor allem solche zeitlicher Art, einzufügen. Ausserdem war festzustellen, wie häufig eine nicht bestandene Prüfung wiederholt werden könne, und wie viele Durchfälle sich ein Student insgesamt leisten konnte, bevor er endgültig abgewiesen war. Ewige Studenten sollten nicht in die Welt gesetzt werden.

Schliesslich zweifelten die Studentenvertreter daran, dass die Wirtschaftswissenschaftliche Abteilung stets generelle Fachprogramme in genügender Zahl bereitstellen werde. Sie fürchteten, letzten Endes würden praktisch doch nur Lehrveranstaltungsklausuren angeboten. Die Befürchtung wurde entkräftet, indem für die anzubietenden Fachprogramme eine Mindestzahl festgesetzt wurde. Schliesslich legten die Juristen mit Recht Gewicht auf eine sorgfältige Regelung des Beschwerderechts. Ende Juni 1979 war diese Arbeit abgeschlossen.

7. Die heisse Nacht: Entscheidung

Mit der Fertigstellung des Prüfungsreglements strebten auch die Aktionen der Fachschaft, bei denen nun eindeutig die fakultätsfremden Elemente dominierten, einem Höhepunkt zu. Am 28. und 29. Juni fand wieder ein „Streik" statt, dessen Parolen allerdings nur teilweise befolgt wurden. An der Fakultätssitzung vom 5. Juli, der letzten vor den Sommerferien, sollte die Schlussabstimmung stattfinden. Die Fakultät tagte in ihrem Sitzungszimmer im zweiten Stock des Universitätsgebäudes an einem warmen Sommerabend.

Im Verlauf der Sitzung öffnete sich die Türe, und eine Gruppe von Studenten betrat das Zimmer. Sie überreichten dem Dekan ein paar Blümchen und verlasen einen Text über studentische Mitbestimmung. Entscheidend war, dass sie sich weigerten, das Zimmer wieder zu verlassen. Nach einigen gespannten Minuten schloss der Dekan deshalb die Sitzung und forderte die Fakultät auf, sich im naheliegenden Gerichtsgebäude wieder zu versammeln. Dort war der Eingang von der Polizei bewacht, und die Sitzung konnte ohne weitere Störung ihren Fortgang nehmen. Einige Kollegen weigerten sich allerdings, unter diesen Bedingungen zu tagen und blieben dem zweiten Teil der Sitzung fern. Von insgesamt 27 Fakultätsmitgliedern waren noch 15 anwesend. Gegen Mitternacht kam es zur Schlussabstimmung. Mit 9 Ja gegen 2 Nein bei 4 Enthaltungen wurde das Reglement beschlossen. Als ich nach Mitternacht nachhause fahren wollte, fand ich alle vier Reifen meines Wagens durchstochen.

Die „heisse Nacht“ hatte die Entscheidung gebracht. Das neue Reglement samt der zugehörigen Studienordnung, Ergebnis von 11 Abteilungssitzungen, 3 Fakultätssitzungen und 2 „Hearings“, wurde vom Regierungsrat des Kantons Bern am 5. Dezember 1979 genehmigt. Es hat sich bewährt, war nicht mehr umstritten und steht noch immer in Kraft. In der Kampfphase hatten studentische Opponenten vorausgesagt, dass ich bestenfalls einen Pyrrhussieg erringen werde, da das neue Reglement meinen Rücktritt nicht überleben könne. In Tat und Wahrheit hat es ihn nunmehr um 12 Jahre überlebt. Es war auch bedauert worden, dass ein Professor, der sich, wie geschrieben wurde, so grosses Ansehen hätte erwerben können, sich durch seine unbedachte Initiative zum „Buhmann“ der Studenten gemacht habe. In Wahrheit habe ich weitere 9 Jahre mit grosser Befriedigung in Bern gelehrt und dabei manche Anerkennung erfahren, nicht zuletzt von linksgerichteten Studenten (Mitunter hatten solche Zeugnisse die Form von anonymen Briefen). Während ich befürchtet hatte, dass die Auseinandersetzung um das Prüfungsreglement die Fakultät noch mehr spalten werde, traf in Wirklichkeit das Gegenteil ein. Meine Kollegen gewöhnten sich wieder daran, Meinungsverschiedenheiten offen und demokratisch mit Mehrheitsentscheidungen auszutragen. Selbst auf dem Höhepunkt der Auseinandersetzung pflegte ich regelmässig mit meinen Kollegen, unter Einschluss meines hauptsächlichen Widersachers, zum Abendessen zu gehen. Das „Nichtgrüssen“ hörte auf. Die gesamtuniversitäre Grundfrage der studentischen Mitbestimmung war mit alledem allerdings nicht gelöst. Sie beschäftigte weiterhin die Fakultät, die Universität und, in Berns Referendumsdemokratie, das Berner Volk.

8. Nachspiel vor dem Richter

Immerhin hatte die „heisse Nacht“ ein gerichtliches Nachspiel. Der Ordinarius für Strafrecht, früherer Staatsanwalt, hatte die Störer der Fakultätssitzung mit einer Taschenkamera aufgenommen und die Kamera zum Fenster hinaus einem wartenden Assistenten zugeworfen. Daraufhin hatte er Anzeige wegen Nötigung und Hinderung einer Amtshandlung erstattet. Vom Untersuchungsrichter als Zeugen vorgeladen, hatten drei Kollegen und ich einige Mitglieder der Gruppe, unter ihnen Karl Kalt, identifiziert. Dieses Verfahren gegen Kalt und neun Mitangeklagte nahm seinen Gang und führte im Sommer des folgenden Jahres zur Verurteilung zu einer Busse.

Dies wiederum veranlasste die Fachschaftsaktivisten zu einer neuen Protestaktion. Auf dem Flugblatt eines „Komitees für straffreie Mitbestimmung“ erschien im Juni 1980 unter dem Stichwort „Denunzianten - Hitparade“ ein anonymerArtikel, in dem die vier vorgeladenen Dozenten als Denunzianten angeprangert wurden. Erklärend war beigefügt, laut Duden heisse denunzieren „aus niederen, meist persönlichen Beweggründen jemanden anzeigen“, und die niederen Beweggründe der Professoren seien „in ihrem Bestreben zu suchen, den persönlichen Machtbereich mit polizeilichen Mitteln zu verteidigen und jegliche Demokratisierungsbestrebungen aus egoistischen Motiven abzublocken“. Der Strafrechtsprofessor reichte daraufhin eine Ehrverletzungsklage gegen Unbekannt ein. Nachdem der Autor gefunden war und sich als nicht in Bern immatrikuliert erwies, wurde diese Angelegenheit durch Vergleich erledigt. Die übrigen drei „Denunzianten“ wollten nicht Strafklage erheben, richteten aber an den Rektor eine Disziplinarbeschwerde wegen „Ungehörigkeit gegen Universitätsorgane“ gemäss dem Disziplinarreglement der Universität. Dabei erwies sich letzteres als stumpfe Waffe. Der Rektor lehnte es ab, Verstösse zu ahnden, die nicht auch strafrechtlich Vergehen darstellten, und soweit sie strafrechtliche Vergehen darstellten, konnte man sie ja den ordentlichen Gerichten überlassen...

Dasselbe zeigte sich in der Erledigung einer letzten Episode. Als ich mich in einer Vorlesung über Zins und Kapital bemühte, Marxens Theorie der fallenden Profitrate zu erklären, unterbrach mich Karl Kalt mit dem Einwurf, dies seien „verbale Tricks“. Auch dagegen erhob ich beim Rektor Disziplinarbeschwerde, ebenfalls, abgesehen von freundlichen Ermahnungen, resultatlos. Kalt setzte den Schlusspunkt mit einem Aufruf zu „mehr Zivilcourage“. „Wir führen an der Uni“, so führte er aus, „einen symbolischen Klassenkampf. ... Vergessen wir unsere kleinbürgerlichen Animositäten, wenn wir nach einem Wortgefecht mit einem versteinerten Dozenten das Gefühl haben, flach herausgekommen zu sein. ... Wir kommen wieder, bis sein Trickrepertoire erschöpft ist. Seine psychische Energie kann unmöglich grösser sein als unsere kollektive Kraft ... Wir sind in unseren Möglichkeiten zur Auseinandersetzung objektiv privilegiert: wir verfügen über mehr Freiräume, können radikal sein, ohne direkte Sanktionen befürchten zu müssen. Wieso füllen wir diese Freiräume nicht voll aus?“ Trotz dem Ausbleiben von „direkten Sanktionen“ verschwand der Verfasser bald nachher von der Universität. Dies war das Ende der Studentenunruhen an der Rechts- und Wirtschaftswissenschaftlichen Fakultät der Universität Bern. Seither hat das Kreditpunktesystem an einer zunehmenden Zahl wirtschaftswissenschaftlicher Fakultäten des deutschen Sprachbereichs Eingang gefunden, und erfreulicherweise scheint es jetzt auch von den Studenten vorwiegend positiv aufgenommen zu werden.

Wirkungsanalyse der Geldpolitik

Geld und Wirtschaftswachstum

Hans Jürgen Ramser

1. Einführung

In seinem 1970 publizierten Survey über den Stand der monetären Wachstumstheorie fasst *Stein* (1970) das Ergebnis seiner Untersuchungen mit der resignierend klingenden Feststellung zusammen, dass gleichermaßen plausible Modelle zu fundamental unterschiedlichen Aussagen führen. *Orphanides/Solow* (1990) zitieren diese Passage von *Stein* und fügen hinzu, dass selbst zwei Dekaden später „... all we have is more reasons for reaching the same conclusion“ (S. 224). Auch wenn dies nicht gerade ermutigend klingt, scheint doch nicht ganz uninteressant, nach nur zehn weiteren Jahren im folgenden erneut nach Fortschritten zu fragen. Denn im ablaufenden Jahrzehnt hat die makroökonomische Theorie insbesondere auf dem Gebiet der Wachstumstheorie einen deutlichen Erkenntnisgewinn zu verzeichnen, der u.U. auch im vorliegenden Zusammenhang neue Antworten auf alte Fragen ermöglicht.

Konkret zielt der Großteil der die Literatur beherrschenden Diskussionen auf das Problem der Superneutralität von Geld ab. Von Interesse sind die Wirkungen einer dauerhaften Veränderung der Zuwachsrate der Geldmenge auf Output, Kapitalakkumulation und Welfare: sind eventuelle Effekte permanent oder nur transitorisch? Wie hoch sind die Welfarekosten resp. –gewinne der Inflation einzuschätzen? Geht man von Wachstumsmodellen mit exogen gegebener langfristiger Fortschrittsrate zu einem Ansatz mit endogener Rate über, so gewinnt das Problem der Superneutralität eine neue Dimension. Die Wirkung einer permanenten Erhöhung der Wachstumsrate der Geldmenge braucht sich nunmehr nicht nur auf das Niveau des Pro-Kopf-Einkommens zu beschränken, sondern kann sich darüber hinaus auch auf die Zuwachsrate beziehen; man könnte hier also von einem Problem der „dynamischen“ Superneutralität sprechen.

Möglicherweise ist die Richtung einer Veränderung der Wachstumsrate des Pro-Kopf-Einkommens weniger kontrovers als der Einfluss auf das Niveau des Wachstumspfades.

Ein wichtiger Grund für unterschiedliche Antworten auf die Frage der Superneutralität liegt bekanntlich in unterschiedlichen Annahmen an die Dominanz der verschiedenen Funktionen von Geld. Darüber hinaus ist von Bedeutung, in welcher Weise die jeweils abzubildende Funktion formalisiert wird.[1] Von entscheidender Relevanz ferner ist der allgemeine Modellkontext: Wird auf dem Hintergrund eines allgemeinen walrasianischen Gleichgewichts argumentiert oder legt man eine Ökonomie mit friktionsbeeinträchtigten Märkten i.S. etwa der *new keynesian economics* zugrunde? Im Rahmen walrasianischer Ansätze spielt des weiteren eine Rolle, ob ein dynastisches Modell oder ein Modell mit überlappenden Generationen betrachtet wird. Schließlich hat man bei der Erweiterung um den Aspekt endogenen Wachstums mit u.U. wesentlichen Unterschieden je nach Variante der Endogenisierung der Wachstumsrate zu rechnen.

Im folgenden interessiert ausschließlich die Zahlungsmittelfunktion von Geld, da für Anlagezwecke geeignetere Instrumente zur Verfügung stehen. Für die formale Erfassung der Zahlungsmittelfunktion selbst wird nach dem sogen. *shopping cost*-Konzept verfahren (s. *Orphanides/Solow* 1990, S. 292 ff.), das den Beitrag von Geld für eine effiziente Bewältigung des Transaktionsvorgangs durch Postulierung einer entsprechenden Transaktionstechnologie explizit macht. Ferner wird grundsätzlich und in Übereinstimmung mit praktisch der gesamten einschlägigen Literatur – bis auf nur aphoristische Andeutungen – vom *Cass/Koopmans*-Paradigma friktionsfreier temporaler und intertemporaler Allokation dynastischer Haushalte ausgegangen.

Im einzelnen wird im folgenden im zweiten Abschnitt zunächst ein monetäres (Referenz-)Modell mit exogener langfristiger Wachstumsrate entwickelt, in das Geld in der voranstehend beschriebenen Form integriert ist. Trotz seiner Rolle als *quasi*-Produktionsfaktor führt die Erhöhung der Zuwachsrate der Geldmenge wegen der Ver-

---

[1] Die Zahlungsmittelfunktion wird alternativ durch die Einführung von Geld in die Nutzen- und/oder Produktionsfunktion, durch Annahme einer Transaktionstechnologie oder von *cash in advance*-(CIA-)Bedingungen modelliert. Darüber hinaus ist relevant, welche Transaktionen betroffen sind (Haushalte, Firmen).

teuerung der Kassenhaltung zu einer Verminderung u.a. der Kapitalintensität im *steady state*. Im anschließenden dritten Abschnitt werden bei im Grundsatz unveränderter Modellstruktur die Auswirkungen einer Endogenisierung der Wachstumsrate diskutiert; dabei werden ausgehend vom AK-Modell alternative Varianten der Endogenisierung untersucht, ohne dass sich substantielle Unterschiede in den Resultaten ergeben – in jedem Fall besteht die Möglichkeit „dynamischer" Nicht-Superneutralität i.S. positiver Tobin-Effekte für die Wachstumsrate.

Unbeschadet solcher relativ klarer und übersichtlicher Aussagen bleiben erhebliche Zweifel an ihrer Relevanz für reale ökonomische Systeme. Sie hängen grundsätzlich mit den Beschränkungen des allgemeinen ökonomischen Modells zusammen, in dessen Rahmen argumentiert wird. U.a. geht es dabei erstens um den gänzlichen Verzicht auf die Berücksichtigung zusätzlicher und alternativ zu Geld zur Verfügung stehender Zahlungsverfahren, etwa Kredit. Zum anderen dürfte die Beschränkung auf den Vergleich von *steady states*, denen verschieden hohe Wachstumsraten zugeordnet sind, kaum sinnvoll sein. Es dürfte unstrittig sein, dass Geld seine koordinierende Funktion in besonderer Weise gerade außerhalb von *steady states* entfaltet – wenn nicht überhaupt nur dann benötigt wird. Das Mindeste wäre also, die Untersuchung systematisch auch auf die Rolle von Geld im Übergangsprozess auszudehnen. Die Koordinationsfunktion von Geld wird im Zweifel allerdings in besonderer Weise dann von Nutzen sein, wenn der Allokationsprozess durch Friktionen beeinträchtigt ist, die sich u.a. durch asymmetrische Information[2], externe Effekte der verschiedenen Art und nicht-kompetitive Markstruktur ergeben. Auf das Problem alternativer Zahlungstechniken wird im vierten Abschnitt ausführlich eingegangen, die Rolle von Geld im „Ungleichheit" kann aus Platzgründen nicht systematisch diskutiert werden.[3]

---

2 Vgl. dazu *Azariadis/Smith* (1996) und *Ho* (1996).

3 Die einschlägige Literatur ist weitgehend unkritisch im Zusammenhang mit der Relevanz neoklassischer *steady state*-Analyse. Eine Ausnahme ist *Howitt* (1993).

2. Basismodell: Exogenes Wachstum und Geld

2.1 Unternehmen, Haushalte und kurzfristiges Gleichgewicht

Ausgegangen wird von der Annahme einer neoklassischen Produktionsfunktion $y = f(k)$, $f' > 0$, $f'' < 0$, $f(0) = 0$ mit $k = K/L$ und $y = Y/L$ als Kapitalintensität und Pro-Kopf-Produktion; Y bzw. L und K sind Output bzw. Input von Arbeit und Kapital. Faktoreinsatz, Produktion und Absatz sind mit zusätzlichen Transaktionskosten verbunden, die als Anteil an f(k) darstellbar seien und deren Höhe mit der Ausstattung mit Realgeld sinkt. Der Nettooutput laute damit

(1) $$g(k,m) = f(k)\,[1 - v(m)] \qquad v'(m) < 0, \quad v''(m) > 0$$
$$v(0) = 1, \quad v(\infty) = 0$$

und $m = M/p \cdot L$, d.h. als Realgeld pro Kopf.[4]

Der Reallohnsatz beträgt w, der Nutzungspreis des Kapitals r, der der Realkasse $(r - \delta + \pi)$ mit δ als Abschreibungsrate und π als Inflationsrate[5]. Im kompetitiven Gleichgewicht gilt daher

(2) $$r = f'(k)\,[1 - v(m)]$$

(3) $$w = [f(k) - kf'(k)]\,[1 - v(m)] + f(k)v'(m)m$$

(4) $$r - \delta + \pi = -f(k)v'(m)$$

Der Gewinn der Firma beträgt im Gleichgewicht Null.

---

[4] Dieser Ansatz entspricht *Orphanides/Solow* (1990, S. 252). Im Prinzip wird damit unterstellt, dass die üblicherweise verwendeten Realmodelle implizit eine bestmögliche Geldversorgung unterstellen.

[5] Es werden rationale Erwartungen bzw. perfekte Voraussicht unterstellt, so dass hier von vornherein die tatsächliche Inflationsrate benutzt wird.

Haushalte bieten alle verfügbaren Produktionsfaktoren unelastisch an und wählen ihren Konsumpfad mit dem Ziel (c = Pro-Kopf-Konsum)

(5) $$\int_0^\infty u(c_t)e^{-\rho t}dt$$

zu maximieren. Als Nebenbedingung ist

(6) $$\dot{a} = w + (r-\delta)k + z(r-\delta+\pi)m - an + z - c$$

zu beachten. In (6) bedeuten a = k + m das Pro-Kopf-Vermögen, z die realen Transfers pro Kopf und n die Wachstumsrate der Bevölkerung. Die Budgetrestriktion des Staates lautet

(7) $$z = \dot{m} + mn$$

Die Maximierung von (5) unter Beachtung von (6) und (7) führt zu den notwendigen Bedingungen

(8) $$\dot{c}/c = (r-\delta-n-\rho)/\theta$$

(9) $$\lim_{t\to\infty} a(t)\ \exp\left\{-\int_0^t [r(\tau)-n]d\tau\right\} \geqq 0$$

wenn man als momentane Nutzenfunktion $u(c) = (c^{1-\theta}-1)/(1-\theta)$ unterstellt.

2.2 Dynamik, langfristiges Gleichgewicht und komparative Statik

Die Entwicklung der Kapitalintensität im Zeitablauf folgt aus (6) unter Beachtung von (2), (3) und (7). Es gilt

$$(10) \qquad \dot{k} = f(k)[1-v(m)] - (n+\delta)k - c$$

Aus (8) unter Berücksichtigung wiederum von (2) erhält man für die Konsumdynamik

$$(11) \qquad \dot{c}/c = \{f'(k)[1-v(m)] - \delta - n - \rho\}/\theta$$

Für die Zuwachsrate des Realgeldbestandes pro Kopf gilt bei konstanter Zuwachsrate $\phi = \dot{M}/M$ definitorisch $\dot{m}/m = \phi - \pi - n$; bei Substitution von π und r mit Hilfe von (4) und (2) erhält man damit

$$(12) \qquad \dot{m}/m = \phi + f'(k)[1-v(m)] - \delta + f(k)v'(m) - n$$

Wie das zugrundeliegende *Ramsey-* bzw. *Cass/Koopmans*-Modell ist das System sattelpunktstabil mit - unter den erwähnten Annahmen - eindeutigem positiven *steady state* (k*,c*,m*). Die *steady state*-Lösung folgt aus

$$(13) \qquad f(k^*)\,[1-v(m^*)] - (n+\delta)k^* = c^*$$

$$(14) \qquad f'(k^*)\,[1-v(m^*)] - (\delta+n+\rho) = 0$$

$$(15) \qquad -f'(k^*)v'(m^*) - \rho = \phi$$

Die Bedingungen zweiter Ordnung für das unternehmerische Optimierungskalkül verlangen (u.a.), dass $f(k)\, f''(k)\, [1-v(m)]\, v''(m) - [f'(k)\, v'(m)]^2 > 0$; damit ist im *steady state* die Wirkung einer Erhöhung der Geldmengenzuwachsrate – und hier natürlich auch der Inflationsrate – auf k*, c* und m* negativ (sogen. *Stockman*-Effekt). Dieses Resultat ist keineswegs neu oder überraschend und würde bekanntlich auch im Falle einer auf den gesamten Output bezogen CIA-Bedingung zu beobachten sein. Die Kosten einer positiven Inflationsrate sind ebenfalls positiv, da mit steigender Inflationsrate ein steigender Konsumverlust verbunden ist.

3. Endogenes Wachstum und Geld[6]

3.1 AK-Modell

Das sogen. AK-Modell (vgl. z.B. *Barro/Sala-I-Martin* 1995) ist die einfachste Formulierung der für das Zustandekommen endogenen Wachstums erforderlichen Annahme nicht abnehmender Grenzerträge eines akkumulierbaren Faktors. Trotz der simplen Struktur lassen sich mit seiner Hilfe gewisse Implikationen einer Integration von Geld in Modelle endogenen Wachstums verdeutlichen.

Anstelle von (1) soll wiederum die in ähnlicher Form von *Orphanides/Solow* (1990) benutzte Produktionsfunktion

$$g(k,m) = Ak\,[1-v(m/k)] \qquad v' < 0\ , \quad v'' > 0 \qquad v(0) = 1, \quad v(\infty) = 0 \tag{16}$$

gelten. Im folgenden werden $\dot{L} = 0$ und $L = 1$ gesetzt. Arbeit wird zur Produktion nicht benötigt ($w = 0$).

Die (2) und (4) entsprechenden Beziehungen lauten

$$r = A[1-v(m/k) + v'(m/k)(m/k)] =: r(m/k) \quad , \quad r'(m/k) > 0 \tag{17}$$

[6] Verschiedene Varianten endogener Wachstumsmodelle mit Geld behandeln u.a. *Howitt* (1993) und *Capasso* (1997).

(18) $r - \delta + \pi = -Av'(m/k)$

Aus (6) folgt für w = n = 0

(19) $\dot{a} = Ak[1\text{-}v(m/k)] - \delta k - c + z$

Mit (7) für n = 0 erhält man dann

(20) $\dot{k}/k = A[1\text{-}v(m/k)] - \delta - c/k = r(m/k) - \delta - Av'(m/k)(m/k) - c/k$

Die optimale Wachstumsrate des Pro-Kopf-Konsums beträgt auch hier[7]

(21) $\dot{c}/c = [r(m/k) - \delta - \rho]/\theta$

und für die Wachstumsrate der Realgeldmenge resultiert ($\dot{m}/m = \phi - \pi$)

(22) $\dot{m}/m = \phi + [r(m/k) - \delta] + Av'(m/k)$

Beziehungen (20) – (22) sind reduzierbar auf zwei Differentialgleichungen in (c/k) und (m/k); sie lauten

(23) $(\dot{c/k})/(c/k) = (c/k) + [r(m/k) - \delta](1/\theta\text{-}1) + Av'(m/k)(m/k) - \rho/\theta$

(24) $(\dot{m/k})/(m/k) = (c/k) + Av'(m/k)(1\text{+}m/k) + \phi$

Sofern der *steady state* Sattelpunkteigenschaft hat,[8] gilt

---

[7] Die Transversalitätsbedingung ist mit (9) identisch.

[8] Im Unterschied zum üblichen AK-Modell (ohne Geld) existiert in diesem Modell offensichtlich ein Übergangsprozess.

(25) $\partial(m/k)^*/\partial\phi > 0$[9]

Da aus (21)

(26) $g^* = [r(m/k)^* - \delta - \rho]/\theta$

folgt, gilt also $\partial g^*/\partial\phi > 0$. Damit resultiert – wenn man so will – ein „dynamischer" Tobin-Effekt. Eine Erhöhung der Zuwachsrate der Geldmenge schlägt mithin nicht in vollem Umfang auf die Inflationsrate durch - wegen $\pi^* = \phi - g^*$ gilt $\partial\pi^*/\partial\phi < 1$.

Der Stellenwert dieses Resultats ist i.w. an der Plausibilität der Annahmen an die Transaktionstechnologie zu relativieren. Abgesehen von mehr grundsätzlichen Vorbehalten, über die weiter unten gesprochen werden soll, ist hier insbesondere die Annahme eines durchweg negativen Vorzeichens von $v'(m/k)$ relevant. Naheliegend scheint die Vermutung, dass das negative Vorzeichen nur in einem unteren Bereich von m/k gilt und sich später umkehrt, d.h. dass ein v(.) minimierendes $(m/k)^0$ existiert. Das würde bedeuten, dass der positive Wachstumseffekt einer Erhöhung von ϕ bei Erreichen von $(m/k)^* = (m/k)^0$ verschwindet und anschließend Superneutralität bezüglich der Wachstumsrate gilt.[10]

3.2 Endogenes Wachstum durch *learning by doing* und *spillovers* von Wissen

Eine Reihe weiterer einfacher Modelle endogenen Wachstums lassen sich auf eine AK-äquivalente Struktur zurückführen. Damit sind die unter 3.1 abgeleiteten Resultate zu-

9 Man kann 1/(m/k) als Indikator der Umlaufgeschwindigkeit betrachten. Steigende Wachstumsrate der Geldmenge mindert damit die Geldumlaufgeschwindigkeit im *steady state*.

10 Alle Überlegungen und Schlussfolgerungen dieses Abschnitts gelten mit geringfügigen Modifikationen, die sich nur auf den Charakter des Übergangsprozesses beziehen, auch dann, wenn man die AK-Komponenten in (16) durch eine i.S. von *Jones/Manuelli* (1990) um einen „neoklassischen" Teil erweiterte Form ersetzt, also statt (16) etwa von

(16)′ $g(k,m) = [f(k) + Ak][1-v(m/k)] \quad f' > 0, \quad f'' < 0, \quad f'(0) = \infty, \quad f'(\infty) = 0$

ausgeht (vgl. auch *Minho/Shibata* 1995).

mindest diesbezüglich von allgemeinerer Bedeutung. Zur Demonstration diene ein Modell mit mit *learning by doing* und externen Effekten (s. *Romer* 1986). Grundlage des Ansatzes ist eine neoklassische Produktionsfunktion für eine Firma i in Gestalt von $Y_i = F(K_i, A_i, L_i)$ mit A_i als Index für den Stand des technischen Wissens in Firma i. Angenommen wird dann erstens, dass *learning by doing* als Resultat der Investitionstätigkeit einer Firma erfolgt. Zweitens steht das zusätzliche Wissen als öffentliches Gut gleichzeitig allen anderen Firmen zur Verfügung, d.h. $\dot{A}_i$ variiert proportional mit $\dot{K}$. Mit $L_i \equiv 1$ erhält man auf diese Weise $Y_i = F(K_i, K)$. Angewendet auf die bisher postulierte Kombination aus Produktions- und Transaktionstechnologie hätte man also von

(27) $$g(k,m) = f(k,\bar{k})\,[1-v(m/k)]$$

auszugehen. In (27) bezeichnet $\bar{k}$ das Aggregat, das von der einzelnen Firma als gegeben betrachtet wird. Die Funktion $f(k,\bar{k})$ ist linear-homogen.

Bei gegebenem Zinssatz r und gegebener Inflationsrate π wählt dann die Firma k und m entsprechend

(28) $$r = f_k(k,\bar{k})\,[1-v(m/k)] + f(k,\bar{k})(m/k)v'(m/k)$$

(29) $$r - \delta - \pi = -[f(k,\bar{k})/k]v'(m/k)$$

Die Konsumplanung der Haushalte führt bei unveränderter Nutzenfunktion und unveränderten Nebenbedingungen wiederum zu (8) und (9) als notwendigen Bedingungen.

Im Gleichgewicht gilt $k = \bar{k}$. Mit vereinfachend $f(k,\bar{k}) = Ak^{\alpha}\bar{k}^{1-\alpha}$ lautet dann der gleichgewichtige Zinssatz[11]

(30) $$r = A\,\{\alpha[1-v(m/k)] + v'(m/k)\} =: r(m/k) \quad , \quad r'(m/k) > 0$$

---

[11] Durch Verwendung von $f_k(k,\bar{k})_{k=\bar{k}} = \alpha A$ und $f(k,\bar{k})_{k=\bar{k}} = Ak$.

Unter diesen Umständen wird der Ablauf des Wirtschaftsprozesses auch hier durch (20) – (22) beschrieben. An den grundsätzlichen Aussagen zur Frage der „dynamischen" Superneutralität ändert sich offenbar nichts. Auch hier also wird eine Erhöhung der Zuwachsrate der Geldmenge die Wachstumsrate des Pro-Kopf-Einkommens positiv beeinflussen.

3.3 Zur Relevanz des spezifischen Wachstumsmodells

Die Aussage zu den Wirkungen einer Erhöhung der Zuwachsrate der Geldmenge basiert u.a. auf zwei wesentlichen Modellelementen, der Annahme an die Rolle von Geld und die Annahmen an den Mechanismus, der zu langfristigem Wachstum führt.

Die Relevanz des im einzelnen unterstellten Wachstumsmodells für das Neutralitäts- bzw. Nicht-Neutralitätsresultat scheint nach den Ausführungen unter 3.1 und 3.2 für die qualitativen Resultate ohne Bedeutung. Sicher trifft das auch für die verschiedenen Varianten des Humankapitalansatzes zu – ob ein- oder zweisektoral.[12] Für Modelle mit expliziter Erklärung des technischen Fortschritts (*innovation based approach*) gilt grundsätzlich das Gleiche. Sie liefern allerdings eine zusätzliche De-termimination für die Höhe der aggregierten Geldnachfrage insofern, als Wachstum mit einer permanenten Veränderung des horizontalen und/oder vertikalen Grads der Integration einer Wirtschaft verbunden sein kann. In der einfachsten Version dieses Wachstumsansatzes entsteht Wachstum durch laufende Erhöhung der Anzahl in der Produktion verwendeter Zwischenprodukte, deren jedes auf Basis einer entsprechenden Innovation von einer neu in den Markt eintretenden Firma monopolistisch angeboten wird. Insofern nimmt der Integrationsgrad der Wirtschaft laufend ab mit der Folge eines entsprechend erhöhten Geldbedarfs. Man könnte diesen Einfluss formal damit erfassen, dass die Wachstumsrate als zusätzliche Determinante in v(.) eingeführt wird. Allerdings ist natürlich nicht

---

[12] Die einsektorale Version mit einer linear-homogenen Produktionsfunktion $Y = F(K,H) = KF(1,H/K)$, H = Humankapital, führt unmittelbar zu einem AK-Ansatz, weil H/K im Gleichgewicht von den Parametern der Produktionsfunktion bestimmt und daher konstant ist (s. *Barro/Sala-I-Martin* 1965, S. 144ff).

von vornherein auszuschließen, dass mehrere Zwischenprodukte von einer Firma entwickelt und angeboten werden.[13]

4. Die Rolle von Geld im Wachstumsprozess

4.1 Geld und Kredit

(a) Zusätzlich zu den Kontroversen bezüglich der „richtigen" Formalisierung der Transaktionsfunktion von Geld und den davon nicht unabhängigen Aussagen zum Neutralitätsproblem stellt sich die Frage nach der Rolle alternativer Zahlungsmittel bzw. –verfahren, insbesondere der Rolle von Krediten der verschiedensten Form, einschließlich M2, Kreditkarten etc. Denn natürlich hat man damit zu rechnen, dass steigende Inflationsraten mit der Folge einer Verteuerung der Kassenhaltung Haushalte und Firmen dazu veranlassen werden, verstärkt alternative Zahlungsverfahren zu nutzen.

Eine systematische, theoretisch befriedigende Berücksichtigung alternativer Zahlungsmodalitäten, erfordert eine Erweiterung der bisherigen Modellstruktur um einen Sektor „Intermediation". Ein ensprechendes Modell wurde von *Marquis/Reffett* (1994) entwickelt. In ein auf dem Innovationsansatz bestehendes Modell endogenen Wachstums wird ein Sektor *transaction services* eingeführt; die Produktion dieser Transaktionsdienstleistung geschieht durch Einsatz von Arbeit bzw. Humankapital, deren Produktivität durch *spillovers* von Wissen seitens des Produktionssektors profitiert. Für Umsätze, die nicht mit Hilfe von Transaktionsdienstleistungen abgewickelt werden, gilt eine CIA-Restriktion.[14] Gezeigt wird u.a., dass eine Erhöhung des Nominalzinssatzes – zufolge beispielsweise einer Erhöhung der Zuwachsrate der Geldmenge – Humankapital aus der Güterproduktion und dem Forschungssektor zugunsten der Produk-

[13] Das Modell mit zunehmender Anzahl von Zwischenprodukten wird häufig auch als Metapher für zunehmende Arbeitsteilung betrachtet, die bekanntlich für *A. Smith* eine Quelle des Wachstums darstellt. Dass der Grad der Arbeitsteilung Einfluss auf den Umfang der Transaktionen und damit den Zahlungsmittelbedarf hat, liegt auf der Hand.

[14] Eine stochastische Version der Entscheidung zwischen verschiedenen Zahlungsverfahren diskutieren *Lacker/Schreft* (1996).

tion von Transaktionsdienstleistungen abzieht. Damit sinkt die aggregierte Wachstumsrate.

Der negative Einfluss der Geldmengenzuwachsrate ist kein Widerspruch zu den Resultaten unter 3.1. Da das Modell von *Marquis/Reffett* (1994) letztlich aus einem CIA-Ansatz entwickelt wird, gibt es keine stetig positiv mit der Geldversorgung variierende Produktivität des Systems über den Punkt hinaus, an dem die Restriktion gerade noch bindet. Die Problematik dieser Annahme liegt auf der Hand.

(b) Die voranstehend erörterten Zusammenhänge lassen sich grundsätzlich auch mit Hilfe eines CIA-Modells ohne explizite Einführung eines Intermediationssektors demonstrieren. Dazu nimmt man nach dem Vorbild von *Lucas/Stokey* (1987) eine Zweiteilung der Konsumgüter vor; man unterscheidet Konsumgüter, die *nur* gegen Geld, und solche, die *auch* auf Kredit gekauft werden können. Dieses Konzept wird von *Jones/Manuelli* (1995) im Rahmen eines Modells endogenen Wachstums verwendet. Zugrunde gelegt wird eine entsprechende spezifische Nutzenfunktion (hier: zeitdiskret mit β , $0 < \beta < 1$, als Diskontfaktor):

(31) $$\sum_t \beta^t \, u(c_{1t}, c_{2t})$$

mit

(32) $$u(c_1, c_2) = (c_1^{-\lambda} + \eta c_2^{-\lambda})^{-(1/\lambda)(1-\theta)}/(1-\theta)$$

Der Konsum des *cash*-Gutes bzw. des *credit*-Gutes ist mit c_1 bzw. c_2 bezeichnet, die relative Wertschätzung zwischen beiden Gütern wird durch η, $\eta > 0$, gemessen, ihre Substitutionselastizität beträgt $\sigma = 1/(1+\lambda)$, $\lambda \neq 0$. Der Haushalt maximiert seinen intertemporalen Nutzen unter Berücksichtigung der üblichen Budgetrestriktion (s.o.) mit der zusätzlichen CIA-Bedingung

$$(33) \qquad p_t c_{1t} \leqq m_t$$

Hier bezeichnet m_t den in t gehaltenen Geldbestand und p_t den Güterpreis in t. Da angenommen wird, dass beide Konsumgüter und das Investitionsgut perfekte Substitute im Output bzw. „malleable" sind, ist ihr Preis identisch.

Bei Verwendung eines AK-Ansatzes[15] für die Endogenisierung der Wachstumsrate, d.h.

$$(34) \qquad y = Ak \quad , \quad A = \text{const.} \quad , \quad A > \delta$$

und der bisherigen Annahme konstanter Geldmengenzuwachsrate (mit entsprechender Rückführung des *seignorage*-Gewinns als Pauschaltransfer an die Haushalte) erhält man dann ein ohne Übergangsprozess zustande kommendes langfristiges (= kurzfristiges) Gleichgewicht, das durch die folgenden vier Gleichungen beschrieben wird (s. *Jones/Manuelli* 1995, S. 1411)

$$(35) \qquad g^{\theta} = \beta(1+A-\delta)$$

$$(36) \qquad \pi g = \phi$$

$$(37) \qquad (1+R) = \pi(1-A-\delta)$$

$$(38) \qquad c_2/c_1 = [\eta(1+R)]^{\sigma}$$

Die für c_1 und c_2 identische Wachstumsrate g, die Inflationsrate π und die Geldmengen-

[15] Es handelt sich im Folgenden um eine Vereinfachung des Modells von *Jones/Manuelli* (1995); die Autoren gehen zunächst von der bereits früher erwähnten, um einen neoklassischen Teil erweiterten AK-Form aus.

zuwachsrate ϕ sind jeweils als Bruttoraten zu verstehen; R ist der Nominalzinssatz.[16]

Wie unter (a) schon erwähnt und aus (36) und (38) hervorgeht, führt eine Erhöhung von ϕ zu einer Verlagerung des Konsums vom *cash good* zum *credit good*, und damit ist also das Zahlungssystem insgesamt durch einen geringeren Anteil durch Kasse beglichener Zahlungen gekennzeichnet. Würden – anders als hier unterstellt – Zahlungen via Kredit nur durch Zwischenschaltung eines Intermediationssektors zu bewältigen und daher auch mit spezifischen Kosten verbunden sein, dann würde sich nur eine quantitative Abschwächung dieser Tendenz ergeben. Bei Zugrundelegung eines innovationsbasierten Wachstumsmodells (s. *Marquis/Reffett* 1994) kann eine Zunahme der im Innovationssektor beschäftigten Arbeitskräfte zu Lasten etwa des Forschungssektors gehen und damit dann auch eine gleichzeitige Abnahme der Wachstumsrate nach sich ziehen.

(c) Als Fazit dieses Abschnitts ist festzuhalten, dass bei Zulassung alternativer Zahlungsmodalitäten eine Zunahme der Zuwachsrate der Geldmenge bestenfalls nur die Konsumstruktur verzerrt, schlimmerenfalls aber auch das Wachstum abschwächt. Für eine Zunahme der Wachstumsrate findet sich - im Gegensatz zu 3.1 und 3.2 - kein Hinweis. In der Tat ist dies auch nicht überraschend und durchaus typisch für alle CIA-Konzeptionen der Darstellung der Funktion von Geld. Anders als in (1) oder (16) existiert im CIA-Ansatz kein stetiger positiver Einfluss der Geldmenge auf die Effizienz der Abwicklung von Transaktionen – dies aber ist kennzeichnend für den Übergang vom Tauschhandel zu einer Geldwirtschaft. Die in diesem Abschnitt unterstellten Zusammenhänge sind daher also revisionsbedürftig, die erzielten Resultate entsprechend zu relativieren.

---

[16] Wenn man für $g = 1+g'$, $\ln(1+g') \cong g'$, $\beta = 1/(1+\rho) \cong 1-\rho$, $\ln(1-\rho) \cong -\rho$, $\ln(1+A-\delta) \cong A-\delta$ schreibt, erhält man aus (35) das übliche Resultat $g \cong (A-\delta-\rho)/\theta$.

4.2 Steady state, Gleichgewicht und Anpassungsfriktionen

Gelegentlich wird behauptet, dass die Funktion von Geld, Transaktionen zu erleichtern, im Rahmen hochaggregierter „Ein-Gut"-Modelle, in denen offenkundig eine „Koordination von Heterogenität" nicht erforderlich ist, nicht sinnvoll zu begründen, die Hinzufügung von Geld daher künstlich sei. Diesem Argument ist entgegenzuhalten, dass die Ein-Gut-Perspektive immer nur als Approximation eines ausdifferenzierten Systems zu verstehen ist. Schwieriger zu parieren allerdings ist der Einwand, wenn er von vornherein auf *steady states* bezogen wird. Denn auch ein multisektorales System verhält sich im langfristigen Gleichgewicht wie ein Ein-Gut-Modell. Man kann sich nicht vorstellen, wie und warum bei permanent unveränderten Strukturen auf die Dauer noch Koordination mittels Geld erforderlich sein sollte. Im langfristigen Gleichgewicht Geld zu halten kann daher letztlich nur inffizient sein. Transaktionen, deren Abwicklung durch Geld erleichtert, wenn nicht überhaupt erst ermöglicht werden, finden nur in einer arbeitsteiligen Wirtschaft statt, die durch permanenten Strukturwandel bei Existenz vielfältiger Anpassungsfriktionen und unvorhersehbaren Störungen gekennzeichnet ist. Ein theoretisch akzeptables Modell einer solchen Wirtschaft steht aus. Man ist vorläufig auf partielle „Verbesserungen" etwa der voranstehend verwendeten Konzeptionen angewiesen.

Eine einfache erste Möglichkeit, der Rolle von Geld besser gerecht zu werden, besteht darin, zwar in der bisher betrachteten Welt friktionsfrei funktionierender Güter- und Faktormärkte zu bleiben, sich aber auf die Analyse des Anpassungsprozesses an den *steady state* zu konzentrieren. *Fischer* (1979) und *Asako* (1983) haben in Modellen mit exogener Wachstumsrate gezeigt, dass auch dann, wenn für den *steady state* Superneutralität gilt, die Eigenschaften des Anpassungspfades, insbesondere die Anpassungsgeschwindigkeit an den *steady state*, sehr wohl von der Höhe der Zuwachsrate der Geldmenge bestimmt wird.

Eine entsprechende Überprüfung in Modellen mit endogener Wachstumsrate kann sich natürlich nur auf Ansätze beziehen, die tatsächlich Übergangsprozesse aufweisen. Damit entfallen u.a. AK- und die üblichen innovationsbasierten Wachstumsmodelle, wenn Geld in Gestalt einer CIA-Bedingung erfaßt wird. Im oben unter 3.1 und 3.2 diskutierten AK-Modell dagegen wird der *steady state* wegen der verzögerten Anpasssung des Realgeldbestands (m) nicht in einem Sprung erreicht. Die Determinanten der Anpassungsgeschwindigkeit ersieht man aus der negativen Wurzel der charakteristischen Gleichung von (23) und (24). Die Zuwachsrate der Geldmenge hat nur indirekten, aber positiven Einfluss auf die Anpassungsgeschwindigkeit.

Natürlich wird man mit der bloßen Akzentverlagerung der Analyse vom *steady state* auf den Übergangsprozess dem eigentlichen Einwand nicht einmal ansatzweise gerecht. Denn der Beitrag von Geld zum Umfang des erzielbaren Sozialprodukts ist gemäß (16) nach wie vor unabhängig davon, ob der Anpassungsprozess abgeschlossen ist. Zu verlangen wäre also eine geeignete Modifikation der Annahmen an die Transaktionstechnologie derart, dass die Ersparnis an Transaktions- bzw. Koordinationskosten durch Verwendung von Geld außerhalb eines langfristigen Gleichgewichts größer ist als im *steady state* selbst. Dabei tragen alle Firmen durch ihre finanziellen Dispositionen in Gestalt externer Effekte zum relevanten Zustand des Gesamtsystems bei, ohne dass die einzelne Firma diesen Einfluss bei der Festlegung der eigenen Geldversorgung kalkuliert. Die für eine (repräsentative) Firma i anstelle von (16) relevante Technologie lautet

(39) $$y_i = Ak_i\{1-v[m_i/k_i\,,\,(m\dot{/}k)]\}$$

wobei (m/k) die aggregierte Relation ist. Die partiellen Ableitungen von v(.) nach dem ersten Argument entsprechen den Annahmen über v′(.) und v′′(.) in (16). Entscheidend ist, dass v(.) negativ mit der absoluten Höhe von $(m\dot{/}k)$ variiert; auch hier nimmt man sinnvollerweise an, dass die zweite partielle Ableitung positiv ist.

Da $(m\dot{/}k)$ – wie erwähnt - als gegeben betrachtet wird, bleibt das Optimierungsproblem der Firma statisch. Im Gleichgewicht gilt $(m_i/k_i) = (m/k)$, so dass man für (17) und (18)

(40) $$r = A\{1-v[m/k\,,\,(m\dot{/}k)] + v_1[m/k\,,\,(m\dot{/}k)]\}$$
$$=: r[m/k)\,,\,(m\dot{/}k)] \quad , \quad r_i > 0\,,\, i = 1,2$$

$$(41) \qquad r - \delta + \pi = - A\, v_1[m/k\, , (\dot{m/k})]$$

erhält. Die weiteren formalen Implikationen, insbesondere für die Differentialgleichungen (23) und (24) sind unmittelbar einsichtig. Der *steady state* hat grundsätzlich dieselben komparativ-statischen Eigenschaften wie bisher. Entscheidend allerdings ist die wesentlich komplexere Charakteristik des Anpassungsprozesses, deren Diskussion im Rahmen dieses Beitrags aus Platzgründen nicht möglich ist.[17]

Wie oben schon erwähnt, wird man dem entscheidenden Beitrag von Geld für die Koordination ökonomischer Aktivität in einem marktwirtschaftlich organisierten System nicht gerecht, wenn man grundsätzlich von friktionsfrei funktionierenden Güter- und Faktormärkten ausgeht. Grundsätzlich können Friktionen dazu führen, dass auch Geldneutralität im üblichen Sinn, d.h. „Niveau"– im Gegensatz zu der hier stets thematisierten „Raten"-Neutralität, nicht mehr gewährleistet ist und sich auf diesem Wege ebenfalls (u.U. zusätzlich) Wachstumseffekte einstellen. *Stadler* (1990) hat gezeigt, dass sich ein positiver Geldangebotsschock, der sich infolge von vertraglich bedingten nominellen Rigiditäten oder Informationsdefiziten zunächst nur in temporären Beschäftigungs- und Outputeffekten niederschlägt, auch langfristig in einer Erhöhung der realen Wachstumsrate auswirken kann, wenn die Wachstumsrate z.B. mit Hilfe der auch oben schon erwähten *learning by doing*-Konzeption endogenisiert wird. Der Ansatz von *Stadler* (1990) lässt allerdings aus der Sicht unserer Fragestellung viele Wünsche offen. Einer der entscheidenden Mängel ist einmal mehr, dass die konkrete Rolle von Geld mit der bloßen Postulierung einer aggregierten Nachfrage in Gestalt einer quantitätstheoretischen Beziehung mit Umlaufgeschwindigkeit in Höhe von eins beschrieben wird.

[17] Die mit (39) resultierenden akzeleratorähnlichen Effekte können grundsätzlich das Zustandekommen zyklischer Anpassungsprozesse begünstigen (gleichgewichtige Zyklen).

5. Wie weiter?

Statt größerer Klarheit oder eindeutigen Antworten, wie in der Einleitung erhofft, führen die hier dargestellten Überlegungen eher zu zusätzlichen Fragen, allerdings auch zu einigen Einsichten, die die Richtung sinnvoller weiterer Forschungsbemühungen betreffen. Wenig ergiebig sind mit Sicherheit zusätzliche Analysen von monetären endogenen Wachstumsmodellen, die keine Übergangsprozesse besitzen. Eine Bezugnahme auf endogene Wachstumsmodelle mit Übergangsprozessen – unter besonderer Beachtung der Eigenschaften von Anpassungspfaden bzw. deren Abhängigkeit von der Zuwachstrate der Geldmenge – ist aber nur dann interessant, wenn die im einzelnen unterstellte Transaktionstechnologie adäquat spezifiziert ist, d.h. wenn in Rechnung gestellt wird, dass der Beitrag von Geld zur Reduktion von Transaktionskosten während des Anpassungsprozesses von deutlich größerer Bedeutung ist als im *steady state*. Im voranstehenden Abschnitt findet sich ein konkreter Vorschlag dazu. Auch wenn damit schon ein u.U. gewichtiger Fortschritt gegenüber dem gegenwärtigen Stand der Diskussion erzielt wäre, sollte sich die Forschung zum Ziel setzen, durch ein intensiveres Studium der Mikrostruktur von Zahlungsprozessen zu Hypothesen zu gelangen, die insbesondere der Rolle von Geld für die Koordination im Falle von Friktionen beeinträchtigter ökonomischer Aktivität gerecht werden.

Literatur

Asako, K. (1983), The Utility Function and the Superneutrality of Money on the Transition Path, Econometrica 51, 1593-1596.

Azariadis, C. and B.D. Smith (1996), Private Information, Money, and Growth: Indeterminacy, Fluctuations, and the Mundell-Tobin Effect, Journal of Economic Growth 1, 309-332.

Barro, R.J. and X. Sala-I-Martin (1995), Economic Growth, New York et al.

Capasso, S. (1997), Endogenous Growth in Monetary Economies: The Superneutrality Issue, Studi economici 61, 11-43.

Fischer, S. (1979), Capital Accumulation on the Transition Path in a Monetary Optimizing Model, Economica 47, 1433-1439.

Ho, W.-M. (1996), Imperfect Information, Money, and Economic Growth, Journal of Money, Credit, and Banking 28, 579-603.

Howitt, P. (1993), Money and Growth Revisited, in: H. Barkai et al. (Hrsg.), Monetary Theory and Thought, Essays in Honor of Don Patinkin, London, 261-283.

Jones, L.E. and R.E. Manuelli (1990), A Convex Model of Equilibrium Growth: Theory and Policy Implications, Journal of Political Economy 101, 485-517.

Jones, L.E. and R.E. Manuelli (1995), Growth and the effects of inflation, Journal of Economics Dynamics and Control 19, 1405-1428.

Lacker, J.M. and S.L. Schreft (1996), Money and credit as means of payment, Journal of Monetary Economics 38, 3-23.

Lucas, R.E. and N.L. Stokey (1987), Money and Interest in a Cash-in-Advance Economy, Econometrica 55, 491-513.

Marquis, M.H. and K.L. Reffett (1994), New Technology Spillovers into the Payment System, Economic Journal 104, 1123-1138.

Minho, K. and A. Shibata (1995), Monetary Policy, Overlapping Generations, and Patterns of Growth, Economica 62, 179-194.

Orphanides, A. and R.M. Solow (1990), Money, Inflation and Growth, in: B.M. Friedman und F.H. Hahn (Hrsg.), Handbook of Monetary Economics, Vol. 1, New York, 223-261.

Romer, P.M. (1986), Increasing Returns and Long-Run Growth, Journal of Political Economy 94, 1002-1037.

Stadler, G.W. (1990), Business Cycle Models with Endogenous Technology, American Economic Review 80, 763-778.

Stein, J.L. (1970), Monetary Growth Theory in Perspective, American Economic Review 60, 85-106.

Geldpolitik in einer asymmetrischen Währungsunion: Ein dynamischer Ansatz

Hans-Werner Wohltmann*

1. Problemstellung und Gliederung

Die Schaffung der Europäischen Währungsunion, die am 1. Januar 1999 erfolgte, hat für die Teilnehmerländer bedeutsame wirtschaftspolitische Implikationen. So besteht nicht mehr die Möglichkeit, eine eigenständige nationale Geldpolitik durchzuführen. Gleichzeitig gehen die bilateralen Wechselkurse zwischen den Unionsländern als Schockabsorber verloren. Mit der Vereinheitlichung der Geldpolitik sind allerdings nicht alle strukturellen Unterschiede zwischen den einzelnen Ländern beseitigt. Zwar weisen die Mitgliedsländer der Europäischen Währungsunion nach den Eintrittskriterien von Maastricht eine hohe Konvergenz in den fiskalischen Defizitkriterien, den Inflationsraten und den Zinssätzen auf; es gibt jedoch weiterhin zum Teil beträchtliche Unterschiede in der ökonomischen Struktur dieser Länder. So unterscheiden sie sich u.a. in der Struktur des monetären Sektors und der Arbeitsmärkte, im Offenheitsgrad, in der Lohn-Preisanpassung und in den Lohnverhandlungssystemen [siehe z.B. *Dohse/Krieger-Boden* 1998, *Siebert* 1997]. Solche strukturellen Unterschiede bewirken, daß geldpolitische Maßnahmen der Europäischen Zentralbank unterschiedliche Übertragungseffekte in den Mitgliedsländern entfalten.

Im vorliegenden Beitrag soll anhand eines einfach gehaltenen *dynamischen* Makromodells für eine kleine, aus zwei Ländern bestehende Währungsunion untersucht werden, welche kurz-, mittel- und langfristigen Wirkungen von einer einheitlichen Geldpolitik auf die Mitgliedsländer ausgehen, wenn diese durch *asymmetrische Lohngleichungen* gekennzeichnet sind. Es wird dazu ein unterschiedliches Gewerkschafts-

---

* Für die Durchführung der zahlreichen Simulationen und die kritische Durchsicht des Manuskripts danke ich A. Jöhnk und T. Hermes.

verhalten bei der Lohnsetzung in den Mitgliedsländern unterstellt. Während in dem einen Land die Lohnanpassung weitgehend am Kurs der Geldpolitik orientiert ist und durch einen geringen Flexibilitätsgrad gekennzeichnet ist, erfolgt die Lohnsetzung im Partnerland auf der Basis der für die Arbeitsanbieter relevanten Inflationsrate. Änderungen der Inflationsrate führen in diesem Land zu einer unmittelbaren gleichgerichteten Anpassung der Lohnsteigerungsrate. Diese Asymmetrie in der Lohnsetzung hat zur Folge, daß von monetären Impulsen trotz Vorliegen eines einheitlichen Währungsraumes unterschiedliche Wirkungen auf die beiden Länder der Union ausgehen.

Als geldpolitische Maßnahme wird eine von der Zentralbank *glaubhaft angekündigte Steigerung der Geldmengenwachstumsrate* unterstellt. Im folgenden soll analysiert werden, welche intertemporalen Effekte hiervon auf die beiden Mitgliedsländer der Währungsunion ausgehen. Um das dynamische Unionsmodell noch vollständig auf algebraischem Wege mit Hilfe der Aoki-Methode auswerten zu können, wird von weitgehend symmetrischen Unionsländern ausgegangen, die lediglich auf der Angebotsseite durch eine Verhaltensasymmetrie bei der Lohnanpassung gekennzeichnet sind.

In der ökonomischen Literatur sind erst in jüngerer Zeit Beiträge zur Theorie einer Währungsunion erschienen, die sich mit Asymmetrien auf der Angebots- oder Nachfrageseite auseinandersetzen; diese Ansätze sind fast ausschließlich *statischer* Natur [siehe z.B. *Jarchow* 1994, *Daseking* 1994 und *Wohltmann/Bulthaupt/Krömer* 1998]. Der vorliegende Beitrag analysiert demgegenüber ein sattelpunktstabiles *dynamisches* Modell einer asymmetrischen Währungsunion, das durch rationale Wechselkurs- und Preisänderungserwartungen sowie eine verzögerte Lohn-Preisanpassung gekennzeichnet ist.

Der Beitrag ist wie folgt gegliedert: In Kapitel 2 wird das Modell der Währungsunion beschrieben. Da es sich dabei um ein dynamisches System handelt, wird sein Verhalten in der Zeit mit Hilfe von Zustandsgleichungen (Differentialgleichungen erster Ordnung) erfaßt. In Kapitel 3 werden die intertemporalen Wirkungen einer von den Privaten antizipierten Steigerung der Geldmengenwachstumsrate untersucht. Gemäß der Aoki-Methode werden dazu die Wirkungen auf die Union in ihrer Gesamtheit sowie die Unterschiede in der konjunkturellen Entwicklung beider Länder analysiert. In Kapitel 4 wird insbesondere die Frage untersucht, inwieweit die vorliegende Verhaltensasymmetrie in einer ansonsten vollkommen symmetrischen Währungsunion ein im Zeitablauf wechselndes Konjunkturgefälle zwischen beiden Unionsländern erzeugen kann. Der Beitrag schließt in Kapitel 5 mit einer Zusammenfassung der wichtigsten Resultate und wirtschaftspolitischen Schlußfolgerungen, die sich daraus ziehen lassen. In einem mathematischen Anhang (Kapitel 6) erfolgt die Herleitung und formale Auswertung der wichtigsten Lösungsformeln.

2. Das Modell der Währungsunion

2.1 Modellstruktur

Wir gehen von den folgenden Gleichungen für eine kleine, aus zwei Ländern bestehende Währungsunion aus, die abgesehen von der Asymmetrie in den Gleichungen (9) und (10) ein dynamisches Standardmodell für eine kleine Währungsunion darstellen [vgl. *Wohltmann* 1994]:

(1) $y_1 = (a_0 + a_1 y_1 - a_2(i_1 - \dot{p}_1)) + g_1 + (b_0 - b_1 y_1 + b_2 y_2 + b_3 y^* - b_4(p_1 - p_2) - b_5 \tau_1)$

(2) $y_2 = (a_0 + a_1 y_2 - a_2(i_2 - \dot{p}_2)) + g_2 + (b_0 - b_1 y_2 + b_2 y_1 + b_3 y^* - b_4(p_2 - p_1) - b_5 \tau_2)$

(3) $\tau_1 = p_1 - (p^* + e)$

(4) $\tau_2 = p_2 - (p^* + e)$

(5) $m = (p_1 + l_0 + l_1 y_1 - l_2 i_1) + (p_2 + l_0 + l_1 y_2 - l_2 i_2)$

(6) $i_1 = i_2 = i^* + \dot{e}$

(7) $\dot{p}_1 = \dot{w}_1$

(8) $\dot{p}_2 = \dot{w}_2$

(9) $\dot{w}_1 = \dot{m}_1 + \delta\,(y_1 - \bar{y}_1)$ $\quad (\dot{m}_1 = \frac{1}{2}\dot{m})$

(10) $\dot{w}_2 = \dot{p}_2^e + \delta\,(y_2 - \bar{y}_2)$

(11) $p_1^e = \alpha_1 p_1 + \alpha_2 p_2 + \alpha_3(p^* + e)$ $\quad (\alpha_1 + \alpha_2 + \alpha_3 = 1)$

(12) $p_2^e = \alpha_1 p_2 + \alpha_2 p_1 + \alpha_3(p^* + e)$.

Es gelten die folgenden Bezeichnungen: y = reales Sozialprodukt, i = Nominalzinssatz, $i-\dot{p}$ = Realzinssatz, g = Staatsausgaben für Güter und Dienstleistungen, p = Preisniveau, τ = terms of trade, e = flexibler Wechselkurs (in Preisnotierung) gegenüber dem großen Ausland, m = Geldmenge, w = Geldlohnsatz, $\bar{y}$ = natürliches Outputniveau, p^c = (Konsumenten-)Preisindex. Die Variablen, die mit einer tiefgestellten „1" (bzw. „2") versehen sind, beziehen sich auf das Unionsland U_1 (bzw. U_2). Die mit einem hochgestellten „ * " versehenen Größen kennzeichnen Auslandsvariablen. Bis auf die Zinssätze i_1, i_2 und i^* werden alle Variablen als logarithmierte Größen aufgefaßt. Ein Punkt über einer Variablen (wie z.B. $\dot{e}$) steht für die (rechtsseitige) Ableitung dieser Variablen nach der Zeit, d.h. bezeichnet in entlogarithmierter Form ihre prozentuale Änderungsrate. Ein Querstrich über einer Variablen (wie z.B. $\bar{y}$) kennzeichnet das langfristige Gleichgewichtsniveau dieser Variablen. Alle Modellparameter sollen nichtnegativ sein.

Die Gleichungen (1) und (2) sind Standard-IS-Gleichungen der Unionsländer U_1 und U_2. Der erste Klammerausdruck charakterisiert die einkommens- und realzinsabhängige private Absorption, während der zweite Klammerausdruck für den gesamten Außenbeitrag des Landes U_1 bzw. U_2 steht. Dieser ist in der üblichen Weise von Einkommensvariablen und Preisverhältnissen abhängig. Die terms of trade gegenüber dem großen Ausland werden dabei durch (3) bzw. (4) definiert. Der gemeinsame Geldmarkt der Währungsunion wird durch eine traditionelle LM-Gleichung beschrieben (Gleichung (5)). Gleichung (6) besagt als Bedingung für die ungedeckte Zinsparität, daß die identischen Unionszinssätze von dem Auslandszins nur im Ausmaße der von den Anlegern rational erwarteten Abwertungsrate $\dot{e}$ abweichen können.

Die Gleichungen (7) und (9) bzw. (8) und (10) beschreiben die Preis-Lohnsetzung in den Unionsländern. Die Preissetzung in den Unionsländern erfolgt im Wege einer Zuschlagskalkulation und ergibt bei konstantem mark up durch Übergang zu Änderungsraten Gleichung (7) bzw. (8). Die Lohngleichungen (9) und (10) spiegeln ein unterschiedliches Lohnsetzungsverhalten der Gewerkschaften der beiden Länder wider und führen zu einer Asymmetrie in den ansonsten vollkommen symmetrischen Ländern. Während im Land U_1 die Lohnsteigerungsrate an die Geldmengenwachstumsrate in diesem Land gekoppelt ist[1] (welche aufgrund der Symmetrieannahmen wiederum der Hälfte der Geldmengenzuwachsrate der Gesamtunion entspricht), orientiert sich die Lohnentwicklung im Partnerland an der (rational erwarteten) Änderungsrate des durch Gleichung (12) definierten Kaufkraftindex. Für das Land U_1 impliziert die Lohngleichung, daß sich ein von der Zentralbank im voraus angekündigter monetärer Impuls erst dann in den Lohnforderungen der Gewerkschaften des Landes U_1 niederschlägt, wenn die geldpolitische Maßnahme durchgeführt worden ist. Dagegen reagieren die Löhne im Partnerland U_2 bereits in der Phase der Ankündigung auf den monetären Impuls, da hiermit eine kurzfristige Reaktion des Wechselkurses und damit des Kaufkraftindex verbunden ist und die Lohnsteigerungsrate in U_2 an die für die Arbeitsanbieter relevante Inflationsrate $\dot{p}_2^c$ gekoppelt ist. Das Gewerkschaftsverhalten in den beiden Ländern ist damit asymmetrischer Natur: Während die Lohnsetzung in U_1 am geldpolitischen Kurs der Zentralbank und damit an der langfristigen Inflationsrate orientiert ist und bei konstanter Geldpolitik nur über die Lohndruckkomponente $\delta\,(y_1 - \bar{y}_1)$ (d.h. bei Abweichungen des aktuellen vom natürlichen Outputniveau) Lohnanpassungen stattfinden, weisen die Löhne in U_2 einen höheren Flexibilitätsgrad auf, da sie sich unmittelbar jeder antizipierten Änderung der Preisindexänderungsrate anpassen. Aus einer solchen Verhaltensasymmetrie resultieren unterschiedliche Realwirkungen in den Unionsländern, wenn von der gemeinsamen Zentralbank geldpolitische Maßnahmen durchgeführt werden.

2.2 Analysemethode

Das vorliegende Modell ist vollkommen symmetrisch in den einander entsprechenden Strukturparametern der Länder U_1 und U_2 und weist lediglich auf der Angebotsseite

---

1 Siehe hierzu auch *Buiter/Miller* (1982), S. 87.

eine Verhaltensasymmetrie auf. Um das System vollständig auf algebraischem Wege lösen zu können, unterstellen wir in (11) bzw. (12) die Gleichheit der Preisindexgewichte α_1 und α_2, d.h. eine Indifferenz der Haushalte zwischen Konsumgütern aus dem eigenen Land und Importgütern aus dem jeweiligen Partnerland [*Wohltmann/Bulthaupt/Krömer* 1998]:

(13) $\alpha_1 = \alpha_2$.

Diese Annahme ermöglicht wegen der daraus resultierenden Übereinstimmung der Preisindices p_1^c und p_2^c die Anwendung der Dekompositionsmethode von *Aoki* (1981). Diese erlaubt im vorliegenden Fall die Zerlegung des Gesamtsystems in zwei dynamische Teilsysteme der Dimension zwei und eins. Das erste Teilsystem ist vom zweiten unabhängig und enthält nur Summenvariablen (wie $y_1 + y_2$ oder $\tau_1 + \tau_2$), d.h. faßt die Union wie eine einheitliche Volkswirtschaft auf. Sein dynamisches Verhalten läßt sich vollständig durch ein zweidimensionales Differentialgleichungssystem in den Aggregatvariablen $\tau = \tau_1 + \tau_2$ (terms of trade) und $m - (p_1 + p_2)$ (reale Geldmenge) beschreiben [*Wohltmann* 1994]. Das zweite Teilsystem enthält nur Differenzenvariablen (wie $y_1 - y_2$ oder $p_1 - p_2$) und erfaßt Unterschiede in der ökonomischen Entwicklung der Unionsländer. Seine Dynamik kann durch eine einzige Differentialgleichung in der Preisniveaudifferenz $p^d = p_1 - p_2$ dargestellt werden. Im Unterschied zum Fall vollständig symmetrischer Länder [*Wohltmann* 1994] ist im vorliegenden asymmetrischen Unionsmodell das Differenzensystem *nicht* unabhängig vom Summensystem lösbar. Aus den Lösungszeitpfaden des Summen- und Differenzensystems lassen sich die Zeitpfade der relevanten Variablen der einzelnen Länder durch arithmetische Mittelbildung gewinnen (wie z.B. $y_1 = 1/2((y_1 + y_2) + (y_1 - y_2))$).

2.3 Das Summensystem

Das dynamische Verhalten der Union als Ganzes läßt sich durch das folgende Differentialgleichungssystem beschreiben:

(14) $$\begin{pmatrix} \dot{\tau} \\ \dot{m}-\dot{p} \end{pmatrix} = \begin{pmatrix} a_{11} & a_{12} \\ a_{21} & a_{22} \end{pmatrix} \begin{pmatrix} \tau-\bar{\tau} \\ (m-p)-\overline{(m-p)} \end{pmatrix}$$

wobei

$$\tau = \tau_1 + \tau_2, \; p = p_1 + p_2,$$

$$a_{11} = \frac{1}{\Delta}\cdot\frac{b_5}{\lambda}\left(-\frac{1}{2}l_1 + l_2\delta\right), \qquad a_{12} = -\frac{1}{\Delta}\cdot\frac{1}{2},$$

$$a_{21} = -\frac{1}{\Delta}\cdot\frac{b_5}{\lambda}\left(\frac{1}{2}l_1\alpha_3 + l_2\delta\right), \qquad a_{22} = -\frac{1}{\Delta}\left(\frac{1}{2}\alpha_3 - \frac{\delta a_2}{\lambda}\right),$$

$$\lambda = 1 - a_1 + b_1 - b_2 > 0 \quad \text{und} \quad \Delta = -\frac{a_2}{\lambda}\left(\frac{1}{2}l_1 - l_2\delta\right) - \frac{1}{2}l_2(1+\alpha_3).$$

Unter der Annahme

(15) $$\frac{1}{2}l_1 - l_2\delta > 0$$

ist $\Delta < 0$ und die Koeffizienten a_{11}, a_{12} und a_{21} sind positiv. Außerdem gilt für die Systemdeterminante Δ_1 von (14):

(16) $$\Delta_1 = a_{11}a_{22} - a_{12}a_{21} = \frac{1}{\Delta}\frac{b_5}{\lambda}\delta < 0.$$

Das Summensystem besitzt dann die Sattelpunkteigenschaft, d.h. einen positiven (r_1) und einen negativen (r_2) reellen Eigenwert:

(17) $$r_{1,2} = \frac{1}{2}(a_{11} + a_{22}) \pm \sqrt{\frac{1}{4}(a_{11} + a_{22})^2 - \Delta_1}.$$

Es gibt in diesem Fall genau einen konvergenten Anpassungszeitpfad, der das aggregierte System nach dem Auftreten einer exogenen Störung zum neuen langfristigen Gleichgewicht hinführt. Für die Zustandsvariablen τ und $m-p$ läßt sich dieser Zeitpfad mit Hilfe der Eigenwerte r_1 und r_2 und der zugehörigen Eigenvektoren h_1 und h_2 angeben; dabei sind die Eigenvektoren von der folgenden Form:

$$(18) \quad h_1 = \begin{pmatrix} h_{11} \\ 1 \end{pmatrix}, \quad h_2 = \begin{pmatrix} h_{12} \\ 1 \end{pmatrix}$$

wobei

$$(19) \quad h_{11} = \frac{a_{12}}{r_1 - a_{11}} > 0, \quad h_{12} = \frac{a_{12}}{r_2 - a_{11}} < 0.$$

Bezeichnet T denjenigen zukünftigen Zeitpunkt, in dem eine in $t = 0$ glaubhaft angekündigte wirtschaftspolitische Maßnahme durchgeführt wird, so ergibt sich für den Zustandsvektor $(\tau, \; m-p)$ der folgende konvergente Lösungszeitpfad vom Anfangsgleichgewicht $(\bar{\tau}_0, \overline{(m-p)}_0)$ zum neuen langfristigen Gleichgewicht $(\bar{\tau}_1, \overline{(m-p)}_1)$ [*Wohltmann* 1994]:

$$(20) \quad \begin{pmatrix} \tau \\ m-p \end{pmatrix} = \begin{pmatrix} \bar{\tau}_0 \\ \overline{(m-p)}_0 \end{pmatrix} + A_1 h_1 e^{r_1 t} + A_2 h_2 e^{r_2 t} \qquad 0 < t < T$$

$$(21) \quad \begin{pmatrix} \tau \\ m-p \end{pmatrix} = \begin{pmatrix} \bar{\tau}_1 \\ \overline{(m-p)}_1 \end{pmatrix} + \tilde{A}_2 h_2 e^{r_2 t} \qquad t > T$$

wobei $e^{r_j t} = \exp(r_j t)$, $A_1 = -A_2$,

$$(22) \quad \begin{pmatrix} A_2 \\ \tilde{A}_2 \end{pmatrix} = \frac{1}{\chi} \begin{pmatrix} -e^{r_2 T} & h_{12} e^{r_2 T} \\ e^{r_1 T} - e^{r_2 T} & h_{12} e^{r_2 T} - h_{11} e^{r_1 T} \end{pmatrix} \begin{pmatrix} d\bar{\tau} \\ d\overline{(m-p)} \end{pmatrix}$$

und $\chi = (h_{11} - h_{12}) e^{(r_1 + r_2)T} > 0$.

Die zeitliche Entwicklung des Gesamtoutputniveaus $y = y_1 + y_2$ läßt sich daraus mit Hilfe der aggregierten IS-Gleichung oder der aggregierten Preis-Lohngleichung berechnen:

(23) $y = \frac{1}{\lambda}\{-a_2(2i^* - \dot{\tau}) - b_5\tau\}$

$= \bar{y} + \frac{1}{2\delta}\{\alpha_3\dot{\tau} - (\dot{m} - \dot{p})\}$

$(y = y_1 + y_2, \tau = \tau_1 + \tau_2, p = p_1 + p_2, p^c = p_1^c + p_2^c)$.

2.4 Das Differenzensystem

Unterschiede in der zeitlichen Entwicklung beider Länder können mit Hilfe der folgenden dynamischen Gleichung in der Preisniveaudifferenz $p^d = p_1 - p_2$ erfaßt werden:

(24) $\dot{p}^d = r_0(p^d - \bar{p}^d) + \frac{1}{2}\frac{\mu}{\mu - \delta\, a_2}(\dot{m} - \dot{p}^c)$

$(\mu = 1 - a_1 + b_1 + b_2 > \lambda > 0,\ r_0 = -\frac{\delta\,(2b_4 + b_5)}{\mu - \delta\, a_2},\ \dot{p}^c = \dot{p}_1^c + \dot{p}_2^c)$.

Diese inhomogene Differentialgleichung kann nicht unabhängig vom Summensystem gelöst werden, da sie die kaufkraftmäßige Geldmengenwachstumsrate $\dot{m} - \dot{p}^c$ als Input enthält, deren Verlauf sich wegen

(25) $m - p^c = (m - p) + \alpha_3\tau$

aus der Lösung (20), (21) des aggregierten Systems durch Ableiten nach der Zeit t ermitteln läßt. Unter der Annahme

(26) $\mu - \delta\, a_2 > 0$

ist der Eigenwert r_0 der dynamischen Gleichung (24) negativ; für die Preisniveaudifferenz ergibt sich dann, wenn man von identischen Preisniveaus in der Ausgangslage ausgeht ($\bar{p}_1 = \bar{p}_2$ bzw. $\bar{p}^d = 0$), der folgende konvergente Lösungszeitpfad:

$$(27)\quad p^d = \frac{1}{2}\frac{\mu}{\mu-\delta\, a_2} r_1 A_1 (1+\alpha_3 h_{11}) \frac{1}{r_1 - r_0}\left(e^{r_1 t} - e^{r_0 t}\right)$$

$$+\frac{1}{2}\frac{\mu}{\mu-\delta\, a_2} r_2 A_2 (1+\alpha_3 h_{12}) \frac{1}{r_2 - r_0}\left(e^{r_2 t} - e^{r_0 t}\right) \qquad 0 < t < T$$

$$(28)\quad p^d = \frac{1}{2}\frac{\mu}{\mu-\delta\, a_2} r_1 A_1 (1+\alpha_3 h_{11}) \frac{1}{r_1 - r_0} e^{r_0 t}\left(e^{(r_1 - r_0)T} - 1\right)$$

$$+\frac{1}{2}\frac{\mu}{\mu-\delta\, a_2} r_2 A_2 (1+\alpha_3 h_{12}) \frac{1}{r_2 - r_0} e^{r_0 t}\left(e^{(r_2 - r_0)T} - 1\right)$$

$$+\frac{1}{2}\frac{\mu}{\mu-\delta\, a_2} r_2 \widetilde{A}_2 (1+\alpha_3 h_{12}) \frac{1}{r_2 - r_0} e^{r_0 t}\left(e^{(r_2 - r_0)t} - e^{(r_2 - r_0)T}\right) \qquad t > T.$$

Der Zeitpfad der Outputdifferenz $y^d = y_1 - y_2$ läßt sich daraus mit Hilfe der Differenz der IS-Gleichungen oder der Differenz der Preisanpassungsgleichungen bestimmen:

$$(29)\quad y^d = \frac{1}{\mu}\left\{a_2 \cdot \dot{p}^d - (2b_4 + b_5)p^d\right\} = \bar{y}^d + \frac{1}{\delta}\left\{\dot{p}^d - \frac{1}{2}(\dot{m} - \dot{p}^c)\right\}$$

$$= \bar{y}^d + \frac{1}{\mu - \delta\, a_2}\left\{-(2b_4 + b_5)(p^d - \bar{p}^d) + \frac{1}{2}a_2(\dot{m} - \dot{p}^c)\right\}.$$

3. Wirkungen einer angekündigten Steigerung der Geldmengenwachstumsrate

3.1 Langfristige Wirkungen

Die Langfristeffekte einer Steigerung der Geldmengenwachstumsrate ergeben sich aus der langfristigen Gleichgewichtsbedingung für das Summen- und Differenzensystem:

$$(30)\quad \dot{\tau} = 0 = (\dot{m} - \dot{p}) = \dot{p}^d .$$

Hieraus lassen sich die bekannten geldpolitischen Resultate ableiten, wonach die Inflationsrate der Gesamtunion ($\dot{p} = \dot{p}_1 + \dot{p}_2$) sowie ihre Abwertungsrate ($2\dot{e}$) langfristig durch die Geldmengenwachstumsrate determiniert werden ($\dot{p} = 2\dot{e} = \dot{m}$) und das Outputniveau im langfristigen Gleichgewicht mit seinem natürlichen Niveau übereinstimmt ($y = \bar{y}$). Unabhängig davon, ob die Normalniveaus $\bar{y}_1$ und $\bar{y}_2$ der beiden Unionsländer endogen in Abhängigkeit relativer Preise erklärt werden [*Wohltmann* 1994] oder exogen vorgegeben werden, übt die Geldpolitik keinen Einfluß auf diese Größen aus, da alle Relativpreise langfristig unverändert bleiben:

(31) $d\bar{\tau} = d\,\bar{p}^d = d\bar{\tau}_1 = d\bar{\tau}_2 = 0\,, \quad d\bar{y} = d\bar{y}_1 = d\bar{y}_2 = 0\,.$

Aus der Bedingung für die ungedeckte Zinsparität ($i_1 + i_2 = 2i^* + 2\dot{e}$) kann weiter gefolgert werden, daß eine Erhöhung der Geldmengenzuwachsrate ($d\dot{m} > 0$) - im Unterschied zu einer Steigerung des Geldmengenniveaus ($dm > 0$) - den aggregierten Nominalzins ($i = i_1 + i_2$) langfristig in gleichem Ausmaße erhöht ($d\bar{i}\,/\,d\dot{m} = 1$); gemäß der gemeinsamen Geldmarktgleichung beider Länder geht dann die reale Geldmenge ($m - p$) zurück ($d(\overline{m-p})\,/\,d\dot{m} = -l_2 < 0$). Für die Realzinssätze in der Union läßt sich dagegen ableiten, daß diese langfristig keine Änderung erfahren.

3.2 Wirkungen im Zeitablauf

Wir betrachten im folgenden die Anpassungsprozesse, die sich für die Unionsländer aus einer im Zeitpunkt $t = 0$ angekündigten und im Zeitpunkt $T > 0$ vollzogenen Steigerung der Geldmengenwachstumsrate ergeben. Dabei sind zwei Phasen der Anpassung zu unterscheiden [*Wohltmann/Bulthaupt* 1999]: die Ankündigungsphase ($0 \le t < T$), d.h. der Zeitraum zwischen der Ankündigung und dem Durchführungszeitpunkt, und die Durchführungsphase ($t \ge T$), die mit dem Zeitpunkt der Implementierung der geldpolitischen Maßnahme beginnt. In der Ankündigungsphase treten bereits geldpolitische Wirkungen auf, da der Wechselkurs und der Nominalzinssatz Informationsvariablen sind, die auf die glaubhafte Ankündigung einer geldpolitischen Aktion unmittelbar (sprunghaft) reagieren und über die daraus resultierende Veränderung der terms of trade und des Realzinssatzes den Außenbeitrag und die private Absorption beeinflussen, woraus sich wiederum Outputeffekte in den Unionsländern ergeben.

Für die Union als Ganzes läßt sich der Anpassungsprozeß, der aus einer von den Privaten antizipierten Steigerung der Geldmengenwachstumsrate resultiert, in einen $\tau/(m-p)$-Phasendiagramm darstellen (*Abbildung* 1). Dieses Diagramm beschreibt den Verlauf des Zustandsvektors (τ, $m-p$) für das Summensystem vom Anfangsgleichgewicht Q_0 bis zum neuenlangfristigen Gleichgewicht Q_1. Die Gerade S_0 bzw. S_1 kennzeichnet dabei den konvergenten Sattelpfad durch Q_0 bzw. Q_1, während die gestrichelte Linie I_0 den instabilen Arm des Sattelpunktes Q_0 charakterisiert. Die Gleichungen dieser Geraden sind im mathematischen Anhang (Kapitel 6) angegeben.

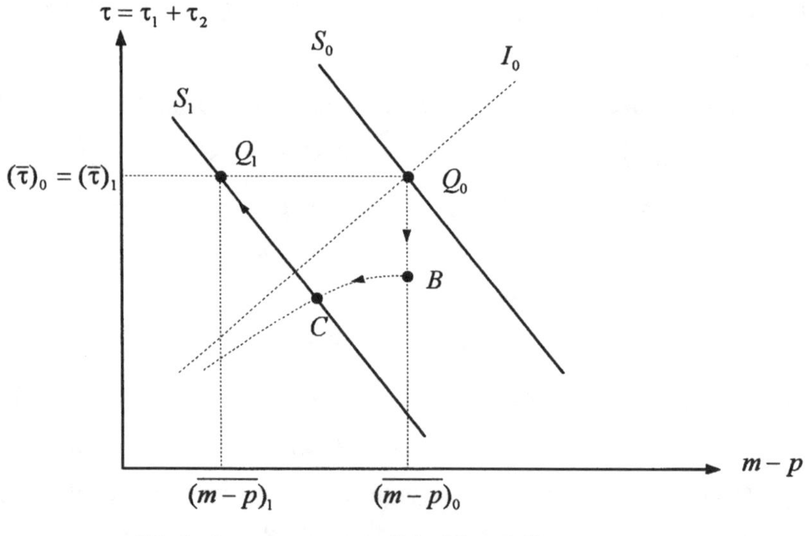

Abb. 1: Anpassungsprozeß im Phasendiagramm

Die Ankündigung einer zukünftigen Steigerung des Geldmengenwachstums bewirkt eine unmittelbare Abwertung der Unionswährung, welche bei kurzfristig gegebenem Güterpreisniveau ($p = \overline{p}_0$) gleichbedeutend mit einer terms of trade-Senkung ist (Punkt *B*). Das Ausmaß der realen Abwertung ist dabei in negativer Weise vom Zeitraum T zwischen Ankündigungs- und Durchführungszeitpunkt abhängig. Je kürzer dieser ist, d.h. je schneller die geldpolitische Maßnahme durchgeführt wird, desto stärker fällt der unmittelbare Rückgang der terms of trade τ aus.

Im weiteren Verlauf der Ankündigungsphase bewegt sich der Zustandsvektor entlang einer Trajektorie (*BC*), die zum instabilen Arm I_0 des Sattelpunktes Q_0 hinführt und den neuen stabilen Sattelpfad S_1 im Durchführungszeitpunkt T erreicht (Punkt *C*). Anschließend konvergiert das System entlang des Pfades S_1 zum neuen langfristigen Gleichgewichtspunkt Q_1. Dieser ist im Vergleich zur Ausgangslage (Q_0) durch eine Senkung der realen Geldmenge gekennzeichnet, während die terms of trade trotz des realen Abwertungsprozesses in der Ankündigungsphase letztlich unverändert bleiben ($(\bar{\tau})_1 = (\bar{\tau})_0$), da in der Durchführungsphase eine kontinuierliche reale Aufwertung der Unionswährung stattfindet, die die reale Abwertung der Ankündigungsphase vollständig neutralisiert. Im Unterschied zum Fall vollkommen symmetrischer Länder, in dem sich auch die Gewerkschaft des Landes U_1 bei ihren Lohnforderungen an der Preisindexänderungsrate ($\dot{p}_1^c$) orientiert [*Wohltmann* 1994], tritt der reale Aufwertungsprozeß nicht bereits unmittelbar im Anschluß an die Impact-Reaktion auf, sondern erst mit Beginn der Durchführungsphase. Dies hat die Konsequenz, daß die reale Aufwertungsrate ($\dot{\tau}$) - im Gegensatz zum Symmetriefall - während der gesamten Ankündigungsphase negativ ist und somit der aggregierte Realzins wegen

(32) $(i_1 - \dot{p}_1) + (i_2 - \dot{p}_2) = 2i^* - \dot{\tau}$

in diesem Zeitraum oberhalb seines Ausgangswertes ($2i^*$) liegt. Auf das aggregierte Outputniveau ($y = y_1 + y_2$) wirken demzufolge im Zeitraum $0 \leq t < T$ nachfrageseitig zwei gegenläufige Einflußfaktoren: Einerseits führt der reale Abwertungsprozeß zu einer Verbesserung des Außenbeitrags der Gesamtunion gegenüber dem großen Drittland, andererseits bewirkt die Realzinssteigerung eine Abnahme der realen privaten Absorption, d.h. einen Crowding-out-Effekt.

Es läßt sich zeigen, daß in der Impact-Phase der Anpassung, d.h. im Zeitpunkt unmittelbar im Anschluß an die Ankündigung ($t = 0+$), der expansive terms of trade-Effekt stets den kontraktiven Realzinseffekt dominiert, so daß sich das aggregierte Outputniveau kurzfristig erhöht:

(33) $y(0+) > \bar{y}_0$.

Dabei ist $y(0+)$ der Wert des Sozialprodukts, der sich unmittelbar als Folge der Ankündigung einstellt und $\bar{y}_0 = \overline{(y_1 + y_2)}_0$ das Ausgangsgleichgewichtsniveau von y, welches mit dem (konstanten) natürlichen Outputniveau $\bar{y}$ übereinstimmt. Das Ausmaß der kurzfristigen Outputsteigerung hängt - ebenso wie die kurzfristige terms of trade- und Realzinsreaktion - in negativer Weise vom Zeitraum zwischen Ankündigung und Durchführung der geldpolitischen Maßnahme ab. Je kürzer dieser ist, desto stärker fällt die expansive Impact-Wirkung der Ankündigung auf den Gesamtoutput aus.

Der weitere Verlauf der Outputanpassung während der Ankündigungsphase wird bestimmt durch verschiedene gegenläufige Effekte: Durch den Anstieg der Abwertungsrate $\dot{e}$ als unmittelbare Folge der Ankündigung kommt es gemäß der Bedingung für die Zinsparität zu kontraktiv wirkenden Nominalzinssteigerungen, die sich gemäß der LM-Gleichung auch durch die Outputsteigerung und den daraus resultierenden vermehrten Bedarf an Transaktionskasse sowie die allmähliche Senkung der realen Geldmenge begründen lassen. Gleichzeitig setzt aufgrund der Preis-Lohngleichungen ein inflatorischer Prozeß ein, der wiederum über den Mundell-Effekt [*Flaschel/Groh* 1996] expansiv auf die aggregierte Güternachfrage wirkt, da hierdurch isoliert betrachtet der Realzins gesenkt wird. Ein weiterer expansiver Effekt resultiert aus der fortlaufenden terms of trade-Senkung im Anschluß an die sprunghafte Impact-Reaktion von τ, wodurch sich der Außenbeitrag der Gesamtunion kontinuierlich verbessert. Wenn wir davon ausgehen, daß der Außenbeitrag hinreichend elastisch auf terms of trade-Änderungen reagiert und die Realzinsabhängigkeit der privaten Absorption nicht zu groß ist, kommt es im Ankündigungsintervall $(0, T)$ nach einer vorübergehenden Abschwächungsphase, in der der kontraktive Realzinseffekt den expansiven terms of trade-Effekt dominiert, zu weiteren Outputsteigerungen. Dieser Fall liegt der *Abbildung* 2 zugrunde.[2] In diesem Szenario steigen die Güterexporte der Gesamtunion in das Drittland mittelfristig gesehen stärker an als der zinsinduzierte Rückgang der privaten Investitionsnachfrage. Im Unterschied dazu würde es bei Vorliegen einer vollkommen symmetrischen Währungsunion im Anschluß an die Sofortreaktion zu einem realen Aufwertungsprozeß und einem kontinuierlichen Rückgang von y kommen [*Wohltmann* 1994].

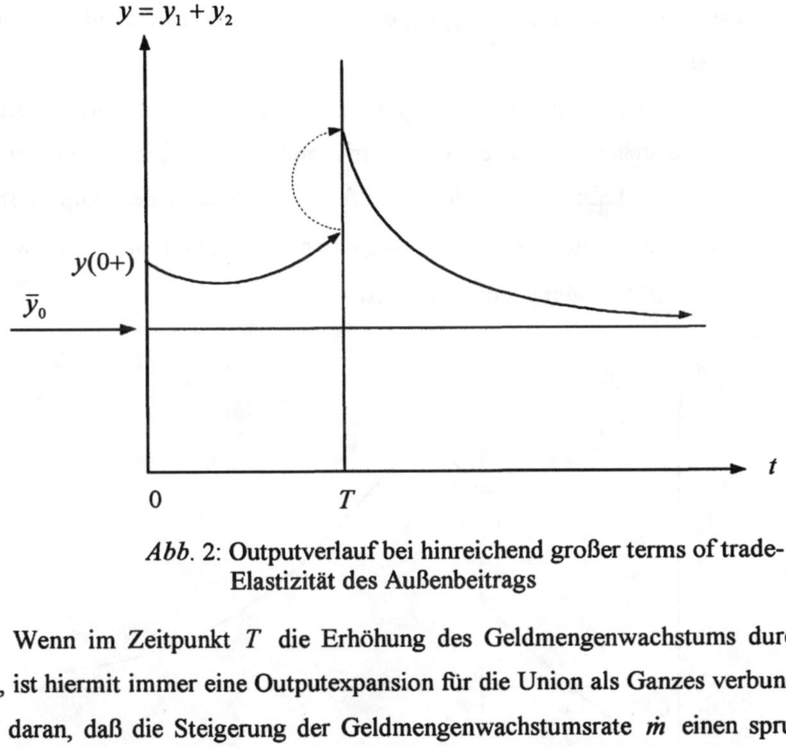

Abb. 2: Outputverlauf bei hinreichend großer terms of trade-Elastizität des Außenbeitrags

Wenn im Zeitpunkt T die Erhöhung des Geldmengenwachstums durchgeführt wird, ist hiermit immer eine Outputexpansion für die Union als Ganzes verbunden. Dies liegt daran, daß die Steigerung der Geldmengenwachstumsrate $\dot{m}$ einen sprunghaften Anstieg der Inflationsrate $\dot{p}$ bewirkt, wodurch sich der Realzins vermindert und die private Absorption erhöht. Gleichzeitig weisen die terms of trade τ im Durchführungszeitpunkt T ein stetiges Verhalten auf, da der Wechselkurs die geldpolitische Maßnah-

[2] Für sehr kleine Werte von T, insbesondere im Sonderfall einer plötzlichen Steigerung von $\dot{m}$ ($T = 0$), würde sich im Anschluß an die Impact-Reaktion nur ein Kontraktionsprozeß ergeben; eine Steigerung von y würde dann nicht stattfinden.

me bereits im Zeitpunkt der Ankündigung verarbeitet und die Finanzmärkte im Zeitpunkt T insofern keine neuen Informationen erhalten. In T findet deshalb keine sprunghafte wechselkursbedingte Reaktion der Güterexporte, sondern nur eine sprunghafte Zunahme der Absorption statt. Im weiteren Verlauf der Durchführungsphase setzt - wie das Phasendiagramm (*Abbildung* 1) verdeutlicht - ein realer Aufwertungsprozeß ein, der mit einem Rückgang der realen Geldmenge und Zinssteigerungen verbunden ist. Dadurch kehren der Außenbeitrag und die private Absorption allmählich in ihre Ausgangsniveaus zurück, so daß das aggregierte Outputniveau wieder auf sein natürliches Niveau abfällt.

Wie sieht nun die Konjunkturentwicklung in den einzelnen Unionsländern aus? Aufgrund der unterstellten Verhaltensasymmetrie gibt es Unterschiede in der Outputentwicklung beider Länder, die sich mit Hilfe des Zeitpfades der Outputdifferenz $y^d = y_1 - y_2$ erfassen lassen. Für die Differenzvariable y^d ergibt sich typischerweise ein Zeitpfad, wie er in Abbildung 3 dargestellt ist.

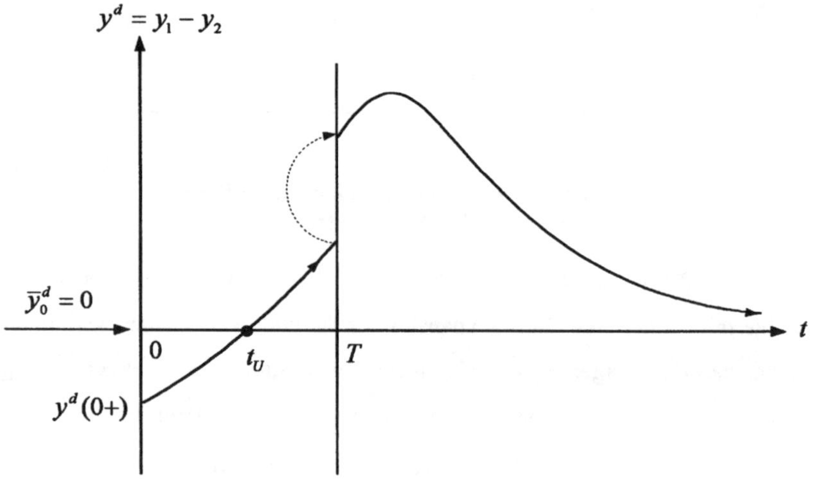

Abb. 3: Zeitliche Entwicklung der Outputdifferenz

Als unmittelbare Folge der Ankündigung kommt es eindeutig zu einer Senkung der Outputdifferenz ($y^d(0+) < \bar{y}_0^d$), so daß in der kurzen Frist ein Konjunkturgefälle zugunsten des Unionslandes U_2 entsteht:

(34) $y_2(0+) > y_1(0+)$.

Der unmittelbare (expansive) Ankündigungseffekt fällt für das Land U_2 stärker aus als für U_1, da sich in der Impact-Phase der Anpassung aufgrund des asymmetrischen Gewerkschaftsverhaltens eine größere Lohnsteigerungsrate im Land U_2 ergibt als in U_1 (die Lohnentwicklung in U_2 ist an einen Kaufkraftindex und damit insbesondere an die Abwertungsrate $\dot{e}$ gekoppelt, welche kurzfristig ansteigt, während in U_1 eine Bindung der Lohnänderungsrate an die Geldmengenwachstumsrate erfolgt, welche sich in der Ankündigungsphase nicht ändert). Hiermit korrespondiert eine kurzfristig höhere Inflationsrate und damit ein stärkerer expansiver Mundell-Effekt in U_2 als in U_1. Bei gleicher Nominalzinssteigerung in beiden Ländern ist dann der kurzfristige Realzinsanstieg in U_2 geringer als in U_1. Da weiter das innergemeinschaftliche Preisverhältnis bzw. die logarithmische Preisniveaudifferenz p^d im Unterschied zu den Finanzmarktvariablen verzögert auf die Ankündigung reagiert und daher zunächst unverändert bleibt, findet in der Impact-Phase der Anpassung gemäß Gleichung (29) eine Senkung der Outputdifferenz statt, was gleichbedeutend mit einem stärkeren Anstieg von y_2 im Vergleich zu y_1 ist.

Dieses Konjunkturgefälle zugunsten von U_2 ist - abgesehen von Sonderfällen - nur kurzfristiger Natur, da aufgrund der stärkeren Preisentwicklung in U_2 die Preisniveaudifferenz $p^d = p_1 - p_2$ zu sinken beginnt. Hieraus resultiert eine Verbesserung der preislichen internationalen Wettbewerbsfähigkeit zugunsten des Landes U_1, also aus Sicht von U_1 eine Zunahme des bilateralen Handelsbilanzsaldos zwischen beiden Unionsländern. Über diesen relativen Preiseffekt erhöht sich dann die anfangs gesunkene Outputdifferenz wieder, so daß für U_1 das ursprünglich negative

Konjunkturgefälle allmählich abgebaut wird. Zwar entsteht ein gegenläufiger Effekt auf den Verlauf von y^d durch die unterschiedliche Realzinsentwicklung in beiden Ländern (in U_2 liegt das Realzinsniveau aufgrund der höheren Inflationsrate unter dem von U_1), jedoch bestimmt - außer im Sonderfall preisunelastischer Handelsbilanzsalden - der innergemeinschaftliche relative Preiseffekt den Zeitpfad der Outputdifferenz.[3]

Wenn y^d nach der Impact-Reaktion im weiteren Verlauf des Ankündigungsintervalls zunimmt, findet bereits in diesem Zeitraum eine *Umkehrung des Konjunkturgefälles* statt. D.h. es gibt einen Umkehrzeitpunkt t_U, der *vor* dem Durchführungszeitpunkt T liegt, ab dem die Outputdifferenz im Ankündigungsintervall positiv wird:[4]

$$(35)\quad y^d(t) \underset{(<)}{>} 0, \quad t \underset{(<)}{>} t_U \qquad (t_U < T, t < T).$$

Für die Outputentwicklung in den einzelnen Ländern während der Ankündigungsphase folgt hieraus, daß y_1 nur zu Beginn der Anpassung kleiner als y_2 ausfällt (vgl. auch *Abbildung* 4):

$$(36)\quad y_1(t) \underset{(<)}{>} y_2(t), \quad t \underset{(<)}{>} t_U \qquad (t < T).$$

Wenn im Zeitpunkt T die Steigerung des Geldmengenwachstums erfolgt, ist hiermit eine weitere Verbesserung des Konjunkturgefälles zugunsten von U_1 verbunden, da sich die Outputdifferenz y^d in T sprunghaft erhöht. Dies läßt sich aufgrund der Lohn-Preisbildung in U_1 mit dem sprunghaften Anstieg der Lohn- und Preissteigerungsrate zum Zeitpunkt T in diesem Land begründen, der mit einer entsprechenden Senkung des Realzinssatzes verbunden ist, was wiederum die private Absorption in U_1 erhöht. Da die Inflationsrate in U_1 im Zeitpunkt T relativ zu der des Landes U_2 ansteigt (wodurch

---

[3] Formal gesehen liegt dies daran, daß es sich bei der Variablen p^d um eine sich „träge" anpassende Größe handelt, die nicht sprunghaft reagiert und ein weitgehend monotones und gleichmäßiges Verhalten aufweist; die Ableitung dieser Funktion, d.h. die Inflationsratendifferenz $\dot{p}^d$, ändert sich dann kaum.

[4] Diese Aussage gilt auch dann, wenn T sehr kleine Werte annimmt.

das aus Sicht von U_1 negative Inflationsgefälle der Ankündigungsphase verringert wird) und die Preisniveaudifferenz p^d kein sprunghaftes Verhalten aufweist, muß es gemäß Gleichung (29) zu einer sprunghaften Erhöhung von y^d im Durchführungszeitpunkt kommen.[5] Im weiteren Verlauf der Anpassung, d.h. für $t > T$, nimmt die Outputdifferenz noch etwas zu, da das innergemeinschaftliche Preisverhältnis p^d wegen des weiterhin bestehenden Inflationsgefälles ($\dot{p}^d < 0$) zunächst noch weiter sinkt.[6] Die unterschiedliche Konjunkturentwicklung in beiden Ländern verstärkt sich dann noch über den Zeitpunkt T hinaus. Längerfristig gesehen muß es aber zu einem kontinuierlichen Abbau des Konjunkturgefälles kommen, da sich langfristig die Realzins- und Preisentwicklung in beiden Ländern wieder ausgleicht. Auf lange Sicht geht daher die Outputdifferenz wieder auf den Wert Null zurück.

Für die Konjunkturentwicklung in den einzelnen Unionsländern ergibt sich aus dem Zeitpfad der Outputdifferenz und dem Zeitpfad der Outputsumme der durch *Abbildung* 4 dargestellte Verlauf. Nur in der Anfangsphase der Anpassung (für $t < t_U$) ist die geldpolitische Maßnahme im Land U_2 relativ wirksamer als in U_1, was sich mit unterschiedlichen Inflationsraten und daraus resultierenden unterschiedlichen Mundell- bzw. Realzinseffekten in diesen Ländern begründen läßt. Bereits im Verlauf der Ankündigungsphase findet eine Umkehrung des Konjunkturgefälles statt, die aus dem Rückgang des innergemeinschaftlichen Preisverhältnisses und der damit verbundenen Verbesserung des innergemeinschaftlichen Außenbeitrags für U_1 resultiert. Das nunmehr positive Konjunkturgefälle zugunsten von U_1 bleibt auch während der Durchführungsphase

---

[5] Bezeichnet $y^d(T+)$ den Wert von y^d zu Beginn der Durchführungs- und $y^d(T-)$ den Wert von y^d am Ende der Ankündigungsphase, so gilt wegen der Stetigkeit von p^d im Zeitpunkt T:

$$y^d(T+) - y^d(T-) = \frac{a_2}{\mu}(\dot{p}^d(T+) - \dot{p}^d(T-)) > 0, \text{ da } \dot{p}^d(T-) < \dot{p}^d(T+) < 0 \text{ ist.}$$

[6] Eine Senkung von p^d über die Ankündigungsphase hinaus tritt dann auf, wenn die Erhöhung der Geldmengenwachstumsrate mit einer so starken Zunahme der Abwertungsrate $\dot{e}$ verbunden ist, daß die Preisindexänderungsrate $\dot{p}^c$ auch in der Durchführungsphase über der Geldmengenzuwachsrate liegt ($\dot{p}^c > \dot{m}$); die Lohn- und Preisänderungsrate in U_2 fällt dann größer aus als in U_1, so daß auch zu Beginn der Durchführungsphase weiterhin ein negatives Inflationsgefälle ($\dot{p}^d < 0$) besteht.

erhalten. Durch eine Politik der Lohnzurückhaltung im Land U_1, die dort während der Ankündigungsphase, also in einem Zeitraum noch unveränderten Geldmengenwachstums, betrieben wird, ergibt sich für dieses Land mittel- und längerfristig gesehen ein Outputverlauf, der *über* dem des Partnerlandes U_2 liegt. Außerdem ist hiermit eine Inflationsratenentwicklung in U_1 verbunden, die während des gesamten Ankündigungsintervalls und auch zu Beginn der Durchführungsphase kleiner ausfällt als in U_2. Auf lange Sicht gesehen kehren die Outputvariablen y_1 und y_2 wieder in ihre natürlichen Niveaus zurück, da von der Geldpolitik langfristig keine Wirkungen auf diese Größen ausgehen.

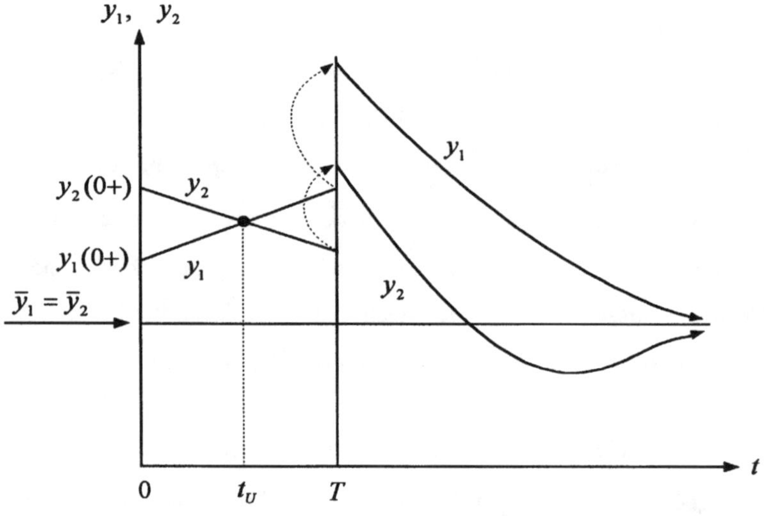

Abb. 4: Konjunkturentwicklung in den einzelnen Ländern

Der Rückgang von y_1 und y_2, der sich im Anschluß an den Durchführungszeitpunkt ergibt, läßt sich vor allem mit den Steigerungen der terms of trade τ_1 und τ_2 begründen, die ab diesem Zeitpunkt erfolgen. Dadurch verschlechtert sich jeweils der bilaterale Handelsbilanzsaldo gegenüber dem großen Drittland. Die terms of trade τ_2 „schießen" dabei aufgrund der stärkeren Preissteigerungsrate im Land U_2 über ihr Ausgangsniveau hinaus, wodurch das Outputniveau y_2 im Verlauf der Durchführungsphase sogar unter sein natürliches Niveau abgesenkt wird. Von der Geldpolitik gehen also nach der Implementierung der Politikmaßnahme vorübergehend *negative* Transmissionseffekte auf das Land mit der an der Preissteigerungsrate orientierten Gewerkschaft (U_2) aus. Im weiteren Verlauf der Anpassung konvergiert y_2 dann „von unten" gegen sein langfristiges Gleichgewichtsniveau $\bar{y}_2$, steigt also allmählich wieder an (vgl. *Abbildung* 4). Die Zunahme von y_2 am „Ende" der Durchführungsphase läßt sich dadurch erklären, daß die Relativpreise p^d und τ_2 langfristig wieder in ihre Ausgangsniveaus zurückkehren, so daß für hinreichend großes t die Preisniveaudifferenz steigt und die terms of trade τ_2 sinken. Beides wirkt sich expansiv auf den gesamten Außenbeitrag des Landes U_2 aus.

Angebotsseitig läßt sich die unterschiedliche Konjunkturentwicklung in den beiden Unionsländern mit der unterschiedlichen Entwicklung der Konsumentenreallöhne ($w_1 - p_1^c$ bzw. $w_2 - p_2^c$) erklären. Da die Lohnsteigerungsraten aufgrund der Preisgleichungen (7) und (8) mit den jeweiligen Inflationsraten übereinstimmen ($\dot{w}_1 = \dot{p}_1$ bzw. $\dot{w}_2 = \dot{p}_2$) und die Preisindexänderungsraten aufgrund der Annahme (13) identisch sind ($\dot{p}_1^c = \dot{p}_2^c$), ist der Unterschied, der zwischen den Reallohnsteigerungsraten $\dot{w}_1 - \dot{p}_1^c$ und $\dot{w}_2 - \dot{p}_2^c$ besteht, gleich der Inflationsratendifferenz $\dot{p}_1 - \dot{p}_2$. Der Verlauf der Preisniveaudifferenz $p^d (= p_1 - p_2)$ bestimmt dann das Reallohngefälle $((w_1 - p_1^c) - (w_2 - p_2^c))$ zwischen beiden Ländern. Da p^d während des gesamten Anpassungszeitraumes - außer im langfristigen Gleichgewicht - nur negative Werte annimmt, bewirkt das am Geldmengenwachstum orientierte Gewerkschaftsverhalten in U_1, daß aus Sicht dieses Landes ein negatives Reallohngefälle entsteht, das sich im Laufe der Anpassung vergrößert und erst längerfristig gesehen wieder abgebaut wird. Die gewerkschaftliche Politik der Reallohnzurückhaltung in U_1 bewirkt dann, daß von der Geldpolitik auf mittlere und längere Sicht expansivere Realwirkungen in U_1 ausgehen als in U_2.

4. Zur Umkehrung des Konjunkturgefälles

Im letzten Kapitel wurde gezeigt, daß von einer Steigerung der Geldmengenwachstumsrate bei asymmetrischem Gewerkschaftsverhalten in einer ansonsten vollkommen symmetrischen Währungsunion asymmetrische Transmissionseffekte ausgehen, so daß ein Konjunkturgefälle zwischen beiden Ländern (i.S. einer unterschiedlichen Outputentwicklung) entsteht. Handelt es sich bei der Erhöhung des Geldmengenwachstums um eine von den Privaten antizipierte Maßnahme, so findet bereits in der Ankündigungsphase eine Umkehrung des Konjunkturgefälles statt: Während in der kurzen Frist die Outputdifferenz $y^d (= y_1 - y_2)$ negativ ist und somit y_2 zunächst oberhalb von y_1 verläuft, nimmt y^d im weiteren Verlauf der Anpassung nur noch positive Werte an, so daß in der mittleren und längeren Frist die Outputvariable y_1 größere Werte aufweist als die Variable y_2. Der Zeitpunkt t_U, in dem aus Sicht des Unionslandes U_1 aus einem zunächst negativen ein positives Konjunkturgefälle wird, liegt dabei *vor* dem Durchführungszeitpunkt T.

In diesem Kapitel soll die Frage untersucht werden, ob der Umkehrzeitpunkt t_U auch in der Durchführungsphase liegen kann und ob auch ein mehrfacher Wechsel in der Richtung des Konjunkturgefälles zwischen beiden Ländern denkbar ist. Wir betrachten dazu zunächst den Fall $T = 0$, d.h. eine plötzliche, für die Privaten unerwartete Steigerung der Geldmengenwachstumsrate, anschließend einige Sonderfälle, und zwar erstens eine Währungsunion, die im Außenhandel nur schwach auf relative Preisänderungen reagiert und zweitens eine Union, deren private Absorption sehr zinselastisch ist.

4.1 Plötzliche Steigerung des Geldmengenwachstums

Eine unangekündigte, nicht antizipierte Erhöhung von $\dot{m}$ bewirkt im Phasendiagramm für das Summensystem (vgl. *Abbildung* 1) einen unmittelbaren vertikalen Sprung des Zustandsvektors (τ, $m - p$) auf den nach unten verschobenen neuen Sattelpfad S_1. Da hiermit eine terms of trade-Senkung mit einem anschließenden realen Aufwertungsprozeß ($\dot{\tau} > 0$) verbunden ist, geht gemäß Gleichung (32) auch der aggregierte Realzins zurück, so daß eine unmittelbare Steigerung des Gesamtoutputs $y = y_1 + y_2$ eintritt, die anschließend durch den Aufwertungsprozeß allmählich wieder rückgängig gemacht wird.

Die mit der Steigerung von $\dot{m}$ verbundene starke Zunahme der Abwertungsrate $\dot{e}$ bewirkt, daß der Anstieg der Preisindexänderungsrate $\dot{p}^c$ stärker ausfällt als die Erhöhung von $\dot{m}$; aus den Preis-Lohngleichungen folgt dann, daß die Inflationsrate in U_1 in der Anfangsphase der Anpassung unter der von U_2 liegt ($\dot{p}_1 < \dot{p}_2$ bzw. $\dot{p}^d < 0$). Gemäß Gleichung (29) vermindert sich dann die Outputdifferenz y^d, d.h. tritt zunächst ein Konjunkturgefälle zugunsten des Landes U_2 auf. Dieses resultiert aus dem im Vergleich zu U_1 stärkeren expansiven Mundell-Effekt im Land U_2, der zur Folge hat, daß der Realzins in U_2 eindeutig sinkt[7] und unter dem Realzinsniveau des Partnerlandes liegt.

Ebenso wie im Fall einer angekündigten Steigerung von $\dot{m}$ ist das Konjunkturgefälle zugunsten von U_2 auch im vorliegenden Fall einer nichtantizipierten Geldpolitik in der Regel nur kurzfristiger Natur, da das innergemeinschaftliche Preisverhältnis bzw. die logarithmische Preisniveaudifferenz $p^d (= p_1 - p_2)$ zu sinken beginnt, was gleichbedeutend mit einer Verbesserung des bilateralen Handelsbilanzsaldos aus Sicht von U_1 ist. Dadurch steigt - bei hinreichend preiselastischen Außenbeiträgen - die anfangs negative Outputdifferenz allmählich wieder an, so daß es einen Zeitpunkt $t_U > 0 (= T)$ gibt, ab dem die Differenzvariable y^d positive Werte annimmt, also eine Umkehrung des Konjunkturgefälles stattfindet. Für die Outputdifferenz erhält man dann den durch *Abbildung* 5 dargestellten Verlauf.

Da die Outputvariablen y_1 und y_2 langfristig wieder in ihre Normalniveaus zurückkehren, wird die unterschiedliche Konjunkturentwicklung in beiden Ländern auf

---

[7] Dies liegt daran, daß im Unterschied zum Fall $T > 0$ jetzt $\dot{\tau}(0+) > 0$ gilt, so daß gemäß (32) der aggregierte Realzins sinkt.

lange Sicht abgebaut, weshalb die Outputdifferenz langfristig wieder den Wert Null annehmen muß. Die in der Anfangsphase der Anpassung einsetzende innergemeinschaftliche Relativpreissenkung wird daher im weiteren Verlauf der Anpassung wieder rückgängig gemacht; ebenso wird das Inflationsgefälle zwischen beiden Ländern langfristig wieder ausgeglichen.

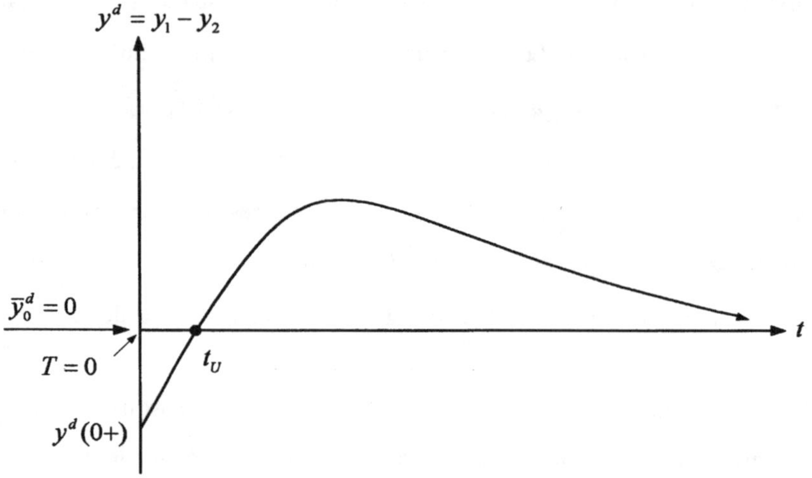

Abb. 5: Entwicklung der Outputdifferenz im Falle $T = 0$

In den einzelnen Ländern ergeben sich jetzt die durch *Abbildung* 6 dargestellten Outputverläufe. Nach dem sprunghaften Anstieg beider Outputvariablen unmittelbar im Anschluß an die Erhöhung der Geldmengenwachstumsrate findet eine Senkung von y_1 und y_2 statt, die sich mit der Steigerung der terms of trade τ_1 und τ_2 unmittelbar im Anschluß an die Impact-Reaktion und der damit verbundenen Verschlechterung der Handelsbilanzsalden gegenüber dem Drittland begründen läßt. Der reale Aufwertungsprozeß fällt dabei in U_2 stärker aus als in U_1, weshalb y_2 schneller als y_1 sinkt und längerfristig gesehen sogar unterhalb des natürlichen Niveaus $\bar{y}_2$ verläuft, da τ_2 - ebenso wie im Fall einer angekündigten Geldpolitik - vorübergehend über dem langfristigen Gleichgewichtswert $\bar{\tau}_2$ liegt.

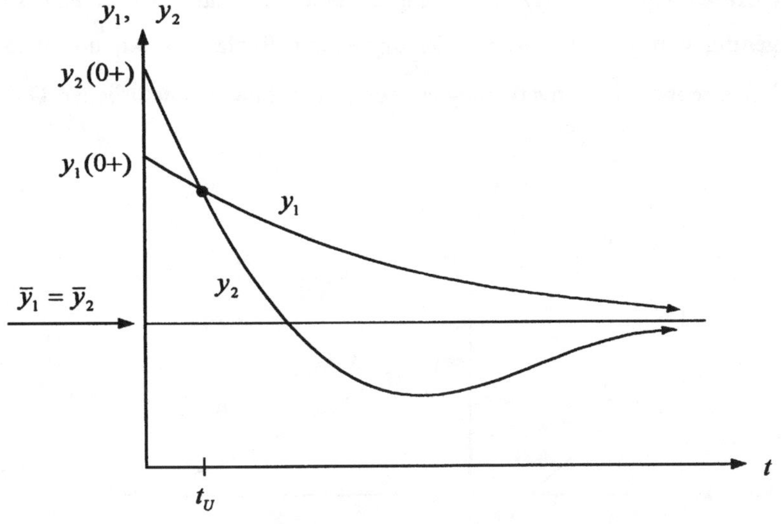

Abb. 6: Outputverläufe in den einzelnen Ländern im Falle $T = 0$

4.2 Preisunelastische Handelsbilanzsalden

Ein *mehrfacher* Richtungswechsel des durch die Steigerung von $\dot{m}$ hervorgerufenen realen Konjunkturgefälles ergibt sich, wenn die bilateralen Handelsbilanzsalden beider Länder weitgehend unelastisch auf Relativpreisänderungen reagieren, d.h. in den IS-Gleichungen (1) und (2) die Parameter b_4 und b_5 relativ klein sind. In diesem Fall wird die Entwicklung des aggregierten Outputniveaus $y(= y_1 + y_2)$ im Anschluß an die (weiterhin) positive Impact-Reaktion im wesentlichen durch den Verlauf des Realzinssatzes determiniert. Da dieser als Folge der Ankündigung ansteigt und der daraus resultierende kontraktive Outputeffekt jetzt im gesamten Ankündigungsintervall stärker ausfällt als der expansive Effekt aus dem realen Abwertungsprozeß, kommt es im weiteren Verlauf der Ankündigungsphase zu einer fortlaufenden Kontraktion des Gesamtoutputs, die bewirkt, daß y im Zuge des Anpassungsprozesses sogar unter sein natürliches Niveau sinkt (*Abbildung* 7).[8] Im Durchführungszeitpunkt T findet wieder eine sprunghafte Steigerung von y statt, da jetzt der aggregierte Realzins sinkt, und daran anschließend eine monotone Konvergenz von oben in Richtung des natürlichen Outputniveaus.

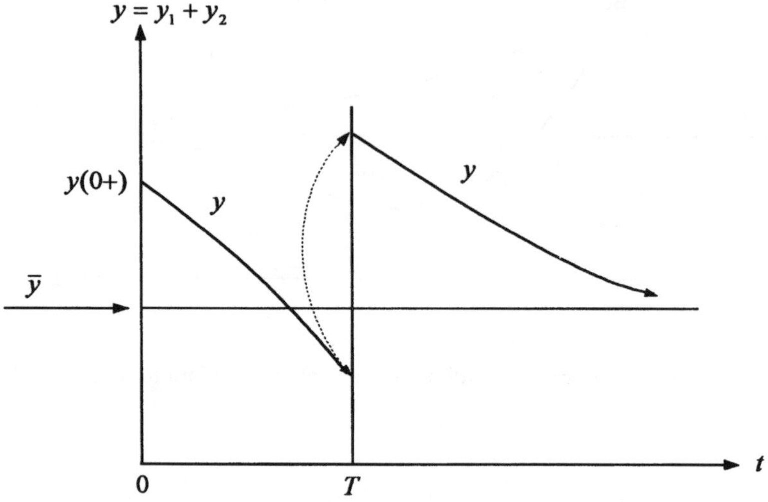

Abb. 7: Zeitpfad des aggregierten Outputniveaus bei preisunelastischen Handelsbilanzsalden

Das Konjunkturgefälle, das sich als unmittelbare Folge der Ankündigung zugunsten von Land U_2 ergibt, nimmt jetzt im Verlauf der Ankündigungsphase weiter zu. Dies liegt daran, daß bei preisunelastischen Außenbeiträgen von der Abnahme des innergemeinschaftlichen Preisverhältnisses p^d nur eine sehr schwache positive Wirkung auf die Outputdifferenz y^d ausgeht, während von der (im Vergleich zu $\dot{p}_1$) stärkeren Erhöhung der Inflationsrate $\dot{p}_2$ das (negative) Outputgefälle verstärkt wird. Wenn die Preissteigerungsrate in U_2 aufgrund des unterschiedlichen Gewerkschaftsverhaltens größer ist als in U_1, so ist dies wegen

8 Dieser Fall kann für sehr kleine Werte von T auch bei preiselastischen Handelsbilanzsalden eintreten.

$$(37)\quad (i_1 - \dot{p}_1) - (i_2 - \dot{p}_2) = \dot{p}_2 - \dot{p}_1 = -\dot{p}^d \qquad (i_1 = i_2)$$

gleichbedeutend mit einer Zunahme der Realzinsdifferenz, weshalb die Outputdifferenz y^d $(= y_1 - y_2)$ weiter zurückgehen muß.

Eine Umkehrung des Konjunkturgefälles findet in dieser Situation erst mit Beginn der Durchführungsphase, d.h. im Zeitpunkt T, statt (*Abbildung* 8). In diesem Zeitpunkt erhöht sich aufgrund des Lohnsetzungsverhaltens im Land U_1 die Inflationsrate $\dot{p}_1$ sprunghaft, weshalb es über den Mundell-Effekt zu einer Steigerung der Outputdifferenz kommt. Im Anschluß daran wird das (jetzt positive) Outputgefälle wieder abgeschwächt. Dies läßt sich damit erklären, daß das in der Ankündigungsphase gesunkene (logarithmische) Preisverhältnis p^d mit Beginn der Durchführungsphase stark ansteigt und über sein Ausgangsniveau ($\overline{p}^d = 0$) „hinausschießt". Isoliert gesehen resultiert daraus eine Verschlechterung der Wettbewerbsfähigkeit von U_1 und damit eine Verringerung der Outputdifferenz.

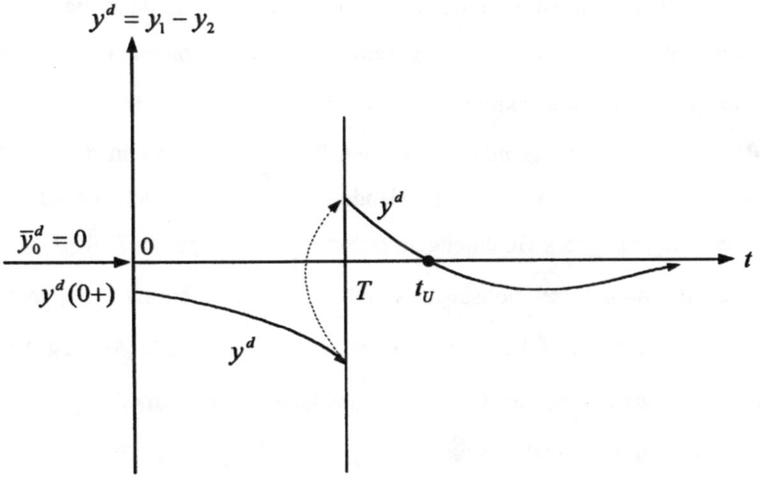

Abb. 8: Entwicklung der Outputdifferenz bei preis-unelastischen Handelsbilanzsalden

Die Konvergenz in Richtung auf das langfristige Gleichgewicht $\bar{y}^d = 0$ verläuft in der Durchführungsphase nicht monoton; vielmehr ergibt sich im weiteren Verlauf der Anpassung eine erneute Umkehr des Konjunkturgefälles (Zeitpunkt t_U in *Abbildung* 8). Trotz der (unterstellten) relativ unelastischen Handelsbilanzsalden beider Länder geht von der starken Zunahme der Preisniveaudifferenz ein so starker kontraktiver Effekt auf die in T positive Outputdifferenz aus, daß diese für $t > t_U$ wieder negative Werte annimmt. Gemäß Gleichung (29) läßt sich der starke Rückgang von y^d in der ersten Phase nach dem Durchführungszeitpunkt auch damit begründen, daß im vorliegenden Geldmengenwachstumsrate für $t > T$ über der Preisindexänderungsrate liegt ($\dot{m} > \dot{p}^c$) und sich das damit verbundene positive Inflationsgefälle ($\dot{p}^d = \dot{p}_1 - \dot{p}_2 > 0$) relativ rasch abbaut und im weiteren Verlauf der Anpassung sogar in eine negative Inflationsratendifferenz übergeht;[9] für y^d muß es dann im Zeitraum nach der Implementierung der geldpolitischen Maßnahme zu einem weiteren Vorzeichenwechsel kommen.

Für die Outputvariablen der einzelnen Länder ergeben sich dann die in *Abbildung* 9 dargestellten Verläufe. Während des gesamten Ankündigungsintervalls verläuft y_2 oberhalb von y_1, da der kontraktive Realzinseffekt für U_1[10] stärker ausfällt als für U_2 und der Rückgang des innergemeinschaftlichen Preisverhältnisses in diesem Zeitraum kaum Auswirkungen auf den bilateralen Handelsbilanzsaldo zwischen beiden Ländern hat. Nach der Steigerung des Geldmengenwachstums im Zeitpunkt T liegt y_1 zunächst oberhalb von y_2, da der Inflationsanstieg und der damit verbundene expansive Mundell-Effekt in U_1 größer ausfällt als im Partnerland U_2. Der starke Anstieg der Preisniveaudifferenz p^d zu Beginn der Durchführungsphase sorgt dafür, daß y_1 im weiteren Verlauf der Anpassung schneller sinkt als y_2, so daß längerfristig gesehen vorüberge-

9 Da die Preisniveaudifferenz p^d langfristig mit $\bar{p}^d = 0$ übereinstimmt und für $t > T$ zunächst über das Nullniveau hinaus ansteigt, muß p^d im weiteren Verlauf der Anpassung wieder sinken, was gleichbedeutend mit einer negativen Inflationsratendifferenz $\dot{p}^d$ ist.

10 In U_1 erhöht sich der Realzins eindeutig, da wegen $\dot{\tau} < 0$ und $\dot{p}^d < 0$ gemäß (32) und (37) die Realzinssumme und -differenz zunehmen.

hend wieder ein positives Konjunkturgefälle zugunsten von U_2 entsteht. Dieses Outputgefälle wird langfristig dadurch abgebaut, daß das innergemeinschaftliche Preisverhältnis wieder auf sein Ausgangsniveau zurückfällt und sich auch die Inflationsraten und Realzinssätze ausgleichen.

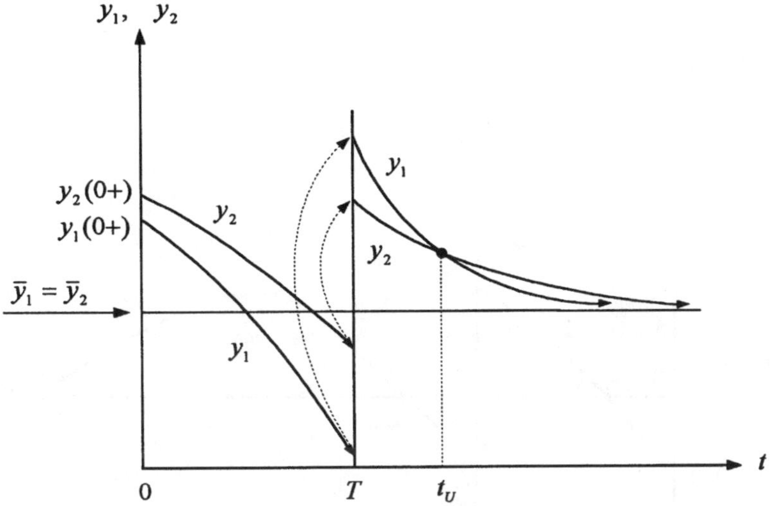

Abb. 9: Outputentwicklung in den einzelnen Ländern bei preisunelastischen Handelsbilanzsalden

4.3 Starke Realzinsabhängigkeit der privaten Absorption

Ein mehrfacher Wechsel des Konjunkturgefälles tritt auch dann auf, wenn in den Unionsländern die reale private Absorption sehr zinselastisch reagiert, d.h. in den IS-Gleichungen der Parameter a_2 hinreichend groß ist. Für das aggregierte Outputniveau $y\,(=y_1+y_2)$ erhält man dann qualitativ gesehen den gleichen Verlauf wie bei preisunelastischen Handelsbilanzsalden (vgl. *Abbildung* 7); insbesondere findet nach dem expansiven Anstoßeffekt wegen der Dominanz des kontraktiven Realzinseffektes eine kontinuierliche Senkung von y im weiteren Verlauf der Ankündigungsphase statt. Für die Outputdifferenz $y^d (= y_1 - y_2)$ ergibt sich dagegen qualitativ ein anderer Zeitpfad als im letzten Szenario. Da der innergemeinschaftliche relative Preiseffekt jetzt wieder voll wirksam ist, entsteht nach der kontraktiven Impact-Reaktion ein kontinuierlicher Anstieg von y^d im Ankündigungsintervall, so daß die erste Umkehrung des Konjunkturgefälles wieder vor dem Durchführungszeitpunkt stattfindet (*Abbildung* 10).

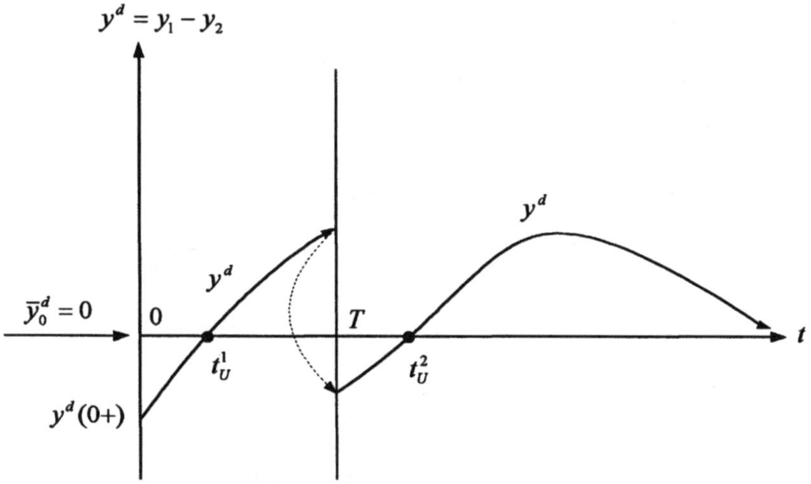

Abb. 10: Entwicklung der Outputdifferenz bei starker Realzinsabhängigkeit der privaten Absorption

Ein weiterer Vorzeichenwechsel von y^d ergibt sich im Zeitpunkt T. Die Steigerung der Geldmengenwachstumsrate bewirkt in diesem Fall eine so starke Zunahme der Abwertungsrate $\dot{e}$, daß die (sprunghafte) Erhöhung der Preisindexänderungsrate $\dot{p}^c$ stärker ausfällt als der Anstieg von $\dot{m}$. Aus den Preis-Lohngleichungen folgt dann eine im Vergleich zu U_1 stärkere Erhöhung der Inflationsrate in U_2, so daß gemäß (37) die Realzinsdifferenz aus Sicht von U_1 zunimmt und demzufolge die Outputdifferenz aufgrund der sehr zinselastischen privaten Absorption stark zurückgeht. Die Folge ist ein

Wechsel in der Richtung des Konjunkturgefälles.[11] Im weiteren Verlauf der Anpassung kehrt sich dieses abermals um, da das innergemeinschaftliche Preisverhältnis p^d wegen des negativen Inflationsgefälles ($\dot{p}^d < 0$) auch in der Durchführungsphase zunächst weiter fällt, wodurch sich der bilaterale Außenbeitrag zwischen beiden Unionsländern aus Sicht von U_1 verbessert und deshalb die Differenzvariable y^d wieder ansteigt. Ebenso wie in der Ankündigungsphase findet dann auch im Zeitraum nach der Erhöhung des Geldmengenwachstums eine Umkehrung des Outputgefälles statt, so daß bei stark zinsabhängiger privater Absorption insgesamt *drei* Zeitpunkte auftreten, in denen die Outputdifferenz ihr Vorzeichen wechselt (t_U^1, T und t_U^2 in *Abbildung* 10).

Für die Konjunkturentwicklung in den einzelnen Ländern erhält man jetzt das folgende Bild (*Abbildung* 11): Da der Realzinsanstieg in der Impact-Phase der Anpassung für das Land U_1 stärker ausfällt als für U_2, liegt y_1 zunächst unterhalb von y_2. Für das Outputniveau y_1 ergibt sich sogar als unmittelbare Folge der Ankündigung eine Senkung, da der kontraktive Realzinseffekt wegen der hohen Zinselastizität der privaten Absorption den expansiven terms of trade-Effekt dominiert. y_1 liegt dann kurzfristig unter dem Normalniveau $\bar{y}_1$. Im weiteren Verlauf der Anpassung findet wegen der Senkung der Preisdifferenz p^d eine kontinuierliche Zunahme von y_1 und eine entsprechende Abnahme von y_2 statt. Ab einem bestimmten Zeitpunkt (t_U^1) verläuft dann y_1 bis zum Ende des Ankündigungsintervalls oberhalb von y_2. Im Durchführungszeitpunkt T ergibt sich für das Land U_2 stets eine sprunghafte Outputexpansion, die sich mit der Zunahme der Inflationsrate und dem daraus resultierenden expansiven Mundell-Effekt erklären läßt. Für das Land U_1 ist dieser Effekt schwächer, da der Anstieg der Inflationsrate in T kleiner ausfällt als im Partnerland U_2. Denkbar ist sogar für U_1 ein trotz der Zunahme der Inflationsrate insgesamt kontraktiver Realzinseffekt in T (falls nämlich der Parameter a_2 sehr große Werte annimmt), was eine Outputkontraktion in

---

[11] Formal gesprochen gilt im Durchführungszeitpunkt T: $y^d(T+) < 0 < y^d(T-)$. Dies folgt auch aus der letzten Gleichung von (29), da in diesem Szenario $(\dot{m} - \dot{p}^e)(T+) < (\dot{m} - \dot{p}^e)(T-) < 0$ gilt.

diesem Zeitpunkt zur Folge hätte. Im Anschluß daran kommt es wegen der fortbestehenden Senkung des innergemeinschaftlichen Preisverhältnisses p^d und der Steigerung

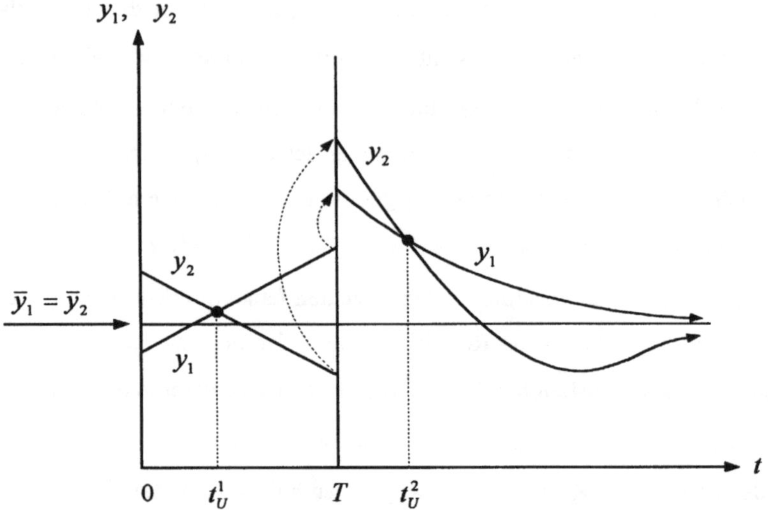

Abb. 11: Outputentwicklung in den einzelnen Ländern bei starker Realzinsabhängigkeit der privaten Absorption

der terms of trade zu einem Kontraktionsprozeß in U_2, der stärker ausfällt als in U_1 (wobei sich in U_1 u.U. sogar ein Expansionsprozeß ergeben kann, falls nämlich y_1 in T sinkt). Die Folge ist, daß y_1 nur zu Beginn der Durchführungsphase unterhalb von y_2 liegt und längerfristig gesehen oberhalb von y_2 verläuft. Für U_2 ergibt sich im Zuge der Anpassung eine übersteigerte Reaktion der terms of trade τ_2, so daß das Outputniveau im Verlaufe des Kontraktionsprozesses unter sein natürliches Niveau fällt und bis zum Ende des Anpassungsprozesses unterhalb von $\bar{y}_2$ verläuft.

5. Zusammenfassung und Schlußfolgerungen

In diesem Beitrag sind im Rahmen eines dynamischen Modells für eine kleine Währungsunion, das auf der Angebotsseite durch ein asymmetrisches Lohnsetzungsverhalten der Gewerkschaften der Unionsländer gekennzeichnet ist, die intertemporalen Wirkungen einer von der Zentralbank im voraus angekündigten Steigerung der Geldmengenwachstumsrate analysiert worden. Die Verhaltensasymmetrie bewirkt in einer ansonsten vollkommen symmetrischen Währungsunion, daß bereits in der Ankündigungsphase ein reales Konjunkturgefälle zwischen beiden Ländern auftritt. Dieses fällt zunächst zugunsten des Landes mit der flexiblen Lohnanpassung, d.h. mit einer an der Preisindexänderungsrate orientierten Gewerkschaft, aus. In diesem Land (U_2) nimmt infolge der Ankündigung die Lohn- und Preissteigerungsrate stärker zu als im Partnerland U_1, wo die Lohnanpassung einen geringeren Flexibilitätsgrad aufweist, da sie auf der Basis des Geldmengenwachstums der Zentralbank erfolgt, welches in der Ankündigungsphase konstant ist. Dadurch wird als unmittelbare Folge der Ankündigung ein expansiver Mundell-Effekt ausgelöst, der zur Folge hat, daß der Realzins im Land U_2 kleiner ausfällt als in U_1. Das positive Outputgefälle zugunsten von U_2 ist allerdings nur kurzfristiger Natur, da das innergemeinschaftliche Preisverhältnis aus Sicht des Landes U_2 anzusteigen beginnt, wodurch sich seine Wettbewerbsfähigkeit verschlechtert und sich die des Partnerlandes U_1 entspechend verbessert. Es ergibt sich dann ein Wechsel in der Richtung des Konjunkturgefälles, der - abgesehen vom Sonderfall sehr preisunelastischer Außenbeiträge - bereits in der Ankündigungsphase, also noch vor der Durchführung der geldpolitischen Maßnahme, stattfindet.

Wenn im Zeitpunkt T die Steigerung der Geldmengenwachstumsrate durchgeführt wird, kommt es über den Mundell-Effekt zu einer weiteren (sprunghaften) Zunahme des aus Sicht von U_1 positiven Outputgefälles, da sich die Inflationsrate in U_1 im Zeitpunkt T aufgrund des unterschiedlichen Lohnsetzungsverhaltens stärker erhöht als in U_2. Dadurch vermindert sich auch das Inflationsgefälle zwischen beiden Ländern; es bleibt aber aus Sicht von U_2 positiv, so daß das innergemeinschaftliche Preisverhältnis aus Sicht dieses Landes auch nach dem Durchführungszeitpunkt zunächst weiter ansteigt. Die unterschiedliche Outputentwicklung in beiden Ländern verstärkt sich dann über den Zeitpunkt T hinaus.

Langfristig wird das Outputgefälle zwischen beiden Ländern vollständig abgebaut, da die Outputvariablen infolge eines realen Aufwertungsprozesses in ihre (identischen) Normalniveaus zurückkehren. Im Zuge des Anpassungsprozesses nach der Durchführung der geldpolitischen Maßnahme verläuft dabei die Outputvariable des Landes U_1 (außer in Sonderfällen) über ihrem natürlichen Niveau und oberhalb der Outputvariablen des Partnerlandes U_2. Demzufolge findet nur in der Ankündigungsphase eine Umkehrung des Konjunkturgefälles statt (weitere Wechsel, die in der Durchführungsphase stattfinden könnten, sind zwar - wie gezeigt wurde - theoretisch denkbar, empirisch aber eher irrelevant).

Die Konjunkturentwicklung in U_1, die außer in der kurzen Frist expansiver als im Partnerland verläuft, ist letztlich auf das am Geldmengenwachstum orientierte Gewerkschaftsverhalten in U_1 zurückzuführen, das während des gesamten Ankündigungsintervalls und auch nach dem Durchführungszeitpunkt mit geringeren Lohn- und Preissteigerungsraten verbunden ist als im Land U_2. Dadurch liegt aus Sicht von U_1 das innergemeinschaftliche Preisverhältnis (außer in Sonderfällen) während des gesamten Anpassungszeitraums unterhalb seines Ausgangsniveaus. Die preisliche internationale Wettbewerbsfähigkeit zwischen beiden Ländern verschiebt sich deshalb zugunsten des Landes U_1.

Für das Land U_2 hat der im Vergleich zu U_1 stärkere reale Aufwertungsprozeß, der im Anschluß an die Erhöhung der Geldmengenwachstumsrate einsetzt, zur Folge, daß die Outputvariable y_2 vorübergehend sogar unter ihr Normalniveau sinkt. Die geldpolitische Maßnahme ist somit für das Unionsland mit der an der Preissteigerungsrate orientierten Gewerkschaft temporär mit negativen Transmissionseffekten verbunden. Dagegen löst sie in dem Land, in dem eine eher zurückhaltene Lohnpolitik betrieben wird, eine Konjunkturentwicklung aus, die gewöhnlich während des gesamten Anpassungsprozesses oberhalb des Normalniveaus verläuft und außerdem über weite

Strecken mit einem positiven Output- und negativen Inflationsgefälle gegenüber dem anderen Unionsland verbunden ist.

In dem zugrundegelegten dynamischen Modell einer Währungsunion, das lediglich auf der Angebotsseite eine Asymmetrie aufweist, kann durch geldpolitische Maßnahmen nur dann ein Konjunkturgefälle zwischen beiden Unionsländern vermieden werden, wenn die Lohnsetzung in diesen Ländern in symmetrischer Weise erfolgt. Das innergemeinschaftliche Preisverhältnis würde in diesem Fall unverändert bleiben. Außerdem würden jetzt beide Outputvariablen während des gesamten Anpassungsprozesses Werte oberhalb ihrer Normalniveaus annehmen, so daß sich keine negativen Transmissionseffekte mehr ergeben würden. Paßt sich die Gewerkschaft des Landes U_1 dem Lohnsetzungsverhalten des Partnerlandes an, so wären hiermit allerdings - zumindest in der Ankündigungsphase - im Vergleich zum Asymmetriefall höhere Inflationsraten und, außer in der ganz kurzen Frist, auch geringere Realwirkungen in diesem Land verbunden. Orientiert sich dagegen auch die Gewerkschaft des Landes U_2 in ihrer Lohnpolitik am Geldmengenwachstum der Zentralbank, so würden sich dort geringere Inflationsraten und in der Durchführungsphase keine zyklischen Outputverläufe mehr einstellen. Insofern führt eine Politik der Lohnzurückhaltung zu einer besseren Konjunkturentwicklung in einer Währungsunion.

6. Mathematischer Anhang

6.1 Summensystem

Das dynamische Gleichungssystem (14), das die Entwicklung der Union als Ganzes beschreibt, ergibt sich aus dem impliziten Differentialgleichungssystem

$$(38)\quad \begin{pmatrix} l_2 + \frac{l_1 a_2}{\lambda} & l_2 \\ \frac{1}{2}\alpha_3 - \frac{\delta a_2}{\lambda} & -\frac{1}{2} \end{pmatrix} \begin{pmatrix} \dot{\tau} \\ \dot{m} - \dot{p} \end{pmatrix} = \begin{pmatrix} \frac{l_1 b_5}{\lambda} & 1 \\ -\frac{\delta b_5}{\lambda} & 0 \end{pmatrix} \begin{pmatrix} \tau \\ m - p \end{pmatrix} + \begin{pmatrix} l_2 \dot{m} - \frac{l_1}{\lambda} g - c_1 \\ \frac{\delta}{\lambda} g + \frac{\delta c_0}{\lambda} - \delta \bar{y} \end{pmatrix}$$

$$(g = g_1 + g_2,\ c_0 = 2(a_0 + b_0) + 2b_3y^* - 2a_2i^*,\ c_1 = 2(l_0 - l_2i^*) + \frac{l_1c_0}{\lambda})$$

durch Auflösen nach $\dot{\tau}$ und $\dot{m} - \dot{p}$.

Aus dem Lösungszeitpfad (21) für den Zustandsvektor (τ, $m - p$) folgt durch Elimination von $\widetilde{A}_2 e^{r_1 t}$ der konvergente Sattelpfad S_j:

$$(39)\quad (\tau - \overline{\tau}_j) = h_{12}\left((m - p) - \overline{(m - p)}_j\right) \qquad (j = 0,1).$$

Der instabile Arm I_0 des Sattelpunktes Q_0 ergibt sich aus (20):

$$(40)\quad (\tau - \overline{\tau}_0) = h_{11}\left((m - p) - \overline{(m - p)}_0\right).$$

Im Falle $d\dot{m} > 0$ ist $d\overline{\tau} = 0$ und $d\overline{(m - p)} = -l_2 \cdot d\dot{m} < 0$. Aus (22) folgt dann $A_2 > 0$ und $\widetilde{A}_2 > 0$. Aus (20) ergibt sich für den Sprung von τ als unmittelbare Folge der Ankündigung:

$$(41)\quad \tau(0+) = \overline{\tau}_0 + A_1h_{11} + A_2h_{12} = \overline{\tau}_0 - A_2\underbrace{(h_{11} - h_{12})}_{>0} < \overline{\tau}_0 \qquad (A_1 = -A_2).$$

Für die (rechtsseitige) Ableitung von τ an der Stelle $t = 0$ folgt aus (20):

$$(42)\quad \dot{\tau}(0) = -A_2(r_1h_{11} - r_2h_{12}) = -A_2a_{11}(h_{11} - h_{12}) < 0.$$

Das zweite Gleichheitszeichen resultiert dabei aus der Bestimmungsgleichung für die Eigenvektoren ($a_{11}h_{1j} + a_{12} = r_jh_{1j}$; $j = 1,2$).

Die Formeln (41), (42) besagen, daß im Anschluß an die Ankündigung eine reale Abwertung der Unionswährung eintritt, die sich sogar noch weiter verstärkt. Für den Outputsprung im Zeitpunkt $t = 0$ folgt aus (23) durch Einsetzen der Lösungsformeln für die Zustandsvariablen:

$$\begin{aligned}(43)\quad y(0+) &= \overline{y} - \frac{1}{2\delta}A_2\left(r_2 - r_1 + \alpha_3(r_1h_{11} - r_2h_{12})\right)\\ &= \overline{y} - \frac{1}{2\delta}A_2\left(r_2 - r_1 + \alpha_3a_{11}(h_{11} - h_{12})\right)\\ &> \overline{y} \iff \left(r_2 - r_1 + \alpha_3a_{11}(h_{11} - h_{12})\right) < 0.\end{aligned}$$

Durch Einsetzen der Ausdrücke für die Eigenwerte und -vektoren läßt sich zeigen, daß die letzte Ungleichung unter der Stabilitätsbedingung (15) immer erfüllt ist; insofern kommt es als unmittelbare Folge der Ankündigung stets zu einer Erhöhung des aggregierten Outputniveaus $y(=y_1+y_2)$. Der weitere Verlauf von y in der Ankündigungsphase ergibt sich gemäß der Lösungsformel:

$$(44)\quad y=\bar{y}-\frac{1}{2\delta}A_2\left(r_1(\alpha_3 h_{11}-1)e^{r_1 t}-r_2(\alpha_3 h_{12}-1)e^{r_2 t}\right)\qquad (t<T).$$

Durch die Gegenläufigkeit von terms of trade- und Realzinseffekt ist der Zeitpfad von y im Anschluß an die Impact-Reaktion nicht eindeutig. Abgesehen von Sonderfällen gilt $\alpha_3 h_{11}-1<0$; in diesem Fall liegt y im gesamten Ankündigungsintervall oberhalb von $\bar{y}$ und steigt - nach einer kurzen Abschwächungsphase - für hinreichend großes t an. Der Sprung von y im Zeitpunkt T berechnet sich gemäß (23) nach der Formel:

$$(45)\quad y(T+)-y(T-)=\frac{a_2}{\lambda}\left(\dot{\tau}(T+)-\dot{\tau}(T-)\right).$$

Er ist unabhängig von der Länge T des Ankündigungsintervalls und wegen $\dot{\tau}(T-)<0<\dot{\tau}(T+)$ immer positiv.

6.2 Differenzensystem

Die Differentialgleichung (24) für die Preisniveaudifferenz liefert im Falle $\bar{p}^d=0$ die folgende Lösung:

$$(46)\quad p^d=\frac{1}{2}\frac{\mu}{\mu-\delta a_2}\int_0^t e^{r_0(t-s)}\left(\dot{m}_0-\dot{p}^c(s)\right)ds\qquad t<T$$

$$(47)\quad p^d=k\cdot e^{r_0 t}+\frac{1}{2}\frac{\mu}{\mu-\delta a_2}\int_T^t e^{r_0(t-s)}\left(\dot{m}_1-\dot{p}^c(s)\right)ds\qquad t>T.$$

Hierbei ist $\dot{m}_0$ das alte und $\dot{m}_1$ ($>\dot{m}_0$) das neue Niveau von $\dot{m}$. Da p^d eine überall stetige Variable ist, ist die Konstante k so zu wählen, daß $p^d(T-) = p^d(T+)$ ist:

(48) $$k = \frac{1}{2}\frac{\mu}{\mu-\delta a_2}\int_0^T e^{-r_0 s}\left(\dot{m}_0 - \dot{p}^c(s)\right)ds.$$

Für die kaufkraftmäßige Geldmengenwachstumsrate $\dot{m}-\dot{p}^c$ ergibt sich aus (20), (21), (25) der konvergente Lösungszeitpfad:

(49) $$\dot{m}-\dot{p}^c = r_1 A_1(1+\alpha_3 h_{11})e^{r_1 t} + r_2 A_2(1+\alpha_3 h_{12})e^{r_2 t} \qquad t<T$$

(50) $$\dot{m}-\dot{p}^c = r_2 \widetilde{A}_2(1+\alpha_3 h_{12})e^{r_2 t} \qquad t>T.$$

Durch Einsetzen und Ausrechnen der bestimmten Integrale erhält man dann für p^d die Lösungsformeln (27), (28). Wegen

(51) $$\dot{p}^d(0+) = \frac{1}{2}\frac{\mu}{\mu-\delta a_2}\left(\dot{m}_0 - \dot{p}^c(0+)\right) = \frac{1}{2}\frac{\mu}{\mu-\delta a_2}A_2\left\{(r_2-r_1)-\alpha_3 a_{11}(h_{11}-h_{12})\right\}<0$$

setzt im Anschluß an die Ankündigung eine allmähliche Senkung der Preisniveaudifferenz ein. Für die Outputdifferenz y^d $(=y_1-y_2)$ gilt wegen (29) im Zeitpunkt $t=0+$:

(52) $$y^d(0+) = \frac{1}{2}\frac{a_2}{\mu-\delta a_2}(\dot{m}-\dot{p}^c)(0+)<0,$$

d.h. infolge der Ankündigung ergibt sich ein Outputgefälle zugunsten von U_2.

6.3 Parameterwerte

Qualitativ erhält man die in den Abbildungen 2, 3 und 4 dargestellten Outputverläufe, wenn man die folgenden Parameterwerte zugrundelegt:

$\alpha_1 = \alpha_2 = 0{,}4$; $\alpha_3 = 0{,}2$; $l_1 = 1$; $l_2 = 0{,}2$; $\delta = 0{,}1$;

$b_4 = b_5 = 0{,}2$; $a_2 = 0{,}2$; $T = 1$ oder $T = 10$.

Die Outputverläufe des Abschnitts 4.2 ergeben sich, wenn man $b_4 = b_5 = 0{,}2$ durch $b_4 = b_5 = 0{,}001$ ersetzt. Den Abbildungen des Abschnitts 4.3 liegt die Semi-Zinselastizität $a_2 = 2$ zugrunde.

Literatur

Aoki, M. (1981), Dynamic Analysis of Open Economies. New York, London, Toronto.

Buiter, W.H. and M. Miller (1982), Real Exchange Rate Overshooting and the Output Cost of Bringing down Inflation. European Economic Review 18, 85-123.

Daseking, Ch. (1994), Makroökonomische Interdependenzen in einer Wechselkursunion. Frankfurt a.M., Berlin, Bern.

Dohse, D. und Ch. Krieger-Boden (1998), Währungsunion und Arbeitsmarkt. Auftakt zu unabdingbaren Reformen. Institut für Weltwirtschaft an der Universität Kiel, Kieler Studien 290, Tübingen.

Flaschel, P. und G. Groh (1996), Keynesianische Makroökonomik. Unterbeschäftigung, Inflation und Wachstum. Berlin, Heidelberg, New York.

Jarchow, H.-J. (1994), Eine asymmetrische Währungsunion im Dornbusch-Modell. Ifo Studien 40, 205-226.

Siebert, H. (1997), Labor Market Rigidities: At the Root of Unemployment in Europe. The Journal of Economic Perspectives 11 (3), 37-54.

Wohltmann, H.-W. (1994), Die intertemporalen Auswirkungen antizipierter stabilisierungspolitischer Maßnahmen. Jahrbuch für Sozialwissenschaft 45, 92-120.

Wohltmann, H.-W. und F. Bulthaupt (1999), Intertemporale Output- und Beschäftigungseffekte angebotsorientierter Politikmaßnahmen in einer Währungsunion. Jahrbücher für Nationalökonomie und Statistik 218, 1-22.

Wohltmann, H.-W., F. Bulthaupt und W. Krömer (1998), Wirtschaftspolitische Koordination in einer symmetrischen und asymmetrischen Wechselkursunion. In: K. Farmer, H.-W. Wohltmann (Hrsg.), Quantitative Wirtschaftspolitik in offenen Volkswirtschaften: Theoretische Ansätze und aktuelle Entwicklungen. Festschrift zum 65. Geburtstag von Helmut Kuhn. Münster, 203-251.

Ausgestaltung der Geldpolitik

Die Rolle des Geldes im Inflation Targeting

Ernst Baltensperger

1. Einleitung

Die Beurteilung alternativer geldpolitischer Strategien nimmt heute in der Diskussion der Zentralbankpolitik eine wichtige Rolle ein. Eine grosse Bedeutung sowohl in der geldpolitischen Praxis wie in der wissenschaftlichen Auseinandersetzung hat im Verlauf der letzten zehn Jahre insbesondere die Strategie des Inflation Targeting (Strategie direkter Inflationsziele) erlangt. Im vorliegenden Beitrag gehe ich der Frage nach der Rolle des Geldes innerhalb des Inflation Targeting nach. Nebenbei diskutiere ich in Abschnitt 3 auch kurz einige Aspekte der Beziehung zwischen dem Inflation Targeting und einer Geldmengenstrategie (Monetary Targeting).

Ich halte den Ansatz des Inflation Targeting, wie er etwa von Svensson in zahlreichen Beiträgen entwickelt worden ist, verstanden als allgemeiner gedanklicher Rahmen für die Analyse, Formulierung und Kommunikation der Geldpolitik, für grundsätzlich vernünftig und überzeugend. Ich glaube auch, dass er fundamental konsistent ist mit traditionellen Sichtweisen von Geldtheorie und Geldpolitik. Trotzdem befremdet mich manches an der Diskussion um das Inflation Targeting, speziell die Debatte über Inflation Targeting *versus* Monetary Targeting, wie sie mancherorts geführt wird, und vor allem die Behauptung wichtiger Vertreter des Inflation Targeting, insbesondere von Svensson, dass Geldmenge und Geldnachfrage im Inflation Targeting zu geldpolitisch im wesentlichen irrelevanten Variablen werden. Diese Schlussfolgerung ist zwar im makroökonomischen Modelltypus, auf welchen sich Svensson in seiner Analyse stützt, korrekt. Dieser Modelltyp ist aber in gewisser Hinsicht sehr speziell, und man kann ihn durch andere, a priori ebenso plausible Modellformulierungen ersetzen, welche nicht dieses Ergebnis erzeugen.

In diesem Beitrag betrachte ich vier alternative Ansätze, einschliesslich a. eine explizite Unterscheidung zwischen Geldmarktzins und Kapitalmarktzins, b. eine alternative Inflationsbestimmungshypothese, c. Berücksichtigung eines gewissen Masses an Simultaneität in der Bestimmung von Zinssatz, Geldmenge und Güternachfrage und d. Berücksichtigung von Unsicherheit über den „natürlichen" Realzinssatz. Die Schlussfolgerung ist, dass das Geld auch innerhalb einer Strategie des Inflation Targeting eine potentiell wichtige Indikatorvariable der Geldpolitik bleibt.

Der Beitrag ist wie folgt aufgebaut. Als Ausgangspunkt wird in Abschnitt 2 der Kerngedanke des Inflation Targeting, dargestellt an Svensson's Grundmodell, kurz skizziert. Anschliessend folgen in Abschnitt 3 zwei Vorbemerkungen zur Unterscheidung zwischen einstufigen und zweistufigen Entscheidungsprozessen in der Geldpolitik (d.h. solchen ohne und solchen mit einer geldpolitischen Zwischenzielvariablen) und zu Svensson's Analyse des Monetary Targeting. Abschnitt 4 schliesslich enthält den Hauptteil des Beitrages, in welchem ich mich mit Svensson's Behauptung beschäftige, dass die Geldmenge im Inflation Targeting keine wesentliche Rolle spiele, und alternative Modellansätze diskutiere, welche nicht zu diesem Ergebnis führen. Es liegt mir dabei daran, zu betonen, dass ich mit diesem Beitrag nicht eine Rechtfertigung eines (strikten) Monetary Targeting anstrebe, sondern allein jene einer potentiell bedeutsamen Rolle des Geldes innerhalb einer Strategie des Inflation Targeting.

2. Inflation Targeting: Svensson's Grundmodell

Hauptexponent des Inflation Targeting aus der Sicht der Wissenschaft ist Svensson, der sich in einer ganzen Reihe von Veröffentlichungen mit dieser Thematik befasst hat [vgl. z.B. Svensson (1997, 1998, 1999); ähnlich auch Blinder (1998) oder Bernanke et al. (1999)]. Svensson betont, dass das Inflation Targeting in seiner Durchführung, angesichts der Verzögerungen in der Transmission und den Wirkungen der Geldpolitik, zukunftgerichtet als Inflation Forecast Targeting aufgefasst werden muss, sich also an Inflationsprognosen anstatt an der gegenwärtigen Inflationsrate orientieren muss. Ein zentraler Aspekt der Diskussion von Svensson ist die Aussage, dass das Geld im Inflation Targeting als geldpolitische Indikatorgrösse irrelevant werde, dass also Geldmenge und Geldnachfrage im Rahmen dieser Strategie keine interessanten Rollen spielen könnten.

Svensson´s Diskussion beruht auf einem ziemlich konventionellen makroökonomischen Modelltypus, welcher genau bekannte ökonomische Strukturzusammenhänge, einschliesslich einer exakt bekannten Lagstruktur, unterstellt. Formal lässt sich dieses Modell durch die Gleichungen (1) bis (5) in Tabelle 1 darstellen. Unsicherheit wird allein in der Form additiver Störterme berücksichtigt, nicht aber in der Form von Ungewissheit über Modell- und Lagstruktur. Der (einzige im Modell erscheinende) Zinssatz wird als Instrument der Zentralbankpolitik behandelt, erscheint also als eine rein politikbestimmte Variable. Das Modell funktioniert im wesentlichen so, dass die Zentralbank durch eine Senkung des Zinssatzes mit einer Verzögerung von einer Periode die gesamtwirtschaftliche Nachfrage anregt und damit das Produktions- und Einkommensniveau erhöht, und vice versa (vgl. Gleichung (1), Tabelle 1). Eine „neutrale“ Situation liegt dabei vor, wenn der Zinssatz so festgelegt wird, dass sich nach Abzug der erwarteten Inflationsrate gerade der „natürliche“ Realzinssatz ergibt, d.h. jener Realzinssatz, der mit einer „Outputlücke“ von Null respektive einer Nachfrage genau auf der Höhe des Potentialoutputniveaus konsistent ist. Wird der Zinssatz über diesem Niveau festgesetzt, ergibt sich eine positive Outputlücke, und umgekehrt. Die Veränderung der Inflationsrate gegenüber der Vorperiode bestimmt sich dann durch die Outputlücke (der Vorperiode), also über einen kurzfristigen Phillipskurvenzusammenhang (Gleichung (2), Tabelle 1). Die Zentralbank bestimmt somit mit ihrer Zinspolitik das Einkommensniveau mit einer einperiodigen und die Inflationsrate mit einer zweiperiodigen Verzögerung. Diese Wirkungen der Geldpolitik können natürlich durch die Einflüsse von Störvariablen kurzfristig überlagert werden. An den Wirkungszusammenhängen der Geldpolitik ändert dies aber nichts.

Da die Zentralbankpolitik in diesem Modell als reine Politik der Zinsfestlegung charakterisiert wird, muss die Zentralbank die Geldmenge stets an die beim festgelegten Zinssatz ausgeübte Geldnachfrage anpassen, wobei Svensson auch hier eine einperiodige Verzögerung in der Anpassung der Geldnachfrage an Zinsänderungen unterstellt. Die

Geldmenge wird also rein endogen mit einer Verzögerung von einer Periode durch die Zinspolitik der Notenbank bestimmt (Gleichung (3), Tabelle 1). Eine Interaktion zwischen Geldmenge, Zinssätzen und Produktion respektive Einkommen in der laufenden Periode findet annahmegemäss nicht statt. Es ist aus dieser Modellformulierung heraus naheliegend, dass die Geldmenge wie auch die Geldnachfrage unter diesen Bedingungen für die Formulierung der Geldpolitik keine wesentliche Rolle spielen können - genau so, wie dies Svensson in seiner Analyse auch findet.

Svensson geht davon aus, dass die Zentralbank bestrebt sein sollte, mithilfe ihrer Politik die Abweichungen der Inflationsrate von einem Inflationsziel zu minimieren, dass sie zugleich aber mit einem gewissen Gewicht auch Schwankungen der Produktion und des Einkommens um ihren Normalwert herum zu vermeiden versuchen sollte (Gleichungen (4) und (5), Tabelle 1). Er betont aber richtigerweise, dass zwischen den Zielgrössen Inflation und Output eine klare Asymmetrie besteht. Währenddem die Zentralbank mit ihrer Politik sowohl die durchschnittliche (trendmässige) Inflationsrate wie auch die Schwankungen der Inflationsrate um diesen Durchschnittswert herum bestimmt, muss sie das durchschnittliche Outputniveau (Potentialoutputniveau) als realwirtschaftlich gegeben hinnehmen und sich darauf beschränken, auf die Schwankungen des Outputs um diesen Durchschnittswert herum einzuwirken. Es gibt also in diesem Sinn für die Geldpolitik kein mit dem von ihr wählbaren Inflationsziel vergleichbares (wählbares) Outputziel.

Wie sieht eine optimale Geldpolitik in diesem Kontext aus? Offensichtlich ist es unter den von Svensson modellierten Bedingungen effizient, wenn die Zentralbank ihre Instrumente direkt auf das angestrebte Endziel hin ausrichtet, also bei einem prioritären Endziel „Inflation“ in erster Linie auf das Inflationsziel. Bei exakt bekannter Modellstruktur ist es stets problemlos möglich, genau jenen Instrumenteneinsatz zu berechnen, der mit dem angestrebten Endziel übereinstimmt. Eine monetäre Zwischenzielstrategie, egal mit welchem Zwischenziel, ist offensichtlich überflüssig. Anders ausgedrückt: Ein direktes, einstufiges Optimierungsverfahren ist optimal, ein zweistufiges Entscheidungsprozedere mit einem zusätzlichen, intermediären Ziel ist redundant und hat keine Rechtfertigung. Bei Unsicherheit in Form additiver Störelemente lässt sich aus der Instrumentenfestlegung natürlich nur auf die durchschnittliche oder „erwartete" Zielerreichung schliessen, d.h. man kann den Instrumenteneinsatz so festlegen, dass das Endziel im Durchschnitt bzw. im Erwartungswert realisiert wird. Dies ist genau das, was Svensson als Inflation Targeting resp., bei Präsenz von Verzögerungen und additiver Unsicherheit, als Inflation Forecast Targeting beschreibt: Die Zentralbank reagiert mit ihrem Instrument auf Abweichungen zwischen der Inflationsprognose und ihrem Inflationsziel bzw. sie bestimmt den Instrumenteneinsatz so, dass die erwartete Inflationsrate mit dem Inflationsziel übereinstimmt. Die Geldmenge und die Geldnachfrage können unter diesen Bedingungen als Indikatorvariablen für die Geldpolitik nur eine Rolle spielen, wenn und soweit sie für die Inflationsprognose relevante Informationen enthalten. In dem von Svensson verwendeten Modelltypus ist dies, wie bereits erwähnt, offensichtlich nicht der Fall: Die Geldmenge ist eine mit einperiodiger Verzögerung durch den von der Zentralbank festgelegten Zinssatz und die Geldnachfrage rekursiv bestimmte Grösse und kann für die geldpolitischen Entscheidungen der Zentralbank keine Rolle spielen.

Tabelle 1: Svensson's Grundmodell

Gesamtwirtschaftliche Nachfrage (AD)

(1) $$y_{t+1} = \beta_1 y_t + \beta_2 \left(i_t - \pi_{t+1/t} - \bar{r}\right) + \beta_3 z_t + u_{t+1}$$

Gesamtwirtschaftliches Angebot (AS)

(2) $$\pi_{t+1} = \pi_t + \alpha_1 y_t + \alpha_2 z_t + \varepsilon_{t+1}$$

Geldmarkt (LM)

(3) $$m_{t+1} - p_{t+1} = \gamma_1 y_t + \gamma_2 i_t + \gamma_3 z_t + v_{t+1}$$

Die Zentralbank setzt i_t, gegeben y_t und alle anderen Variablen der Periode t. Damit beeinflusst sie y_{t+1} via AD and π_{t+2} via AS.
Die Geldmenge wird endogen durch die Geldnachfrage bestimmt (LM). Sie spielt keine Rolle in der Transmission geldpolitischer Impulse und der Bestimmung von y und π.

Verlustfunktion

(4) $$L = E_t(1-\delta)\sum_{j=0}^{\infty} \delta^j L_{t+j}$$

(5) $$L_t = \frac{1}{2}\left[(\pi_t - \pi^*)^2 + \lambda y_t^2\right]$$

Symbole:

y	=	Outputlücke
π	=	Inflationsrate
π^*	=	Inflationsziel
$\pi_{t+1/t}$	=	Inflationsprognose für $t+1$, gebildet in $t = \pi_t + \alpha_1 y_t + \alpha_2 z_t$ (prädeterminiert)
r	=	Natürlicher Realzinssatz
i	=	Nominalzinssatz (Instrumentvariable)
ε_t, u_t, v_t	=	Störterme
m	=	Geldmenge
p	=	Preisniveau
L	=	Verlustfunktion der Zentralbank
δ	=	Diskontfaktor
t	=	Zeitindex

3. Zwei Vorbemerkungen zur Frage von ein- und zweistufigen Entscheidungsverfahren und zum Monetary Targeting

Auf diesem gedanklichen Hintergrund diskutiert Svensson das Monetary Targeting. Er unterscheidet dabei zwischen einer „strikten" und einer „flexiblen" Version. Striktes Monetary Targeting bedeutet, dass die Zentralbank die Geldmenge als eine zusätzliche, intermediäre Zielgrösse (neben der Endzielgrösse Inflation) einführt, wobei der Zielwert für die Geldmenge so bestimmt ist, dass er im Erwartungswert mit der angestrebten Inflationsrate konsistent ist. Die Zentralbank versucht dann, die Abweichungen der Geldmenge von diesem Zielwert möglichst gering zu halten. Wie bereits erwähnt ist dies bei einer bekannten ökonomischen Struktur, welche höchstens durch additive Störterme kompliziert wird, nicht optimal. Flexibles Monetary Targeting andererseits bedeutet, dass die Zentralbank die eben genannte Problematik berücksichtigt und das Zwischenziel immer so anpasst, dass es mit dem angestrebten Endziel konsistent ist. Diese Art von Monetary Targeting, welche viel näher bei dem ist, was die eine Politik der Geldmengenziele verfolgenden Notenbanken wirklich praktizieren, ist im Endergebnis äquivalent mit Svensson's Inflation Forecast Targeting. Svensson spricht deshalb auch von „Inflation Targeting in Disguise“. Flexibles Monetary Targeting ist also äquivalent mit der effizienten Strategie, ist aber unnötig kompliziert (und behindert gemäss Svensson die Kommunikation der Zentralbank mit der Öffentlichkeit). Svensson lehnt auch die monetäre Strategie der Europäischen Zentralbank aus dem Grunde ab, weil sie der Geldmenge eine prominente Rolle einräumt, d.h. zumindest teilweise die Verfahren des Monetary Targeting übernimmt.

Ist dies eine sinnvolle Interpretation des Monetary Targeting? Ich bin der Meinung, dass Svensson's Diskussion dem Gedanken des Monetary Targeting und der Rolle des Geldes in einer geldpolitischen Strategie nicht wirklich gerecht wird. In Svensson's Diskussionsrahmen, d.h. bei Absenz von Ungewissheit über Modell- und Lagstruktur, ist ein einstufiges Optimierungsprozedere immer vorzuziehen und hat somit eine monetäre Zwischenzielvariable in offensichtlicher Weise keinen Platz. Dies ist eigentlich in der Literatur unbestritten [vgl. dazu etwa B. Friedman (1975) oder Niehans (1978)]. Es trifft zwar meines Erachtens zu, dass eine rigorose Begründung einer zweistufigen Strategie mit Zwischenziel auf formalanalytischer Ebene bisher von niemandem wirklich befriedigend geleistet worden ist. Die entsprechenden Argumentationen sind immer in verbaler und etwas unpräziser Form vorgebracht worden. Es war aber immer klar, dass die Rechtfertigung für eine Zwischenzielstrategie essentiell in Unsicherheit über die Modell- und Lagstruktur begründet sein muss; vgl. z.B. Brunner und Meltzer (1969) oder Friedman's lange und variable Lags (M. Friedman, 1959, 1968). Wenn man das

Monetary Targeting, aufgefasst als zweistufiges Verfahren mit Zwischenziel, ernsthaft analysieren will, müsste man daher die Diskussion auf dieser Ebene aufnehmen und prüfen, ob es sich unter diesen Bedingungen als vereinfachtes Verfahren („rule of thumb") rechtfertigen lässt. Etwas anderes ist von seinen Vertretern nie wirklich beansprucht worden. Dies tut aber Svensson nicht. Er beweist stattdessen etwas, was im Grunde genommen völlig unkontrovers ist, nämlich die Optimalität eines einstufigen Optimierungsverfahrens bei exakt bekannter Modell- und Lagstruktur. Dabei ist daran zu erinnern, dass in der ökonomischen und wirtschaftspolitischen Realität Ungewissheit über Modell- und Lagstruktur zu den zentralen Herausforderungen zählen. Ich glaube deshalb, dass Svensson das Monetary Targeting auf einer Ebene diskutiert, auf der es überhaupt nicht diskutiert zu werden braucht, und dass er es umgekehrt nicht auf jener Ebene diskutiert, auf der es diskutiert werden sollte. Ich finde es aus diesem Grund auch befremdend, wenn er sein Inflation Forecast Targeting als „optimale Zwischenzielstrategie" präsentiert und dem Monetary Targeting als einer ineffizienten Zwischenzielstrategie gegenüberstellt. Sein Inflation Forecast Targeting ist für mich eine einstufige Strategie für Bedingungen additiver Ungewissheit und verzögerter Wirkungszusammenhänge.

4. Alternative Modellfomulierungen und die Rolle des Geldes in der Geldpolitik

Aber selbst wenn wir auf der Basis einer exakt bekannten Modell- und Lagstruktur argumentieren, so dass ein einstufiges Entscheidungsprozedere effizient ist, ist Svensson´s Ergebnis, wonach Geldmenge und Geldnachfrage für die optimale Geldpolitik irrelevante Variablen seien, in einer allgemeinen Sichtweise zweifelhaft. Dieses Ergebnis ist für den von Svensson verwendeten Modelltyp sicherlich folgerichtig. Wir können aber durchaus alternative Spezifikationen der ökonomischen Struktur in Betracht ziehen, welche a priori ebenso vernünftig und vertretbar sind wie die von Svensson bevorzugte, jedoch dieses Ergebnis in Frage stellen und dem Geld eine potentiell bedeutende Rolle für die Geldpolitik zurückgeben. Im folgenden seien vier Alternativen betrachtet, welche das Modell von Svensson in diesem Sinne in nicht trivialer Weise verändern.

a. Geldmarktzins versus Kapitalmarktzins und explizite Modellierung des monetären Kontrollprozesses

Svensson´s Überlegungen basieren auf einem Modell, welches nur einen Zinssatz und nur ein monetäres Aggregat enthält, entsprechend dem verbreiteten makroökonomischen Standardmodell (IS-LM, AS-AD). Ein Modell dieser Abstraktionsstufe ist für die Analyse zahlreicher makroökonomischer, und auch geldtheoretischer, Fragestellungen sicher zweckmässig. Es erlaubt aber keine Beschreibung des Prozesses, über welchen die Zentralbank mithilfe ihrer eigentlichen Instrumente die Geld- und Finanzmärkte, und damit den Kapitalmarktzinssatz und die verschiedenen Geldaggregate, beeinflusst. Insofern stellt sich die Frage, ob es für eine explizite Analyse des geldpolitischen Kontrollprozesses und alternativer geldpolitischer Strategien wirklich einen geeigneten Rahmen abgibt.

Wir können stattdessen ein Modell betrachten, welches explizit zwischen dem Geldmarktzins und dem Kapitalmarktzins sowie zwischen dem Markt für Zentralbankgeld (Basisgeld) und jenem für die breiteren Geldaggregate differenziert. Die Zentralbank kann dann den Geldmarktzins als ihr Instrument benutzen, wie dies bei den meisten Notenbanken der Fall ist, aber der Kapitalmarktzins, der für die gesamtwirtschaftliche Nachfrage mitbestimmend ist, wird endogen durch die Marktkräfte bestimmt. Dabei sind die Erwartungen sowie die relativen Liquiditätscharakteristika und anderen Eigenschaften der verschiedenen Segmente des Finanz- und Geldmarktes entscheidend. Diese bestimmen die relativen Nachfragen nach Zentralbankgeld, weitergefassten Geldaggregaten und anderen Finanzaktiva und setzen damit die Bedingungen für ein Gleichgewicht in diesen Märkten. Das Verhältnis zwischen den verschiedenen Zinssätzen wird dann mitbestimmt durch relative Nachfrage- und Angebotsverschiebungen in diesen Märkten, d.h. durch finanzielle und monetäre Faktoren, und die Geldmengen sowie die Nachfrage nach Geld erhalten wieder eine potentiell bedeutsame Rolle für die Geldpolitik, selbst in einem Rahmen, der ansonsten jenem von Svensson entspricht. Dies bedeutet Berücksichtigung jener Faktoren und Einflüsse, welche traditionellerweise als „Geldmultiplikatorschocks" bezeichnet worden sind und welche in der etablierten Geld- und Makrotheorie eine erhebliche Tradition besitzen und insbesondere in den 60er und 70er Jahren von Autoren wie Brunner und Meltzer (1968) oder Tobin (1969) intensiv diskutiert worden sind, seither aber zu Unrecht stark in den Hintergrund geschoben worden sind. Eine Kontrolle des Geldmarktzinses bedeutet nicht eine direkte Kontrolle des (nominellen und realen) Kapitalmarktzinses, und der Zusammenhang zwischen beiden ist beeinflusst von Geld- und Finanzmarktentwicklungen und -störungen. Dass dies in der Realität der Fall ist und den Zusammenhang zwischen Geldpolitik (Geldmarktzins) und gesamtwirtschaftlicher Nachfrage wesentlich undurchsichtiger macht, als dies das Standardmodell von Svensson suggeriert, dürfte in der geldpolitischen Praxis unbestritten sein. Der Geldmarkt lässt sich dann nicht mehr einfach als Appendix an ein von ihm unabhängiges Inflations- und Outputbestimmungsmodell anheften, wie dies bei Svensson der Fall ist. Ich kenne keine Zentralbank, welche den Kapitalmarktzins direkt steuert und kontrolliert. Wenn man umgekehrt Svensson´s Formulierung als eine „Wie wenn"-Argumentation auffasst („wie wenn" die Zentralbank direkt den Kapitalmarktzins steuern könnte), so wäre dies exakt vergleichbar mit einer Vorgehensweise, welche einfachheitshalber direkte Kontrolle der Geld- oder Depositenmenge unterstellt. Wenn man im weiteren seinem Argumentationsmuster bezüglich des Monetary Targeting folgt, müsste man dies als Zwischenzielstrategie mit dem Kapitalmarktzins als Zwischenziel interpretieren. Eine solche Strategie wäre aber genau derselben Kritik unterworfen, welche Svensson selber gegenüber dem Monetary Targeting anbringt.

b. Alternative Inflationsbestimmungshypothese

Svensson´s Analyse beruht auf einer Inflationsanpassungsgleichung, welche die Inflationsrate im wesentlichen aus der Inflationsrate der Vorperiode und der Nachfragelücke (der Vorperiode) bestimmt [die AS-Gleichung (2)]. Eine alternative Formulierung des Inflationsbestimmungsprozesses, welche a priori ebensogut vertretbar erscheint, erklärt die Anpassungen von Preisniveau und Inflation aus der Diskrepanz zwischen effektiver und langfristig gewünschter realer Geldhaltung bzw., anders ausgedrückt, aus der

„Preislücke", wie sie vom sog. P^*-Ansatz definiert wird. Es ist zwar zuzugeben, dass eine über alle Zweifel erhabene mikroökonomische Fundierung einer solchen Preisanpassungsgleichung nicht vorliegt. Das gilt aber genau so für alternative Preisanpassungsgleichungen und insbesondere für die Phillipskurvenformulierung, welche von Svensson und dem makroökonomischen Standardansatz bevorzugt wird. Im Sinne theoretischer Tradition können beide Ansätze vergleichbare Ansprüche erheben, und der hier genannte alternative Ansatz bringt sogar besser die traditionelle (und gegenüber der Öffentlichkeit relativ leicht vermittelbare) theoretische Grundvorstellung zum Ausdruck, dass die Inflation fundamental ein monetäres Phänomen ist. Bei dieser alternativen Formulierung werden Geldmenge und Geldnachfrage unmittelbar für die Inflationsprognose, und damit auch für die Formulierung der Geldpolitik, relevant. Für diese alternative Variante spricht auch die empirische Tatsache, dass Geldmengenaggregate tatsächlich einen wichtigen Beitrag zu optimalen Inflationsprognosen zu leisten in der Lage sind (vgl. z.B. Jordan 1999).

c. Simultaneität zwischen Zinssatz, Geldmenge und Güternachfrage und automatische Stabilisatoreffekte einer Geldmengenpolitik

Svensson's Analyse beruht auf einer speziellen zeitlichen Abfolge der Geschehnisse, bei der die Zentralbank den Zinssatz der laufenden Periode festsetzt und damit die gesamtwirtschaftliche Nachfrage, das Outputniveau und die Geldmenge der Nachperiode sowie die Inflationsrate der übernächsten Periode beeinflusst. Für die laufende Periode ist, abgesehen von der Geldpolitik und den laufenden Störeinflüssen, alles vorherbestimmt. Die Geldpolitik der Periode t ist also effektiv die Geldpolitik für die Periode $t+1$ (und $t+2$). Es gibt in diesem Modell keine Möglichkeit, den Effekt einer in Periode t auftretenden (nichtantizipierten) Nachfragestörung auf das Outputniveau von Periode t zu dämpfen. Die Wahl des Zinssatzes für Periode t durch die Zentralbank hat keinerlei Konsequenzen in Periode t, weder im Gütermarkt noch im Geldmarkt. Man könnte also beispielsweise den Zinssatz in Periode t verdoppeln, ohne dass dies die Geldmarktverhältnisse in Periode t in irgendeiner Weise stören würde. Alle Auswirkungen finden erst in Periode $t+1$ statt.

Ist es sinnvoll, bei der Analyse geldpolitischer Prozesse mit Modellen zu arbeiten, welche keinerlei Simultaneität zwischen Zinssatz, Geldmenge und Nachfrageschocks innerhalb der Periode zulassen? In meinem Urteil ist dies fragwürdig; sicher in einem Jahresmodell, aber selbst in einem Quartalsmodell. In einer fundamentalen Hinsicht sind Entscheidungen über Zinssätze immer auch Entscheidungen über Mengen an Liquidität oder Geld. Eine vernünftige Spezifikation des Geldmarktes und der Geldpolitik sollte diese Simultaneität irgendwie zum Ausdruck bringen.

Die traditionelle Analyse der Geldpolitik tut dies auch in beträchtlichem Mass. So beruht die ganze auf Poole (1970) zurückgehende Analyse von Geldmengen- versus Zinsstrategien in der Geldpolitik genau auf dieser Simultanteität und den durch sie ins Spiel gebrachten unterschiedlichen automatischen Stabilisatoreffekten dieser beiden Politikvarianten. In einem Modell, welches eine gewisse Simultanität in der Bestimmung von Zinssatz, Geldmenge und gesamtwirtschaftlicher Nachfrage zulässt (was die Existenz zusätzlicher verzögerter Wirkungszusammenhänge nicht ausschliesst) hat die Notenbank die Wahl - im Gegensatz zum Ansatz von Svensson - einen Zinssatz oder ein monetäres Aggegat als „Instrument" zu benutzen. Im ersten Fall muss sie (wie bei Svensson) die Bestimmung der Geldmenge den Marktkräften überlassen, im zweiten Fall die Bestimmung des Zinssatzes. Der Vorteil der Geldmengenstrategie liegt dann bekanntlich gemäss Poole genau darin, dass die bei fixierter Geldmenge durch eine Steigerung der gesamtwirtschaftlichen Nachfrage automatisch ausgelöste Zinserhöhung von selbst eine stabilisierende Wirkung auf die Nachfrage ausübt, welche im Fall einer Zinsfestlegung nicht eintritt. Im Falle einer Störung im monetären Bereich liegt der Vorteil natürlich umgekehrt bei der Zinspolitik.

Es gibt also Bedingungen, unter denen eine Politik der Geldmengenfestlegung Vorteile hat gegenüber einer Politik der Zinsfestlegung. Es ist klar, dass in solchen Fällen die optimale Politik eine Politik ist, für welche die Geldmenge Relevanz hat. Svensson's Analyserahmen schliesst aber die Betrachtung solcher Zusammenhänge a priori aus. Bei der von ihm unterstellten Modellstruktur können eine Politik der Geldmengenfixierung und ihre Vorteile im Sinne von Poole überhaupt nicht diskutiert werden, da nur der Zinssatz für die Zentralbank als Politikinstrument verfügbar ist, nicht jedoch die Geldmenge.

Ich möchte an dieser Stelle betonen, dass diese Problematik meines Erachtens nichts zu tun hat mit der Tatsache, dass die meisten Notenbanken in der operativen Durchführung ihrer Geldpolitik einen Geldmarktzinssatz als Instrument verwenden und nicht ein monetäres Aggregat. Die Deutsche Bundesbank hat über viele Jahre hinweg eine Politik der Geldmengenkontrolle verfolgt, aber den Geldmarkt auf der operativen Ebene über den Geldmarktzins gesteuert. Der Zinssatz, der im von Svensson benutzten Standardmakromodell erscheint, muss sinnvollerweise nicht als Geldmarktsatz, sondern als Kapitalmarktzinssatz interpretiert werden, weil es dieser Zinssatz ist, welcher die gesamtwirtschaftliche Nachfrage mitbestimmt. Der Kapitalmarktzins ist aber genauso wenig ein direktes Instrument der Zentralbankpolitik wie die weit gefassten Geldaggregate, sondern eine Grösse, welche (wie diese) über einen monetären Kontrollprozess in Abhängigkeit von den eigentlichen Instrumenten endogen bestimmt wird. Wenn wir auf der Abstraktionsstufe des von Svensson verwendeten Standardmakromodells argumentieren, dürfen wir genauso gut die Geldmenge wie den Kapitalmarktzinssatz vereinfachend als Instrument betrachten, unabhängig davon, ob die Notenbank auf der (hier gar nicht modellierten) operativen Ebene über einen Geldmarktzinssatz operiert oder nicht. Es geht hier vielmehr um die Frage, ob und unter welchen Umständen die Zentralbank über die Ausrichtung ihrer Politik auf die Geldmenge ein stabilisierendes Element in die Politik hineinzubringen vermag, welches sonst nicht wirksam werden kann. Dadurch, dass Svensson mit seiner Modellformulierung diese Möglichkeit gar nicht zulässt, gibt er seiner Diskussion zum Vornherein eine Neigung zuungunsten des Geldes.

d. Unsicherheit über den „natürlichen“ Realzinssatz

Modelle der Geldpolitik unterstellen heute in der Regel, dass die Zentralbank problemlos in der Lage ist, ihre Instrumente so einzusetzen, dass sie „im Durchschnitt“ (d.h. bei Abwesenheit von Störfaktoren) ihre Zielvorstellungen realisiert. Evaluierungskriterium für die Beurteilung alternativer Verfahren ist dann allein jenes der Minimierung der Schwankungen der Zielvariablen um diesen Durchschnittswert herum, bei einem Inflationsziel also die Minimierung der Schwankungen der Inflationsrate um das Inflationsziel. In der geldpolitischen Diskussion dominieren damit kurzfristige Stabilisierungsüberlegungen. Ich glaube aber, dass in der praktischen Geldpolitik das zentrale Problem häufiger darin besteht, Prozeduren zu finden, welche sicherstellen, dass die trendmässige Inflationsrate nicht vom angestrebten Zielpfad wegläuft. So liegt bei einer Geldmengenstrategie das zentrale Problem darin, angesichts von Ungewissheit über Verlauf und Stabilität der Geldnachfrage die „richtige" (d.h. mit der angestrebten Inflationsrate vereinbare) trendmässige Zuwachsrate für die Geldmenge zu finden. Die Schwierigkeit dieser Aufgabe wird häufig als Hauptgrund für die Ablehnung einer Geldmengenstrategie vorgebracht. Es wird aber relativ selten darauf hingewiesen, dass bei alternativen Verfahren, und insbesondere bei jenen des Inflation Targeting, ein völlig vergleichbares und potentiell genau so schwerwiegendes Problem vorliegt.

Das Inflation Targeting hat natürlich - wie jedes andere Verfahren, welches die Zielsetzung Preisstabilität wirklich ernst nimmt - den Vorteil, dass es eine dauerhafte und zunehmende Entfernung der Inflation vom angestrebten Pfad nicht zulässt, würde dies doch zwangsläufig früher oder später zu korrektiven geldpolitischen Eingriffen führen. Zu vermeiden, dass wir - wenn auch nur vorübergehend - auf einen falschen Pfad geraten, bleibt dennoch eine zentrale Herausforderung der Geldpolitik. Je rascher solche Fehlentwicklungen entdeckt und korrigiert werden, umso geringer und von kürzerer Dauer werden entsprechende Abweichungen bleiben und umso massvoller können die notwendigen korrektiven Massnahmen ausfallen. Diskussionen des Inflation Targeting, auch jene von Svensson, unterstellen in der Regel, dass die Wirtschaftspolitik (und auch die übrigen Agenten des Wirtschaftsgeschehens) die Höhe des „natürlichen" Realzinssatzes genau kennen. Dieser bildet stets den Bezugspunkt für die richtige Festlegung des Zinsinstruments durch die Notenbank. Der natürliche Realzinssatz ist jener reale Zinssatz, der bei Abwesenheit von Störungen den Gütermarkt gerade im Gleichgewicht hält, d.h. eine Güternachfrage in der Höhe des Potentialoutputs generiert resp. für eine Outputlücke von Null sorgt. Eine falsche Einschätzung des natürlichen Realzinssatzes führt zu einer falschen Festlegung des Zinsinstruments durch die Notenbank, d.h. zu einer fehlerhaften Geldpolitik, relativ zu jener, welche gemäss dem Verfahren des Inflation Targeting richtigerweise befolgt werden sollte.

Eine Zinsdifferenz von einem halben oder gar einem ganzen Prozentpunkt, über eine Phase von einer gewissen Länge aufrechterhalten, kann dabei für die Geldpolitk eine schwerwiegende Differenz ausmachen. Aber wer weiss schon exakt, ob der wahre Wert des natürlichen Realzinsatzes heute bei 2 %, 2.5 % oder 3 % (oder noch einem anderen Wert) liegt? Dies ist auch nicht in trivialer Weise aus der Beobachtung irgend einer wirtschaftlichen Grösse ablesbar. Ich bin überzeugt, dass eine Umfrage unter Fachleuten diesbezüglich eine erhebliche Ungewissheit zum Ausdruck bringen würde. Dadurch, dass Diskussionen des Inflation Targeting diese Fehlerquelle in der Regel ignorieren, wird dieses Verfahren relativ zu einem solchen, welches der Geldmenge eine wichtige Indikatorvariable zugesteht, zu günstig darstellt. Ein echter Vergleich müsste auf beiden Seiten von vergleichbaren Diskussionsgrundlagen ausgehen.

5. Schlussfolgerungen

Die Folgerung, dass die Strategie einer Zentralbank allein deswegen ein ineffizientes Verfahren darstellt, weil sie der Geldmengenentwicklung und der Analyse des Geldes eine prominente Rolle zuordnet, scheint mir zu kurz gegriffen und in dieser Form nicht gerechtfertigt. Die Kritik von Svensson ist stark modellabhängig und orientiert sich viel zu ausschliesslich an einem ganz bestimmten, von ihm bevorzugten Modelltypus des Wirtschaftsablaufes, welcher in gewissen Hinsichten zwar dem üblichen makroökonomischen Standardmodell entspricht, in anderen Hinsichten aber sehr speziell spezifiziert und für die Analyse des geldpolitischen Entscheidungs- und Übertragungsprozesses nicht besonders geeignet ist. Es gibt meines Erachtens nach wie vor gute Gründe, dem Geld im Rahmen einer grundsätzlich auf ein Inflations- oder Preisstabilitätsziel ausgerichteten Geldpolitik eine wesentliche Rolle beizumessen. Ob dies in der Form von einer von zwei nebeneinanderstehenden „Säulen" geschieht - wie heute bei der Europäischen Zentralbank - oder einfach in Form einer wichtigen Indikatorgrösse innerhalb einer umfassenden Beurteilung der Inflationsperspektiven - was von der grundsätzlichen

Logik her eigentlich noch sinnvoller wäre -, ist für mich letztlich relativ nebensächlich. Jedenfalls erscheint mir auch die EZB-Strategie aus dieser Perspektive als ein alles in allem durchaus vertretbares Verfahren, welches die massive Kritik, der sie aufgrund ihrer Betonung der Geldmengenentwicklung ausgesetzt ist, nicht verdient.

Literatur

Bernanke, B , Th.Laubach, F. Mishkin and A. Posen (1999), Inflation Targeting, Princeton University Press.

Blinder, A. (1998), Central Banking in Theory and Practice, MIT Press, Cambridge and London.

Brunner, K. and A.H. Meltzer (1968), Liquidity Traps for Money, Bank Credit, and Interest Rates, Journal of Political Economy 76, 1 – 37.

Brunner, K. and A.H. Meltzer (1969), The Nature of the Policy Problem, in: K. Brunner (ed.), Targets and Indicators of Monetary Policy, San Francisco.

Friedman, B.M. (1975), Targets, Instruments and Indicators of Monetary Policy, Journal of Monetary Economics 1, 443-473.

Friedman, M. (1959), A Program for Monetary Stability, Fordham University Press, New York.

Friedman, M. (1968), The Role of Monetary Policy, American Economic Review 58, 1-17.

Jordan, Th. (1999), Inflationsprognosen mit VAR-Systemen, Schweizerische Nationalbank.

Niehans, J. (1978), Theory of Money, Johns Hopkins University Press, Baltimore.

Poole, W.M. (1970), Optimal Choice of Monetary Policy Instruments in a Simple Stochastics Macromodel, Quarterly Journal of Economics 84, 197-216.

Svensson, L. (1997), Inflation Forecast Targeting: Implementing and Monitoring Inflation Targets, European Economic Review 41, 1111-1146.

Svensson, L. (1998), Inflation Targets as a monetary policy rule, CEPR Discussion Paper Series No 1998.

Svensson, L. (1999), Monetary Policy Issues for the Eurosystem, CEPR Discussion Paper Series No 2197.

Tobin, J. (1969), A General, Equilibrium Approach to Monetary Theory, Journal of Money, Credit and Banking 1, 15-29.

Aktienkurse in geldpolitischer Sicht

Helmut Hesse und Bernd Braasch*

1. Ausgangspunkt der nachfolgenden Betrachtungen

Ausgangspunkt der nachfolgenden Betrachtungen ist die Diskussion, die der Präsident der amerikanischen Notenbank, Alan Greenspan, auf dem von der Federal Reserve Bank of Kansas City Ende August 1999 in Jackson Hole vor Zentralbankern aus aller Welt mit seiner „delicate question of whether central banks should worry more about asset-price bubbles“ (o.V. 1999a, 88) erneut ausgelöst hat; - erneut deshalb, weil Greenspan bereits im Dezember 1996 vor dem irrationalen Überschwang („irrational exuberance“) des Aktienmarktes gewarnt und sich danach wiederholt mit einem wachsenden Einfluß der Aktien- und Häuserpreise auf das Verhalten der Verbraucher und Unternehmen befaßt hatte. Noch nie hat er jedoch so deutlich zu verstehen gegeben, daß er die Aktien – und in geringerem Maße die Immobilienpreise – als Gefahr für die finanzielle Stabilität der USA ansieht.

Die Diskussion nach dieser Rede wurde weltweit geführt, und sie war kontrovers, was bereits durch wenige beispielhafte Zitate verdeutlicht werden kann. Für den Chefvolkswirt der Europäischen Zentralbank, Otmar Issing, können Aktienkurse keine Zielgröße der Geldpolitik sein; zudem sei es fraglich, ob eine Notenbank überhaupt in der Lage wäre, die Kurse zu kontrollieren; und die Politik der amerikanischen Notenbank (Fed) habe in Bezug auf die Inflation der Vermögenspreise keinen Vorbildcharakter für die EZB (Issing 1999, 27f). Das Vorstandsmitglied der Deutschen Bank, Josef Ackermann, äußerte sich ähnlich skeptisch: „Übertreibungen werden durch die steigende Effizienz der Aktienmärkte vermieden“ (Ackermann 1999). Auch für Thorsten Polleit (ABN Amro Bank) sind „systematische Eingriffe der Geldpolitik auf Grund von Vermögenspreisänderungen ... nicht zu rechtfertigen“ (Polleit 1999, 37). Einen anderen Ton schlägt dagegen der Economist mit der Auflistung von Argumenten an, denen zufolge „in recent years, Mr. Greenspan has been taking a big risk by not having tightened

---

* Abgeschlossen am 1. November 1999 in Hannover

policy when he first thought a bubble might be forming“ (o.V. 1999c, 15 f). Auch der Internationale Währungsfonds (1999, Chapter IV) hat jüngst darauf hingewiesen, daß in einer Situation, in der inflationäre Tendenzen kein Problem zu sein scheinen, gleichwohl die Gefahr einer Überhitzung der Wirtschaft und einer Destabilisierung der Finanzmärkte entstehen kann, und zwar durch einen „buildup in asset prices“, und dadurch die Notenbanken „need to act“ (ebenda, 161 f).[1]

Hans-Joachim Jarchow, dem anläßlich der Vollendung seines 65. Lebensjahres die vorliegende Festschrift gewidmet ist, hat sich in zahlreichen Forschungsberichten und Essays sowie in seinem in vielen Auflagen erschienenen Lehrbuch „Theorie und Politik des Geldes“ mit der Ausgestaltung der Geldpolitik und deren Anpassung an ihr sich wandelndes wirtschaftliches Umfeld befaßt. Probleme einer „asset inflation“ gehören deshalb zu seinen ureigenen Forschungsthemen. Im folgenden soll deshalb versucht werden, drei Fragen zu entwickeln, die ihn bei seinen weiteren Forschungsarbeiten beschäftigen werden:

- Wann ist es gerechtfertigt, von einer Inflation bei den Vermögenswerten, insbesondere bei den Aktien, zu sprechen? (Abschnitt 2)
- Welche Wirkungen gehen von steigenden Aktienkursen auf wichtige makroökonomische Variablen aus, die im Blickfeld geldpolitischer Entscheidungsträger liegen bzw. liegen sollten? (Abschnitt 3)
- Welche Rolle sollte die Entwicklung der Aktienkurse bei der Gestaltung der Geldpolitik spielen? (Abschnitt 4)

2. Definitions- und Meßprobleme

Zur Beantwortung der ersten Frage werden in der Literatur mehrere, insbesondere die drei folgenden Wege angeboten:

- Anlehnung an enge Definition von Inflation,
- Verwendung traditioneller Bewertungsmaßstäbe,
- aktuelle Analyse aller die Vermögenswerte steigernden Faktoren.

---

[1] „The Economist“ (o.V. 1999c, 15) kommentiert die Analyse des IWF mit folgendem Satz: „conventional inflation can sometimes be a poor gauge of whether an economy is overheating and urges central banks to pay more attention to other signs of imbalance, such as rising asset prices ...“.

2.1 Anlehnung an enge Definition

Inflation läßt sich definieren als Kaufkraftverlust des Geldes. Mit Geld kann sein Besitzer Güter aus dem Vermögensbestand wie aus der laufenden Produktion kaufen. Insofern dürfte es keinen Unterschied bedeuten, ob er für einen bestimmten Geldbetrag im Zeitverlauf weniger Güter der einen oder der anderen Art erhält: In beiden Fällen ließe sich von einem inflatorischen Effekt sprechen, der bei der Berechnung der Inflationsrate zu berücksichtigen wäre.

Diese Sicht ist extrem und unter anderem mit dem Argument angreifbar, daß den Notenbanken vom Gesetzgeber lediglich aufgetragen ist, das Preisniveau der laufenden Produktion zu stabilisieren. Dieses Argument beinhaltet nicht, daß die Preise von Vermögensgütern ganz aus dem Blickfeld der Notenbank verschwinden müssen. Steigende Preise von Vermögensgütern heute können nämlich höhere Preise von Gütern aus der laufenden Produktion morgen im Gefolge haben und insofern eine stabilitätsorientierte Notenbank frühzeitig auf die Entstehung oder Verstärkung inflationärer Tendenzen verweisen. Eine Verteuerung von Gebäuden beispielsweise ist in der Regel ein Vorbote höherer Mieten; und steigende Aktienkurse „are claims on future income or production" (IMF 1999, 159); sie könnten Ursache für die Entstehung einer inflatorischen Lücke werden. Deshalb haben sich Alchian und Klein (1973) schon vor nahezu drei Jahrzehnten dafür ausgesprochen, einen intertemporalen Lebenshaltungskostenindex zu berechnen, der die Änderungen in der Kaufkraft des Geldes verläßlich widerspiegelt. Dieses Argument hat jüngst Charles Goodhart, Mitglied des „monetary policy committee" der Bank von England, aufgegriffen und vorgeschlagen, „that the prices of houses and financial assets should be included in a broader inflation index" (o.V. 1999a, 88). Für Japan ist ein solcher umfassender „dynamic equilibrium price index" bereits berechnet worden. (Shibuya 1992; Shiratsuka 1999).

2.2 Verwendung traditioneller Bewertungsmaßstäbe

Das Konstrukt eines intertemporalen, dynamischen Preisindex verweist u. a. darauf, daß das Vermögen für seinen Besitzer eine Einkommensquelle ist: Die Bestandsgröße Vermögen ist Ursache für die Strömungsgröße Vermögenseinkommen. Ändert sich die

Relation beider Größen zugunsten der Bestandsgröße, könnte das bedeuten, daß diese überbewertet ist und insofern eine „asset inflation" vorliegt.

Solche Relationen gehören zu den traditionellen Bewertungsmaßstäben des Aktienmarktes. Auf den Preis der Bestandsgröße Vermögen, genauer: auf den Kurs der Aktien, werden die Gewinne der Aktiengesellschaften bzw. die ausgeschütteten Dividenden bezogen. In den 1970er Jahren lag das Kurs-Gewinn-Verhältnis in den großen Industrieländern im Durchschnitt bei 12 bis 13; bis Ende 1998 ist es auf 20 bis 30 (in Italien sogar auf 43,6 und in Japan auf 220,6) angestiegen (Hesse und Braasch 1999, Tabelle 2). Das Dividenden-Kurs-Verhältnis ist im selben Zeitraum erheblich zurückgegangen: von durchschnittlich 0,04 bis 0,05 auf 0,01 bis 0,02. (ebenda, Tabelle 3). Diese Veränderungen begründen, weshalb die Aktienkurse derzeit als relativ hoch bezeichnet werden können. Weitergehende Aussagen sind jedoch mit Vorsicht zu formulieren. Als Beispiel für eine solche Zurückhaltung diene das folgende Zitat aus dem neuesten Jahresbericht der Bank für Internationalen Zahlungsausgleich (1999, 94 ff): „Das aktuelle Kursniveau an den Aktienmärkten gibt möglicherweise Anlaß zur Sorge, zumindest wenn man die in der Vergangenheit angewandten Bewertungsmaßstäbe anlegt. Die Dividendenrenditen sind in den meisten G10 Ländern seit Anfang der achtziger Jahre dem Trend nach gefallen, da die Aktienkurse schneller gestiegen sind als die Dividendenzahlungen. ... Geht man davon aus, daß die Dividenden weiterhin entsprechend ihren bisherigen durchschnittlichen Zuwachsraten steigen, würde das allgemein niedrigere Niveau der Dividendenrenditen bedeuten, daß viele Aktienmärkte derzeit überbewertet sind. In den USA ist die Anfang der achtziger Jahre begonnene Aktienhausse jener der fünfziger und sechziger Jahre vergleichbar, die ebenfalls von sinkenden Dividendenrenditen gekennzeichnet war. Damals endete der lang andauernde Kursanstieg am Aktienmarkt mit einem scharfen Rückgang der Aktienkurse ... ."

2.3 Ursachen des relativ starken Anstiegs der Aktienkurse

Die Verwendung traditioneller Bewertungsmaßstäbe wird vielfach als Orientierung an den „fundamentals" angesehen. Doch ist Zurückhaltung angezeigt, denn die großen Veränderungen an den Weltfinanzmärkten während der vergangenen zwei/drei Jahrzehnte haben es mit sich gebracht, daß hier „history is not much of a guide" (Kennedy et al 1998, 11). So ist es geboten, näher auf die Faktoren einzugehen, die zu einem relativ starken Anstieg der Aktienkurse führen können. Dabei ist ein Vergleich der tatsächlich beobachteten Kurs-Gewinn- bzw. Dividenden-Kurs-Verhältnisse mit *theoretisch* zu erwartenden Relationen anzustreben. Ein einfaches Wachstumsmodell zur Ermittlung theoretischer Werte hat bereits 1962 Gordon entwickelt. Nach der sogenannten Gordon-Formel entspricht das Dividenden-Kurs-Verhältnis im Gleichgewicht (steady state) der Summe aus dem Realzins risikoloser Anlagen (etwa langfristiger Staatsanleihen) und einer Risikoprämie für Engagements in Aktien abzüglich der erwarteten Wachstumsrate der realen Dividenden. Die Entwicklung aller drei Größen in den letzten Jahren verweist auf niedrigere Gleichgewichtswerte des Dividenden-Kurs-Verhältnisses bzw. höhere steady-state-Werte für das Kurs-Gewinn-Verhältnis:

(i) Der Realzins ist in Westeuropa, Nordamerika und Japan während der letzten Jahre zurückgegangen, nicht zuletzt deshalb, weil die meisten Regierungen im Bemühen, staatliche Budgetdefizite zu verringern, den Kapitalmarkt weniger als zuvor belastet haben und weil Finanzkrisen in Ländern Lateinamerikas, Ostasiens und der ehemaligen UdSSR das Risikobewußtsein der internationalen Anleger gestärkt und dadurch Kapitalangebot auf safe-haven-Märkte umgelenkt haben.

(ii) Die Risikoprämie für Engagements in Aktien wird derzeit relativ niedrig veranschlagt (Kennedy et al 1998, Table 2). Als wichtigste Begründung wird das Zurückweichen der Inflation in allen westlichen Industrieländern genannt (Blanchard 1993; Carlson und Sargent 1997). Es heißt: „... low inflation is enhancing the stability of the economic environment, thereby lowering the risk of equity investment“ (Clementi et al 1998, 3). Außerdem wird auf das zunehmende Interesse von privaten Haushalten und anderen „long-horizon investors“ an Aktienanlagen verwiesen (Golob und Bishop 1997).

(iii) In den letzten Jahren sind die Erwartungen hinsichtlich des Dividenden-Wachstums optimistischer geworden, wie beispielhaft die folgende Abbildung zeigt:

Abb. 1: Erwartungen der Analysten über das Gewinnwachstum der S&P-500-Unternehmen
langfristige Wachstumsprognose

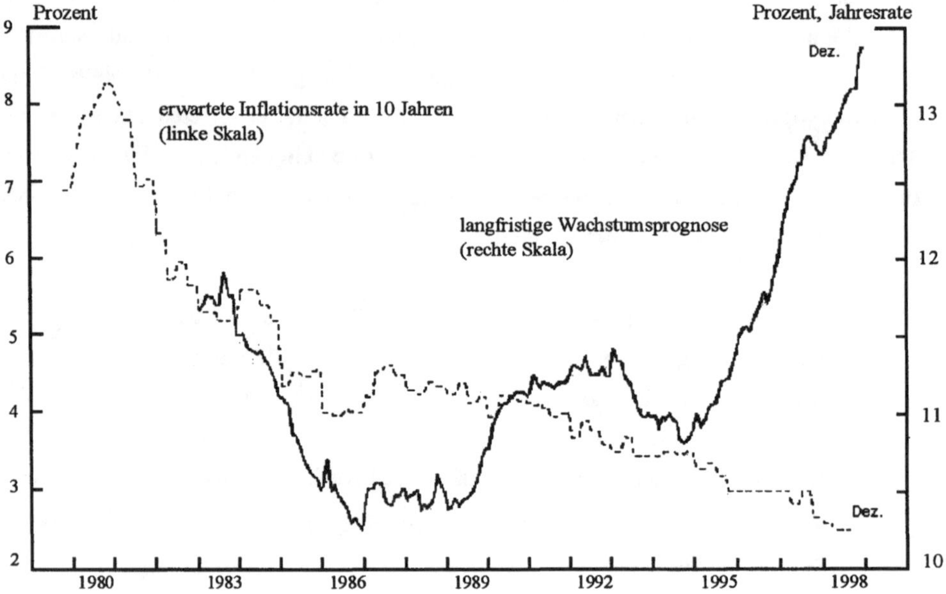

Quelle: Sharpe 1999, Figure 3

So ausgeprägt ist dieser Optimismus, daß vor allem mit ihm der Aktienboom vieler Länder während der letzten Jahre erklärt wird: „... in general the recent equity price increases seem to imply a rise in expected real dividend growth" (Clementi et al 1998, 10). Als Gründe für den gewachsenen Optimismus werden vor allem die beachtlichen Fortschritte in der Datenverarbeitung und Kommunikationstechnologie sowie die damit verbundenen hohen Produktivitätssteigerungen genannt. In den Vereinigten Staaten von Amerika wird in diesem Zusammenhang sogar von einer „new economy" (Kennedy et al 1998, 9) bzw. einem „new paradigm" (King 1999, 37) gesprochen. Zu den Merkmalen der „neuen Ökonomie" gehört auch, daß mit der Globalisierung der Märkte und der Internationalisierung der Produktion der internationale Wettbewerb der Anbieter intensiver wird und dadurch inflatorische Gefahren eingedämmt werden. Die Globalisierung der Märkte erleichtert zudem das Größenwachstum von Unternehmen mit der Folge, daß steigende Skalenerträge erzielt bzw. niedrigere Durchschnittskosten verwirklicht werden können (o.V. 1999b, 100). Diese Tendenzen schlagen sich in der Erwartung steigender Dividenden nieder, zumal die Globalisierung der Finanzmärkte zu einer stärkeren Gewichtung des „shareholder value" in den Strategien transnationaler Unternehmen geführt hat.

Aus allem folgt: Wenn der Realzins sowie die Risikoprämie für Aktienanlagen geringer werden und wenn zugleich ein stärkeres Wachstum der realen Dividenden erwartet wird, zeigt die Gordon-Formel für das Gleichgewicht im steady state ein niedrigeres Dividenden-Kurs-Verhältnis an. Entsprechend muß die Kurs-Gewinn-Relation höher angesetzt werden. Das bedeutet, daß die Hypothese, die Aktienmärkte seien gegenwärtig überbewertet und signalisierten eine „asset inflation" nicht mehr durch den schlichten Hinweis auf die noch vor zwei Jahrzehnten faktisch niedrigeren Kurs-Gewinn- und höheren Dividenden-Kurs-Relationen plausibel wird. Erforderlich wäre der Nachweis, daß die derzeit gegebenen Relationen immer noch höher liegen, als es die vorgetragenen theoretischen Argumente erwarten lassen.

Daß dieser Nachweis gelingen würde, jedenfalls für einige Länder, scheint einigen Marktbeobachtern nicht zweifelhaft zu sein. Sie gehen davon aus, daß derzeit die Aktien zumindest in den USA, Italien und Kanada überbewertet seien (s. beispielhaft Kennedy et al 1998, 10) und verweisen bei Analysen der US-Verhältnisse auf eine im Vergleich mit dem Sozialproduktwachstum starke Ausdehnung der realen Geldmenge und des realen Kreditvolumens (z. B. King 1999), ohne welche die Aktienhausse der letzten Jahre nicht hätte zustande kommen können.[2] Diese Sicht impliziert, daß die Erwartungen steigender Dividenden, die gemäß Gordon-Formel maßgeblich zur Erklärung der derzeit niedrigen Dividenden-Kurs-Relationen beiträgt, nicht allein auf Entwicklungen in der realen Welt der Produktionsunternehmen, sondern zum Teil auf einer spekulativ begründeten, monetären Eigendynamik beruht, die für „bubbles" charakteristisch

2 Ähnlich argumentieren Hoffmaister und Schinasi (1994) für Japan, wo „the transmission of monetary factors to asset prices was greater in the 1980s than in the 1970s" (ebenda, abstract).

ist.[3] Nur, wieviel der erwarteten Dividendensteigerungen auf das Konto reiner Spekulation zu verbuchen ist, bleibt offen. Die Unsicherheitsmarge ist hier sehr groß. Hinzu kommt, daß vielfach Aktien gekauft werden, weil auf Kurssteigerungen spekuliert wird, ohne dabei mögliche künftige Dividendensteigerungen ins Kalkül zu ziehen. Insofern gibt es „keine Null-Linie für Asset Preise“ (Issing 1999): Wann eine „asset inflation“ einsetzt, kann nicht exakt gemessen werden. Hat sie jedoch erst einmal Eigendynamik entfaltet, ist es den Notenbanken sicherlich möglich, sie zu entdecken.

3. Auswirkungen steigender Aktienkurse

Ob und, wenn ja, wie stark eine Notenbank auf steigende Aktienkurse zinspolitisch reagieren sollte, hängt nicht nur davon ab, ob eine „asset inflation“ diagnostiziert werden kann, sondern auch davon, wie sich der Anstieg der Aktienkurse auf makroökonomische Variablen auswirkt und ob durch solche Auswirkungen inflationäre Tendenzen bei der Entstehung und der Verwendung des laufenden Sozialprodukts ausgelöst oder verstärkt werden.

Im Vordergrund der Überlegungen stehen dabei der private Verbrauch und die Nettoinvestitionen. Eine Konsumausweitung infolge steigender Aktienkurse läßt sich vornehmlich aus zwei Gründen erwarten. Zum einen ist davon auszugehen, daß private Haushalte einen Teil des kursbedingten Zuwachses an Finanzvermögen, den sie in einer Periode verbuchen können, unmittelbar zum Kauf von Konsumgütern verwenden, und dies vor allem dann, wenn die Kurssteigerung nicht erwartet worden war. Zum anderen wird darauf verwiesen, daß unter den Sparmotiven der Haushalte die Absicherung gegenüber unverhofft eintretenden Notlagen und die Altersvorsorge die bedeutendsten sind. Ein größeres Finanzvermögen schafft größere Sicherheit und mindert insoweit die Neigung, aus dem laufenden Einkommen zu sparen.

Für die Vereinigten Staaten von Amerika erscheinen diese Hypothesen plausibel. Dort haben die privaten Haushalte innerhalb kurzer Perioden große Zuwächse in ihrem Aktienvermögen erfahren: Von Mitte 1994 bis Mitte 1997 ist nahezu eine Verdopplung (um 5,2 Mrd \$) erreicht worden, und von Oktober 1997 bis Mitte 1999 ist das

---

[3] „Asset prices depend on the expected income they produce. But ‚income‘ in this sense is .... ambiguous. It may reflect rent, interests or dividends, but it may include a measure, sometimes the entirety, of capital gains“ (Kindleberger 1995, 30).

Aktienvermögen der Haushalte um mehr als 3 Mrd $ angewachsen. Die Relation zwischen dem Vermögen und dem verfügbaren Einkommen der Haushalte stieg zwischen 1995 und 1999 von 5 ½ auf über 10 Prozent; gleichzeitig sank die Sparquote der Haushalte auf nahezu Null (Ludvigson and Steindel 1999, 31).

Ökonomische Studien haben ergeben, daß US-Haushalte auf unerwartete, kursbedingte Vermögenszuwächse (nur) unmittelbar mit zusätzlichem *Konsum* reagieren, dies aber nicht immer in gleich starker Weise. „The estimated marginal propensity to consume from stock market wealth is not particularly stable" (ebenda, 33). Ausgehend von der permanenten Einkommenshypothese gilt in langfristiger Betrachtung, daß „in today's economy a one dollar increase in wealth typically leads to a three–to–four cent increase in consumer expenditure" (ebenda, 39). Im Vereinigten Königreich ist diese Quote nach internen Berechnungen mit 0,06 bis 0,11 höher; in Frankreich, den Niederlanden und Kanada sind Vermögenseffekte auf den Konsum dagegen kaum feststellbar (Clementi et al 1998, 15).

Die Wirkungen steigender Aktienkurse auf die *Investition* sind ähnlich wie die auf den Konsum in den verschiedenen Ländern unterschiedlich und nicht sicher vorauszusagen. Zwei investitionsanregende Faktoren sind zu unterscheiden. Steigende Aktienkurse reduzieren (bei Eigenfinanzierung) die Kosten neuen Produktionskapitals im Vergleich zum bestehenden Kapitalstock, und sie vergrößern (bei Fremdfinanzierung) die Kreditwürdigkeit der Investoren, da sich deren Bilanzstruktur verbessert und die Besicherung der Kredite leichter fällt. Steigende Aktienkurse sind zudem vielfach Anlaß optimistischer Erwartungen im Hinblick auf die künftige volkswirtschaftliche Entwicklung und auf die damit verbundene Nachfrage nach den jeweils eigenen Produkten. Sie stärken dadurch die Investitionsneigung.

Nimmt man beides zusammen, die Wirkungen steigender Aktienkurse auf den privaten Verbrauch und auf die Investitionstätigkeit, so darf man die Gefahr einer Überhitzung der Volkswirtschaft mit aufkommenden oder sich verstärkenden inflationären Tendenzen nicht ausschließen.

Diesem zu bedenkenden möglichen Effekt sind zwei weitere nachteilige hinzuzufügen. Der erste kann sich ergeben, wenn die Sparquote der privaten Haushalte infolge eines kursbedingten Anstiegs ihres Finanzvermögens sinkt und dieser Rückgang nicht durch stärkeres Sparen des Staates oder der Unternehmen kompensiert wird. In den USA ist diese Kompensation in den 1990er Jahren nicht erfolgt; der Ausfall eigener

Ersparnisse wurde „ersetzt“ durch Zugriff auf ausländische Ersparnisse: Die amerikanische Leistungsbilanz weist seit Jahren ein wachsendes Defizit auf; für 1999 wird es auf 303 Mrd $, das sind 3,4 Prozent des Bruttoinlandsprodukts, geschätzt (OECD 1999, Annex 299 f). Die zunehmende Abhängigkeit vom Kapitalimport trägt in sich den Keim eines Umschlags im Vertrauen der Gläubiger und von krisenhaften Entwicklungen an den Weltdevisenmärkten. Diese Gefahr ist auch aus folgendem Grund in das Blickfeld zu rücken: „As the deficit has widened, so the quality of its financing has deteriorated. Up until 1996, the deficit was financed primarily by foreign direct investment inflows. More recently, however, the deficit has been funded primarily by portfolio inflows which are more likely to reverse as returns elsewhere in the world rise or doubts about the sustainability of US growth increase“ (King 1999, 44).

Der zweite mögliche nachteilige Effekt besteht in einer Misallokation knapper Ressourcen. Länger anhaltende Aktienkurssteigerungen entwickeln vielfach Eigendynamik dadurch, daß sie die Erwartungen eines länger anhaltenden Booms stärken, zumal wenn sogenannte Analysten meinen, eine „new economy“ begründen zu können. Die Gefahr, daß dann „investors overestimate future earnings growth“ und „take excessive risks“ (IMF 1999, 158), steigt dann. Die Wahrscheinlichkeit von „errors in terms of capital spending“ nimmt zu, und „the quality of investment tends to fall“ (King 1999, 34). Im Gefühl eines sicheren Vermögenspolsters neigen auch die Haushalte zu größeren Anschaffungen langlebiger Gebrauchsgüter, auf die sie ansonsten verzichtet hätten. Diese Entwicklungen werden auf der Finanzierungsseite dadurch begünstigt, daß die von den Banken verlangten Sicherheiten von den Kreditnehmern leichter beschafft werden können: Die Vermögenswerte sind kursbedingt gestiegen.

Erweist sich dann der Anstieg der Aktienkurse als Ergebnis einer „spekulativen Übertreibung“, kann die „Misallokation der Ressourcen“ ernsthafte, rezessive Folgen haben, wie die Entwicklungen in Japan zeigen, aber auch im Vereinigten Königreich und in Schweden. Haushalte sehen sich zu höherer Ersparnis gezwungen, Investoren sehen sich unerwartet einer wachsenden Unterauslastung der Produktionskapazitäten gegenüber. Die Besicherung zuvor aufgenommener Kredite ist nicht mehr gegeben, das Aktienvermögen hat sich kursbedingt verringert. Kredite werden notleidend. Banken geraten mit ihren Eigenkapitalrichtlinien in Schwierigkeiten; ein „credit crunch“ ist nicht ausgeschlossen.

4. Geldpolitische Schlußfolgerungen

Die vorangegangenen Betrachtungen in den Abschnitten 2 und 3 haben ergeben, daß es äußerst schwierig ist, zu erkennen, wann eine „asset inflation" einsetzt, und die entsprechende „Inflationsrate" zu beziffern. Auch lassen sich die Auswirkungen eines Kursanstiegs der Aktien auf Konsum und Investition nicht immer verläßlich voraussagen. Hin zu kommt eine weitere Schwierigkeit, vor die sich die geldpolitischen Entscheidungsträger gestellt sehen. In den letzten Jahren waren Inflationsraten und Kurs-Gewinn-Relationen in den USA negativ korreliert (vgl. Abb. 2).

Abb. 2: Kurs-Gewinn-Verhältnisse (KGV) versus Inflation
Errechnet aus um 12 Monate verzögerten „earnings per share" (EPS)

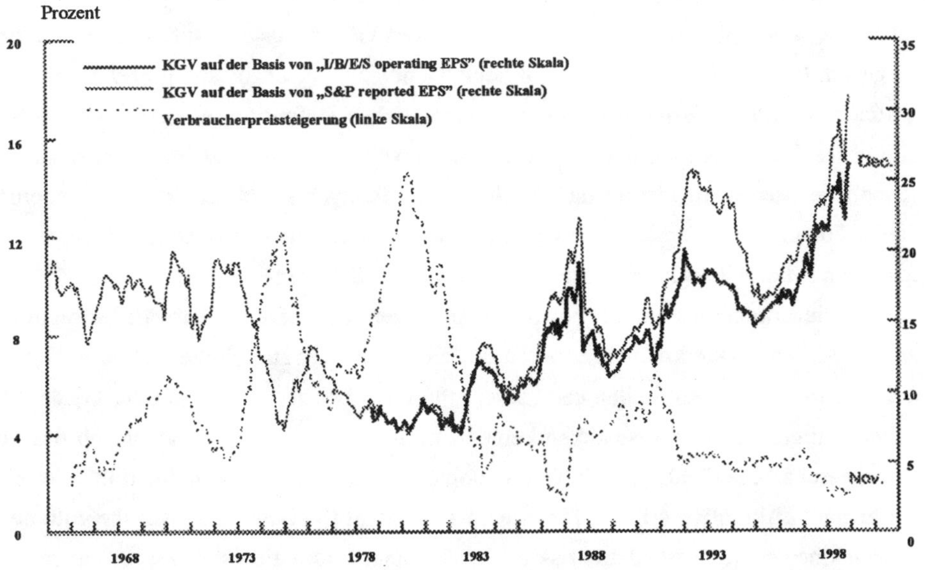

Quelle: Sharpe 1999, Figure 1

Das deutet bereits darauf hin, daß eine „asset inflation" beginnt, wenn der Index der Lebenshaltungskosten und der Deflator des Bruttoinlandsprodukts keinerlei Inflationsgefahren anzeigen. Das findet seine Erklärung darin, daß steigende Aktienkurse ihren

Grund in abnehmenden Inflationserwartungen haben können (IWF 1999, 138 f). Für die USA hat Sharpe (1999) ökonometrisch nachgewiesen, daß sich diese Entwicklung auf zwei Effekte zurückführen läßt: „A rise in expected inflation coincides with both (i) lower expected real earnings growth and (ii) higher required real returns. The earnings channel is not merely a reflection of inflation`s recession signalling properties; rather a substantial portion of the negative valuation effect appears to be the result of a negative relation between expected long–term inflation and projections of long–term real earnings growth. The effect of expected inflation on required (long-run) real stock returns is also substantial. A one percentage point increase in expected inflation is estimated to raise required *real* stock returns about one percentage point, which amounts to about a 20 percent decline in stock prices“ (ebenda, 1).

Diese Schwierigkeiten, so groß sie auch eingeschätzt werden mögen, sollten nicht dazu führen, daß die Notenbank sich ausschließlich auf das ihr gesetzlich vorgeschriebene Ziel konzentriert, Preisstabilität bei den Gütern aus der laufenden Produktion zu gewährleisten, und sich für die Aktienkursentwicklung unzuständig erklärt. Es geht um mehr als um Preisstabilität in der herkömmlichen Definition, es geht auch um Stabilität des Finanzsektors; und „Spekulationsblasen“, wenn sie platzen, können äußerst schädliche Auswirkungen auf das Wachstum der Realwirtschaft haben. Die Erinnerung an die Folgen der Finanzkrise in Japan und an die sogenannte Südostasienkrise vermittelt einen Eindruck vom möglichen Ausmaß solcher Schäden.[4]

Die Erkenntnis, daß die Notenbanken längere und stärkere Aufwärtsbewegungen an den Aktienmärkten nicht ignorieren dürfen, ist leichter zu erlangen, als die Antwort auf die Frage, welchen Stellenwert „asset inflations“ bei der Gestaltung der Geldpolitik haben sollten, zumal Notenbanken keinen Einfluß darauf nehmen können, ob das von ihnen geschaffene Geld – in der Terminologie von Keynes – eine „industrial“ oder eine „financial“ Zirkulation erfährt. The dilemma is that „if the Bank increases the volume of Bank-money so as to avoid any risk of the Financial Circulation stealing resources from the Industrial Circulation, it will encourage the ‚bull‘ market to continue with every probability of a rising value of P′ [the price level of new investment] which will lead to over–investment later on; whereas if it refuses to increase the volume of Bank-money, it

---

[4] Kennedy et al (1998, 5) vermitteln für die OECD-Staaten einen Eindruck von der Größenordnung solcher Wachstumseinbrüche; „... the *direct* effects of a 20 per cent stock market correction on GDP growth in OECD economies, if it were to occur now, would lower output in the area by about half a per cent in the next two years“. Die indirekten Effekte müssen hinzugerechnet werden.

may diminish the amount of money available for industry or so enhance the rate of interest at which it is available as to have an immediate deflationary effect" (Keynes 1930, Vol I, 254). Gleichwohl liegen einige geldpolitische Empfehlungen auf der Hand:

(a) Vorrangiges Ziel der Geldpolitik sollte es sein, eine „asset inflation" zu vermeiden. Überlegungen, wie diese zu bekämpfen ist, wenn sie erst einmal Eigendynamik entwikkelt hat, sollten deshalb nicht im Vordergrund stehen. Eine Notenbank, die asymmetrisch handelt,[5] indem sie bei einem Kursanstieg nicht ihre Zinssätze erhöht, bei einem Kurseinbruch dagegen die Zinsen senkt, um die schädlichen Folgen für die Realwirtschaft in Grenzen zu halten, fördert oder erzeugt bei Kapitalanlegern ein moral-hazard-Verhalten. Das tut sie auch dann, wenn sie erkennen läßt, daß es für sie wegen der als Konsequenz zu erwartenden Wachstumseinbrüche in der Realwirtschaft nicht in Frage kommt, eine „bubble" anzustechen und zum Platzen zu bringen. Anlegern, die auf einen weiteren Anstieg der Aktienkurse spekulieren, wird dadurch das damit verbundene Risiko zu einem beträchtlichen Teil genommen; indirekt trägt so die Notenbank zum Wachstum einer „bubble" bei.

(b) Die Festsetzung und Verfolgung eines Inflationsziels durch die Notenbank birgt Gefahren und kann insbesondere in Zeiten mit geringem Preisauftrieb nicht gut geheißen werden. Eine „asset inflation" setzt nämlich – wie oben dargelegt – mit vergleichsweise großer Wahrscheinlichkeit dann ein, wenn die Inflationserwartungen gering sind. Die geldpolitischen Entscheidungsträger werden jedoch, wenn die Erreichung des von ihnen gesetzten Ziels als sicher gilt, davon abgelenkt, die einsetzende „asset inflation" als Gefahr für die finanzielle Stabilität ihres Zuständigkeitsbereichs zu erkennen. Dies gilt umso mehr, wenn die Notenbank sich in „inflationsfreier" Zeit gefordert sieht, sich an der Erreichung anderer Ziele, wie der Bekämpfung der Arbeitslosigkeit, zu beteiligen und wenn die Hinnahme von Aktienkurssteigerungen dieser Forderung entspricht.

(c) Die Aktienkursentwicklung im Blickfeld der geldpolitischen Entscheidungsträger zu halten, ist somit geboten. Die Festlegung einer Zielgröße für das Kursniveau oder die Einfügung eines Aktienindex in eine irgendwie geartete „feedback rule" empfiehlt sich gleichwohl nicht. Die Entwicklung von Aktienkursen hängt nämlich stark davon ab,

---

[5] Der Fed wird nachgesagt, diesen Eindruck erweckt zu haben (o.V. 1999c, 15).

welche Veränderungen wichtiger makroökonomischer Variablen Kapitalanleger erwarten. Da diese Erwartungen wiederum davon bestimmt werden, welche wirtschaftspolitischen, also auch geldpolitischen Entscheidungen erwartet werden, würde die Geldpolitik nicht mehr auf klaren Kurs gehalten werden können: „Any automatic response of policy makers to asset prices might set up ‚circularity′ that could potentially raise the volatility of those prices“ (Clementi et al 1998, 16). Wenn die Zentralbank ihren geldpolitischen Zielgrößen private Prognosen zugrundelegt, die ihrerseits auf der Erwartung einer bestimmten Geldpolitik beruhen, sind Instabilität und ein Verlust an Inflationskontrolle nicht auszuschließen (Bernanke and Woodford 1996; Fuhrer and Moore 1992; Smets 1997).

(d) Eine kursbedingte Erhöhung des Finanzvermögens bringt eine Vergrößerung der gewünschten Kassenhaltung, d.h. eine höhere Geldnachfrage mit sich (Hesse und Braasch 1994, 162): Porfolioüberlegungen sprechen dafür, einen Teil des Vermögens in liquider Form zu halten; und Kapitalumschichtungen, die als Folge der Professionalisierung des Anlageverhaltens (Braasch 1997) häufiger vorgenommen werden, setzen eine größere „Transaktionskasse“ voraus. Insofern spiegelt sich eine „asset inflation“ immer auch in einer vergleichsweise stark zunehmenden Geldmenge wider. Dieser Tatbestand sollte bei der Festlegung eines Geldmengenziels und einer zielorientierten Geldmengensteuerung durch die Notenbanken berücksichtigt werden.

Das sollte dadurch geschehen, daß bei der Ableitung und Begründung eines Geldmengenziels nicht nur auf die notwendige (Wachstum des Produktionspotentials) und tolerierbare („normative“ Inflationsrate) Geldmenge in der „industrial circulation“ eingegangen werden sollte, sondern expressis verbis auch auf die notwendige und tolerierbare „vermögensinduzierte“ Geldmenge. Die Festlegung lediglich einer rein statistisch ermittelten Trendkomponente zur Erfassung der Veränderung der Geldumlaufsgeschwindigkeit trägt zwar der „financial circulation“ von Geld Rechnung, signalisiert jedoch eine gewisse Hilflosigkeit der Notenbanken im Angesicht der starken Ausweitung der Kapitalmärkte und der in ihnen gebundenen Geldmenge. Notenbanken, die sich nicht erkennbar um eine bessere Beherrschung der im Vermögenssektor umlaufenden Geldmenge bemühen, verzichten darauf, die Erwartungen von Kapitalanlegern, insbesondere der institutionellen Anleger, hinsichtlich ihres geldpolitischen Verhaltens zu beeinflussen und von einer „irrational exuberance“ abzuhalten. Kapitalanleger sollten befürchten müssen, daß die Notenbank im Ernstfall auch bereit ist, eine „Spekulationsblase“, wenn sie als solche erkennbar wird, zum Platzen zu bringen. Wenn auf solche Weise Kapitalanlegern bewußt würde, daß sie mit weiteren Engagements ein großes Risiko eingehen, wäre das oben skizzierte moral-hazard-Problem entschärft, und spekulativ begründete Überbewertungen von Aktien ließen sich in Grenzen halten.

Der Vorschlag, sich bereits bei der Ableitung des Geldmengenziels stärker um die Offenlegung der notwendigen und tolerierbaren Geldmenge in der „financial circulation“ zu bemühen, beinhaltet nicht, in der Geldpolitik zweigleisig zu fahren. Keiner Notenbank ist es gegeben, den Gebrauch des von ihr herausgegebenen Geldes und des von den Geschäftsbanken geschaffenen Giralgeldes auf den Bereich der Realwirtschaft oder auf den Vermögenssektor zu beschränken. Es kann nur *ein* Geldmengenziel geben. Doch eine umfassendere als derzeit gängige Ableitung dieses Ziels und eine nähere Begründung der Bandbreite, in der die Geldmengenentwicklung gehalten werden soll, könnten den Kapitalanlegern Informationen vermitteln, die zur Vermeidung oder Eindämmung einer „asset inflation“ beitragen.

(e) Spekulative Übertreibungen an den Aktienmärkten gehen in der Regel mit einer vergleichsweise starken Kreditexpansion einher (Allen and Gale 1998, 26; Borio, Kennedy and Prowse 1994, 67). Diese Erfahrung legt es nahe, daß die Notenbanken der Kreditentwicklung besondere Aufmerksamkeit widmen. Insbesondere sollten sie ihre Möglichkeiten verbessern, in Erfahrung zu bringen, ob Kreditnehmer die aufgenommenen Mittel zum Kauf von Aktien und anderen Vermögensgütern verwendet haben, aus deren Bestand, der kurzfristig nicht erhöht werden kann – auch nicht bei stark steigenden Preisen der Bestandsgüter -, die Mehrnachfrage befriedigt werden muß. Notenbanken sollten sich bewußt sein, daß „bubbles can occur because of asymmetric information and agency problems“ (Allen and Gale 1998, 6). Kreditbanken sind weniger als ihre Kreditnehmer über das Risiko unterrichtet, das letztere mit ihren kreditfinanzierten Engagements eingehen; sie können deshalb auch nicht das „risk shifting“ abschätzen, das mit dem zusätzlichen Kauf von Aktien verbunden sein und zu deren Überbewertung führen kann.

Auf derselben Linie liegt es, darauf zu drängen, daß Kreditbanken das Ausfallrisiko, das sie mit Krediten an Kapitalanleger eingehen, eng begrenzen und Aktien und andere Bestandsgüter, die als Sicherheiten dienen, nur mit deutlich unter dem aktuellen

Niveau liegenden Preisen bewerten. Auch dies ist im Zusammengehen mit den zuständigen Aufsichtsbehörden eine Aufgabe der Notenbanken.

(f) Analysen der Finanzkrisen, von denen vor kurzem Japan und die Länder Südostasiens erfaßt wurden, haben gezeigt, „that the most seriously affected countries first experienced a collapse in property prices“ (Herring and Wachter 1999, 1), ehe es zu einer Banken- und einer Währungskrise kam. Mit dieser Erfahrung läßt sich die Forderung begründen, einen Immobilienpreisindex zu konstruieren und regelmäßig statistisch zu erfassen, den die Notenbank in ihr Blickfeld rückt und zum Ausgangspunkt geldpolitischer Überlegungen nimmt.

5. Schlußbetrachtung

Mit diesem Beitrag sollte der Versuch unternommen werden, weitreichende Fragen darzulegen, vor denen die Geldtheorie und Geldpolitik in den kommenden Jahren stehen wird. Gerade angesichts des stürmischen Wachstums der Aktienmärkte gilt es, in diesem gewandelten Umfeld den Zusammenhang zwischen den Vermögenspreisen und den Verbraucherpreisen genauer zu analysieren (Kindleberger 1995, 19). Dabei bedürfen die Notenbanken der Beratung durch die Wissenschaftler, die auf dem Gebiet der Geld- und Währungspolitik erfahren sind. Wir hoffen, Hans-Joachim Jarchow dazu angeregt zu haben, diese Fragen im Rahmen seiner weiteren Forschungsarbeit aufzugreifen.

Literatur

Ackermann, J. (1999), FAZ-Gespräch: „Ich glaube, die amerikanische Notenbank ist selbst sehr unsicher“, FAZ vom 4. September.

Alchian, A. A. and B. Klein (1973), On a Correct Measure of Inflation. Journal of Money, Credit, and Banking, Vol. 5, 173-191.

Allen, F. and D. Gale (1998), Bubbles and Crises, The Wharton Financial Institutions Center, University of Pennsylvania, Working Paper 98-01-B, Philadelphia, August 12.

Bank für Internationalen Zahlungsausgleich (1997), 67. Jahresbericht, 1. April 1996-31. März 1997, Basel, 9. Juni.

Bank für Internationalen Zahlungsausgleich (1999), 69. Jahresbericht, 1. April 1998-31. März 1999, Basel, 7. Juni.

Bernanke, B. S. and M. Woodford (1996), Inflation forecasts and monetary policy. Mimeo (zitiert von Frank Smets 1997, 8f).

Blanchard, O. J. (1993), Movements in the Equity Premium, Brookings Papers on Economic Activity, 2, 75-138.

Borio, C.E.V., N. Kennedy, and S. D. Prowse (1994), Exploring Aggregate Asset Price Fluctuations Across Countries. Measurement, determinants and monetary policy implications. Bank for International Settlements, BIS Economic Papers No 40, Basle, April.

Braasch, B. (1997), Zur Professionalisierung des Anlageverhaltens und ihren Auswirkungen auf den internationalen Zinszusammenhang und die Geldpolitik. In: B. Gahlen et al (Hrsg), Finanzmärkte. Wirtschaftswissenschaftliches Seminar Ottobeuren, Bd. 26, Tübingen, 331-352.

Campbell, J. Y. and R. J. Shiller (1989), The dividend-price ratio and expectations of future dividends and discount factors. Review of Financial Studies, Vol. 1, 195-228.

Carlson, J. B. and K. H. Sargent (1997), The Recent Ascent of Stock Prices: Can it be Explained by Earnings Growth or other Fundamentals? Federal Reserve Bank of Cleveland, Economic Review, Vol. 33, No 2, 2-12.

Clementi, D. et al (1998), Recent Changes in G10 Equity Values: Causes und Possible Inplications for Monetary Policy und Financial Stability. Report to the G10 Governors („Clementi Report"), London, July.

Cogley, T. (1999), Should the Fed take deliberate steps to deflate asset price bubbles? Federal Reserve Bank of San Francisco, Economic Review, No 1, 42-52.

Fuhrer, J. and G. Moore (1992), Monetary policy rules and the indicator properties of asset prices. Journal of Monetary Economics, Vol. 29, 303-336.

Golob, J. E. and D. G. Bishop (1997), What Long-Run Returns can Investors expect from the Stock Market? Federal Reserve Bank of Kansas City, Economic Review, Third Quarter, 5-20.

Gordon, M. (1962), The Investment, Financing and Valuation of the Corporation, Homewood, Ill.

Herring, R. J. and S. M. Wachter (1999), Real Estate Booms and Banking Busts – An International Perspective. Group of Thirty, Occasional Papers No 58, Washington, D.C.

Hesse, H. und B. Braasch (1994), Zum „optimalen" Instrumentarium der Europäischen Zentralbank. In: B. Gahlen et al (Hrsg), Europäische Integrationsprobleme aus wirtschaftswissenschaftlicher Sicht. Wirtschaftswissenschaftliches Seminar Ottobeuren, Bd 23, Tübingen, 161-183.

Hesse, H. und B. Braasch (1999), „Asset inflation" aus geld- und währungspolitischer Sicht. In: I. Nübler und H. Trabold (Hrsg), Herausforderungen an die Wirtschaftspolitik an der Schwelle zum 21. Jahrhundert. Festschrift für Lutz Hoffmann zum 65. Geburtstag, Berlin, 215-237.

Hoffmaister, A. W. and G. J. Schinasi (1994), Asset Prices, Financial Liberalization and the Process of Inflation in Japan. IMF Working Paper (94) 153, Washington, D.C.

International Monetary Fund (1999), World Economic Outlook – Prospects and Policy Isssues, Washington, D.C.
Issing, O. (1999), FAZ-Gespräch: „Aktienkurse sind keine Zielgröße für die EZB", FAZ vom 19. August.
Jarchow, H.-J. (1998) Theorie und Politik des Geldes I, 10., überarb. und wesentlich erw. Auflage, Göttingen.
Jarchow, H.-J. (1995), Theorie und Politik des Geldes, II. Geldpolitik, 7. Auflage, Göttingen.
Kennedy, M., A. Palerm, C. Pigott and F. Terrible (1998), Asset Prices and Monetary Policy. OECD, Economics Department Working Papers No 188, Paris.
Keynes, J. M. (1930), A Treatise on Money, 2 Volumes, New York.
Kindleberger, C. P. (1995), Asset Inflation and Monetary Policy. Banca Nazionale del Lavoro, Quarterly Review, Nr. 192, 17-37.
King, S. (1999), Bubble trouble. HSBC Economics & Investment Strategy: Economics, July 1999.
Ludvigson, S. and C. Steindel (1999), How Important is the Stock Market Effect on Consumption? Federal Reserve Bank of New York, Economic Policy Review, Number 2, 29-51.
Nelson, W. (1999), The Aggregate Change in Shares and the Level of Stock Prices. Federal Reserve Board, Finance and Economic Discussion Series No 1999 – 08.
OECD (1999), World Economic Outlook, Paris, June.
Polleit, T. (1999), Mit Blasen ist nicht leicht hantieren, FAZ vom 20. September.
Samiei, H. and G. J. Schinasi (1994), Real Estate Price Inflation, Monetary Policy, and Expectations in the United States and Japan. IMF Working Paper (94) 12, Washington D.C.
Sharpe, S. A. (1999), Stock Prices, Expected Returns, and Inflation. Federal Reserve Board, Washington D.C., Mimeo, April.
Shibuya, H. (1992), Dynamic Equilibrium Price Index: Asset Price and Inflation. Bank of Japan, Monetary and Economic Studies, Vol. 10, No 1, 95-109.
Shiratsuka, S. (1999), Asset Price Fluctuation and Price Indices. Bank of Japan, Institute for Monetary and Economic Studies, Discussion Paper No 99-E-21.
Smets, F. (1997), Financial Asset Prices and Monetary Policy: Theory and Evidence. Bank for International Settlements, Working Papers No 47, Basle, September.
o.V. (1999a), Bubble trouble. „The Economist", September 4 th, 88.
o.V. (1999b), Lock and key. „The Economist", September 18 th, 100.
o.V. (1999c), Trapped by the bubble. „The Economist", September 25 th, 15 f.

EMU: Political Economic Issues and Challenges

Jürgen von Hagen*

1. Introduction

On 1 January 1999, the European System of Central Banks (ESCB) has assumed responsibility for the monetary policy of the European Monetary Union (EMU). How will the ESCB conduct its monetary policy? The formal (legal) aspects of the question and most of the technical aspects have already been answered before the start of EMU. Article 105 of the European Treaty declares price stability as the principle objective of the ESCB's monetary policy. Meanwhile, the European Central Bank (ECB) has defined price stability to mean an annual rate of change in the price level, as measured by the HICP, of no more than two percent. Naturally, this cannot be understood as meaning that the ESCB would tolerate any negative change in the price level[1]. As long as this is possible without compromising price stability, the ESCB is also called to support the general economic policy in the EU with a view to contributing to the goals defined in Article 2 of the Treaty.[2]

Meanwhile, the ECB has announced its monetary strategy.[3] Following the Bundesbank example it emphasizes that price stability is to be achieved only in the medium run.[4] The ECB will use a broad monetary aggregate as a "reference value" to judge current monetary developments. The reference value will be "derived in manner consistent with - and will serve to achieve - price stability" (ECB 1998). The notion of a reference

* This paper was prepared for the 11 Simposio De Moneda Y Credito, Madrid, November 1998. I thank Charles Wyplosz and seminar participants in Cologne, Glasgow, and Bonn for helpful comments on an earlier version.

1 See "ECB: Accountability at the Bank" and "European Central Bank: Inflation Obsessives", Financial Times, 10-15-98.

2 This qualification is weak enough to ensure that it will not bind monetary policy decisions in the EMU; see von Hagen (1997).

3 See "The President's Introductory Statement", ECB Press Conference 10-13-98.

4 For an analysis of monetary targeting in Germany, see von Hagen (1995, 1998d).

value is weaker than that of a monetary target; the ECB Council may have chosen this weaker term to allay fears that it would pursue a policy of mechanistically enforcing a quantitative target for the money supply. In the same vein, the ECB did not follow the Bundesbank's practice of putting a corridor around the target because, it argued, this might create the impression that the central bank would try to keep money growth within that corridor under all circumstances. Finally, the ECB Council has announced that it will look at other monetary indicators, too, to judge the price developments and risks for price stability in the EMU.

An important aspect of the ESCB's monetary policy that remains to be clarified is the internal relationship between the national central banks (NCBs) and the ECB, which together constitute the ESCB, in monetary policy decision making. This issue has several facets. To what extent do the NCBs represent national monetary policy preferences as opposed to an EMU view of monetary policy? How powerful will the ECB Board be relative to the NCB presidents on the ECB Council, where monetary policy decisions are made? Specifically, will the ECB Board be able to develop the leadership necessary to assure that monetary policy will aim at stabilizing the aggregate EMU economy rather than respond to national interests? We will discuss this issue in section 2 of this paper.

Another important issue is the future interaction between monetary policy and fiscal policy in Europe. The recent rows between the new German government and the ECB have moved the relationship between monetary and fiscal policy to the forefront of the economic policy debate. The scope and kind of interaction between the two will depend on the institutional framework for fiscal policy in the EMU, which is currently not satisfactory. We will discuss the development of such a framework in section 3. Section 4 concludes.

2. Monetary Policy Decision Making in the ESCB

Monetary policy in the EMU is the responsibility of the ESCB. According to the European Treaty, the ESCB consists of the central banks of the eleven countries participating in the EMU and the ECB, which is owned by the NCBs. By conveying the common monetary policy explicitly to the ESCB and giving the ECB the task of executing the monetary policy determined by the ESCB, the Treaty (Art. 3 and 5 of the Statutes of the ESCB) suggests that the ECB is subordinated to the NCBs, or at best at the same hierarchical level as these. The Treaty gives no basis for the popular reading that the ECB is, as Pöhl (1997) calls it, a "Superbundesbank" ruling over the NCBs (Heinsohn und Steiger 1998, von Hagen 1998b,c).

Monetary policy decisions will be taken by the ECB Council, which consists of the 11 NCB presidents and the six directors of the ECB, the ECB Board. In this section, we discuss the relationship between these two types of appointees to the ECB Council. We proceed in two steps, considering first the determinants of their voting behavior on the ECB Council and then the voting games resulting from this.

2.1 Determinants of Voting on the ECB Council

NCB presidents and ECB Board members are appointed under different procedures. NCB presidents are appointed to head their national institutes under national rules of procedure, while ECB Board members are chosen unanimously by the European Council and after a hearing before the pertinent committee of the European Parliament, which expresses its opinion about the candidates. These different procedures will lead the Council members to hold different views of their mandates. NCB presidents will feel strong ties to their home countries and a need to bring their national monetary policy interests to bear in Council meetings. While the NCB presidents cannot be bound by their home institutions to vote in a certain way in the ECB Council, they do represent these institutions in the Council, i.e., they do not come to the Council purely as individuals (Herdegen 1998). The tendency to represent national views of monetary policy will be further strengthened by the fact that the NCB presidents live and work in their home countries and, therefore, permanently face their domestic public opinion and are directly confronted with domestic economics conditions. The NCB presidents from, say,

Spain, will know little about current economic conditions in say, Finland, nor what people think about them.

In contrast, ECB Board members will feel primarily responsible for the aggregate EMU economy, although the Board's composition reflects a strong degree of national representation (one member from each of the large countries, two including the president from small countries). The Board members will live and work in Frankfurt and will be continuously in touch with each other in their daily business. This will help them develop a sense of commonalty much easier than the NCB presidents.

These differences matter for the common monetary policy, if national views about monetary policy derive from heterogeneous monetary policy preferences or different economic conditions in the EMU member states. Different attitudes towards price stability are one possibility. The issue here is probably not that citizens of some EMU countries have a stronger "taste" for high inflation rates *per se* than citizens of other countries. In this regard, there seems to be a general consensus in the EMU countries today that price stability is a good thing. The more relevant issue is that monetary policy decisions often involve a choice between easing or tightening monetary conditions in the face of some shock affecting both inflation and other macro economic variables. The consensus on price stability notwithstanding, it is less clear that agreement in such situations will always be easy as individuals from different national backgrounds are more likely to weigh inflation and employment differently at the margin.

Heterogeneous monetary transmission mechanisms leading to different inflation-output trade-offs in the different EMU countries are critical at this point. Central bankers from countries where aggregate demand reacts relatively strongly to monetary policy actions will want to see a smaller monetary policy reaction to demand and supply shocks than central bankers from countries where aggregate demand reacts less. Board members, in contrast, will base their view on the average reaction of EMU aggregate demand to monetary policy actions. Significant differences in transmission mechanisms can, therefore, give rise to significant disagreement about the common monetary policy in the EMU.

Several recent studies consider the monetary transmission mechanisms in the EMU countries.[5] Dornbusch et al. (1998) and Hughes-Hallett and Warmedinger (1998) report estimates based on large, structural econometric models. These estimates point to substantial differences in the effects of monetary policy shocks across the EMU countries. Evidence from smaller VAR models (Gerlach and Smets 1995, Barran et al. 1997) suggests smaller differences, although Barran et al. conclude that differences in the transmission mechanisms are sizeable. Dornbusch et al. (1998) indicate that the German economy will react less strongly and with longer lags to a rise in ECB interest rates than other EMU economies. These differences are more pronounced at longer time horizons than in the short run; they will, therefore, be more important in the context of a forward-looking monetary policy targeting a two-year inflation forecast than in the context of short-term actions.

Dornbusch et al. (1998) and Barran et al. (1997) attribute these differences to the different financial market structures in the EMU economies. Hayo and Uhlenbrock (1999) use German data to show that industrial sectors exhibit significant differences in their responses to monetary shocks; this indicates that different regional industry portfolios can give rise to different monetary policy responses, too. Evidence presented by Carlino and DeFina (1998) and Horvath (1998) shows that regional differences in monetary policy transmission are large in the US, and can be explained by different financial structures and industry portfolios. This suggests that such differences do not necessarily vanish as the monetary union matures. Interestingly, Hanson MacPherson and Waller (1999) do not find such differences among Canadian provinces whose banking markets are much more integrated than regional banking markets in the US. This suggests that financial market regulation plays an important role for determining the degree of homogeneity of monetary transmission. In sum, we cannot exclude that the NCB presidents will have very different views on inflation-employment trade-offs and, therefore, on the proper response of monetary policy to shocks hitting the EMU economy.

---

[5] A notable exception in this literature is Arnold and De Vries (forthcoming) who argue that monetary union itself will result in a fading out of the differences in monetary transmission mechanisms.

Asymmetric shocks hitting the EMU economies are another source of disagreement over the common monetary policy. Central bankers from EMU member states hit by adverse asymmetric shocks will be much less willing to support a monetary restriction in times of rising EMU inflation than central bankers from states enjoying positive asymmetric shocks. Similarly, central bankers from booming member states will be unwilling to support a monetary expansion that might contribute to further price pressures in their countries, even if the EMU average economy is weak. The debate over interest rate convergence in the run up to EMU during 1998 indicates that such differences can be pronounced. In the first half of 1998, several prospective EMU states including Italy, Spain, and Ireland, insisted that the Bundesbank should raise its money market rate to facilitate convergence at a level close to their rates, which they argued could not be lowered without fueling overheating and inflation in their economies. The Bundesbank, instead, insisted that Germany needed low interest rates in the face of sluggish growth. In the end, the Bundesbank, supported by the Bank of France, got its way, but Italy's resistance to follow what was hailed as the first move of EMU monetary policy on 3 December 1998 shows that the issue was strongly contended.[6]

Again, empirical evidence points to the relevance of asymmetric economic shocks. Von Hagen and Hammond (1998) produce estimates of asymmetric shocks from annual time series data. They show that such shocks are of significant size, and that the smaller countries tend to be exposed to larger shocks than the large countries in the EMU. Wynne and Koo (1998) show that the correlation of output at business cycle frequencies is only moderate among the EMU countries. Furthermore, it is commonly argued that EMU states are badly prepared to deal with asymmetric shocks in the absence of exchange rate flexibility. Obstfeld and Peri (1998) show that European labor markets absorb much less of the impact of asymmetric shocks even within European countries than labor markets in the US. The implication is that asymmetric shocks can have rather long lasting effects on individual EMU economies.

[6] On 3 December 1998, all central banks participating in EMU except the Bank of Italy lowered their interest rates to three percent in a move that took the markets by surprise.

US experience warns of the importance of differences in the monetary policy views between Board members and regional members of the central bank council. Like the ESCB, the early Federal Reserve System was very decentralized in the sense that the presidents of the regional reserve banks dominated the Open Market Investment Committee (OMIC), then the main policy making body.[7] As representatives of their regional banks, the presidents were bound by explicit mandates of their local boards in their decisions. Decision making on the OMIC was often stalled due to disagreement between the regional presidents. In the early years, there was not even agreement that all Federal Reserve Banks had to set the same discount rate. During the second half of the 1920s, the OMIC became more effective due to the leadership of Benjamin Strong, the president of the New York Federal Reserve Bank. But when Strong died in 1928, decision making became more difficult again. Indeed, Friedman and Schwartz (1963) argue that the inability to form a monetary policy consensus was one of the main reasons for the Fed's failure to cope with the onset of the Great Depression.[8] More recent empirical studies confirm that the presidents of the regional reserve banks often show voting patterns that deviate significantly from the Board's voting (e.g. Gildea 1990, Havrileski et al. 1993, Havrileski and Schweitzer 1990).

2.2 Voting Games on the ECB Council

Von Hagen and Süppel (1994), von Hagen (1998b), and De Grauwe (1998) study the implications of heterogeneous monetary policy preferences for the voting behavior of the ECB Council. Von Hagen and Süppel (1994) analyze a one-shot voting game between the NCB presidents and the Board members, assuming that the national econo-

7 Eichengreen (1990) explains that the particular structure of the council served to reconcile conflicting views about monetary policy between 'Westerners' and 'Easterners'.

8 The crisis was finally resolved through the Banking Act of 1935 that created the current structure of the FOMC with seven Governors in Washington - all appointed by the President - and only five regional banks presidents as voting members and, thus, shifted the balance of power within the Federal Reserve System to the center. The 1935 by-laws of the FOMC even excluded that the regional presidents be instructed by their banks or serve as their representatives. Friedman and Schwartz (1963), p. 446 n. 26.

mies are exposed to asymmetric supply and demand shocks. Here, we use a simplified version of their model. Consider a monetary union composed of $i = 1, ..., k$ states, where k is odd. Subsequently, capital letters refer to EMU aggregates, small letters to state-specific variables. For simplicity, we omit time subscripts. A superscript 'e' denotes a rational expectation based on information available at the end of the previous period. All stochastic shocks have expectations of zero and are serially uncorrelated.

EMU equilibrium output growth is given by a Lucas supply curve

$$(1) \qquad Y = Y_0 + \alpha(\Pi - \Pi^e) + E ,$$

where Y is the logarithmic level of output, Y_0 is the trend growth rate, Π is the union-wide rate of inflation, and E is an aggregate supply shock to the monetary union with variance $\sigma_E^2 > 0$.

To simplify, we take the monetary union as a closed economy, so that producer prices and consumer prices are identical at the union level.[9] Inflation can be separated into trend inflation, determined by the excess of money growth over normal output growth, and the impact of a union-wide aggregate demand shock, Φ, with expectation zero and variance σ_Φ^2:

$$(2) \qquad \Pi = (M - Y_0) + \Phi .$$

The EMU member states differ in size, but they have similar economic structures. National outputs are imperfect substitutes. Output growth in state i is

$$(3) \qquad y_i = y_{0i} + \alpha(\pi_i - \pi_i^e) + E + \varepsilon_i ,$$

where ε_i is a national supply shock with expectation zero and variance σ_i^2, and y_{0i} denotes the trend growth in state i and the EMU. All asymmetric shocks are drawn from distributions with the same variance.

We assume that the impact of the common monetary policy on prices in the individual member states is uncertain in the short run. Differences in the monetary trans-

9 The simplification is irrelevant as long as we assume that the rest of the world does not behave strategically relative to the EMU.

mission mechanisms, information imperfections, or differences in the real balance or the interest rate elasticity of the regional demand for output can be the source of such differences across the member states. Formally, relative producer price inflation in country i is

$$(4) \qquad \pi_i = \Pi + \delta_i(M - Y_0),$$

where δ_i is a shock with variance σ_δ^2. We assume that δ_i is uncorrelated with ε_j for all i and j.

Finally, let μ_i, $0 < \mu_i < 1$, be the relative size of state i's economy compared to the union economy. To make the model consistent, we have the following adding-up constraints:

$$(5) \qquad \sum_{i=1}^{k}\mu_i = 1, \ \sum_{i=1}^{k}\mu_i y_i = Y_0, \ \sum_{i=1}^{k}\mu_i\varepsilon_i = \sum_{i=1}^{k}\mu_i y_{0i} = \sum_{i=1}^{k}\mu_i\delta_i = 0.$$

Monetary policy actions are the outcome of decisions of the central bank council, which consists of Board members and NCB presidents. In these decisions, Board members wish to use monetary policy to stabilize EMU price level and output shocks. This is reflected in the utility function:

$$(6) \qquad V_B = -\frac{1}{2}(\Pi)^2 - \frac{\beta}{2}(Y - Y_0)^2,$$

where $\beta > 0$ is the weight attached to output stability. Maximizing the Board member's utility function yields their optimum money growth rate:

$$(7) \qquad M_B = Y_0 - \Phi - \frac{\alpha\beta}{1+\alpha^2\beta}E.$$

The optimal monetary policy of the Board members fully offsets the impact of the union-wide aggregate demand shock on the common inflation rate and partially offsets the supply shock. Expected inflation is zero. Actual inflation and output vary over time due only to the aggregate supply shock:

$$(8) \qquad \Pi_B = -\frac{\alpha\beta}{1+\alpha^2\beta}E, \quad Y_B = Y_0 + \frac{1}{1+\alpha^2\beta}E.$$

Each NCB president, in contrast, cares about price stability in the monetary union, but wishes to stabilize output shocks in his home economy. The NCB presidents thus have the following utility function:

$$(9) \qquad V_i = -\frac{1}{2}(\Pi)^2 - \frac{\beta}{2}(y_i - y_{0i})^2.$$

NCB presidents perceive a higher degree of uncertainty of the effects of monetary policy than the Board members, as they do not know the relative price shock δ_i when monetary policy decisions are made. Denoting E_x as the expectations operator, where the expectation is with regard to the distribution of the random variable x, the NCB president from country i has the following expected utility from adopting the Board's preferred policy:

$$(10) \qquad \begin{aligned} EV_{i|M_B} &= E_{E,\Phi}E_{\delta_i}V_{i|M_B} = EV_{B|M_B} - \frac{\beta}{2}[\sigma_\delta^2(\frac{\alpha^4\beta^2}{(1+\alpha^2\beta)^2}\sigma_E^2 + \alpha^2\sigma_\Phi^2) + \sigma_i^2], \\ EV_{B|M_B} &= -\frac{\beta}{2(1+\alpha^2\beta)}\sigma_E^2, \end{aligned}$$

where the last expression is the Board's expected utility. Thus, NCB presidents expect a lower utlility from following the Board's preferred policy as long as there are asymmetric supply shocks and as long as there is uncertainty about the transmission of monetary policy in the short run.

Taking into account the greater uncertainty facing the NCB presidents, their preferred monetary policy is derived by maximizing the expected utility function $E_\delta V_i$ for given realizations of the aggregate demand and supply shocks and the asymmetric supply shocks in each country. For the median NCB, this yields:

(11)
$$M_m = Y_o + \left(1 - \frac{\alpha^2\beta\sigma_\delta^2}{1+\alpha^2\beta(1+\sigma_\delta^2)}\right)(M_B - Y_0) - \frac{\alpha\beta}{1+\alpha^2\beta(1+\sigma_\delta^2)}\varepsilon_m ,$$
$$\varepsilon_m = \underset{i}{\text{median}}[\varepsilon_i] .$$

His preferred policy deviates from the Board's policy for two reasons. First, the NCB president would use the common monetary policy to offset country-specific supply shocks, ε_m. Second, if $\sigma_\delta^2 > 0$, the NCB president is more cautious than a Board member in using monetary policy for stabilization, since he acts under more uncertainty than the Board and fears that monetary surprises create undesirable output effects in his country. This implies that NCB presidents allow EMU-wide demand shocks to affect output.[10]

If monetary policy decisions were made by NCB presidents alone, and if the Council decided by majority vote as laid down in the Maastricht Treaty, the median voter on the council would get his preferred money growth rate approved. This would yield the following outcomes for EMU output growth and inflation:

(12)
$$\Pi_m = \Pi_B + \frac{\alpha^2\beta}{1+\alpha^2\beta(1+\sigma_\delta^2)}\left(\sigma_\delta^2\left(\Phi + \frac{\alpha\beta}{1+\alpha^2\beta}E\right) - \varepsilon_m\right) ,$$
$$Y_m = Y_B + \frac{\alpha^2\beta}{1+\alpha^2\beta(1+\sigma_\delta^2)}\left(\frac{\sigma_\delta^2}{1+\alpha^2\beta}(\Phi + \alpha^2\beta E) - \varepsilon_m\right) .$$

Monetary policy would translate country-specific shocks into aggregate shocks. From the EMU aggregate perspective, monetary policy is clearly less efficient when determined by the NCB presidents than when determined by the Board.

The particular size distribution of the EMU members makes the latter problem more complicated. In the EMU, France and Germany together account for over 50 percent and these two and Italy for almost 75 percent of the aggregate GDP (see Fig. 1).

[10] Interestingly, presidents of the regional federal reserve banks are often characterized as more reluctant in using monetary policy to combat aggregate fluctuations. Our model shows that this is not necessarily a sign of provincial “conservativeness”.

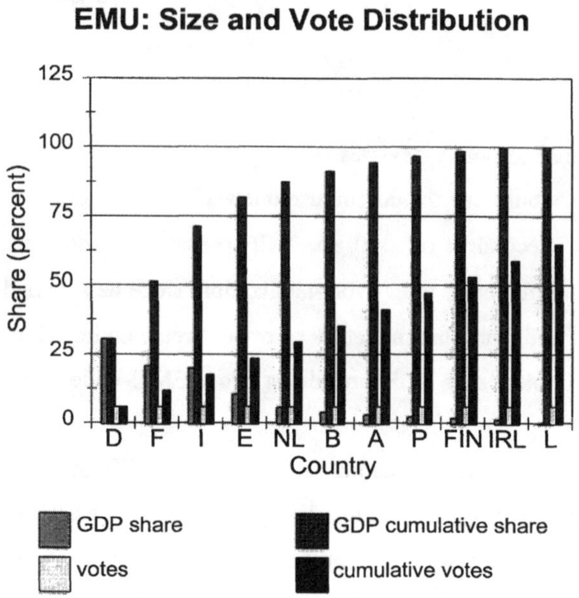

Figure 1

Unless the shocks to the large economies are negatively correlated and tend to offset each other, which empirically is not the case today, this weight distribution implies that the median NCB president will always come from one of the smaller states, since the asymmetric shocks must sum to zero. Since the empirical variance of asymmetric shocks is larger in the smaller states, the variance of the monetary policy instrument around the efficient value M_B will be larger than in a monetary union of states of equal size.

In practice, the ECB Council consists of both Board members and NCB presidents. But since the Board does not have a majority, the Board members must attempt to find NCB presidents to form a coalition with. With majority voting, the six board members need to find three NCB presidents for a coalition. They will seek for the presidents whose preferred money growth rates are the least different from M_B. If the EMU economies were equal in size, the common monetary policy instrument would be determined by the 73% or 27% quantile country-specific shock rather than the median shock, whichever is closer to the average shock. If the shocks are normally distributed, this would reduce the variance of the monetary policy instrument around what is appropriate to stabilize the EMU economy. However, this stabilizing property of having a Board with a central appointment on the ECB Council is not a general property, it depends on the particular distribution of the asymmetric shocks.[11]

2.3 Voting in Repeated Sessions

A natural objection against this analysis is that it assumes ECB Council members to be extremely short-sighted: Formally, that it is based on one-shot voting games in which the participants do not base their decisions on the past nor on expectations about the future. In reality, central bank council meetings have a history and a future. Council members ought to take that into consideration. In particular, one would expect that council members are more likely to show cooperative behavior in the context of repeated voting games.

A first possibility is that the NCB presidents may be persuaded to vote from an aggregate EMU perspective, if doing so yields better results for all of them on average over time. One form of tacit cooperation on the ECB Council could, therefore, consist in the mutual understanding that each NCB president refrains from voting from a national perspective expecting that all others behave in the same way. A minimal requirement for such cooperation to be sustained in equilibrium is that the expected gain from deviating from the rule is smaller than the expected gain from adhering to it, i.e., it is better on average for a NCB president to vote with the Board. Thus, we calculate the difference between the expected utility of an NCB president when NCB presidents follow national interests and the expected utility when they adopt the convention of never vot-

[11] De Grauwe (1998) considers a similar voting game, though in a dynamic context, and presents empirical simulations of EMU monetary policy under various assumptions about voting rules and the distribution of shocks. An ECB Council giving too much weight to national considerations destabilizes monetary conditions in the EMU in the sense that movements of the ECB interest rate become erratic and monetary policy becomes extremely path-dependent.

ing according to national interests:

$$(13) \quad EV_{i|M_m} - EV_{i|M_B}$$

$$= -\frac{\alpha^2\beta}{2}\left[\frac{\beta\sigma_\delta^2}{(1+\alpha^2\beta)N}\left(2+\alpha^2\beta\sigma_\delta^2\left(\frac{1}{N}-\alpha^2\beta\right)\right)\sigma_E^2 + \left(\frac{1+\alpha^2\beta}{N}-1\right)\sigma_\delta^2\sigma_\Phi^2 + \frac{\sigma_i^2}{N}(1-2\rho_{i,m})\right],$$

where $\rho_{i,m}$ is the correlation between the asymmetric shock in country i, and $N=1+\alpha^2\beta(1+\sigma_\delta^2)$.

Four considerations arise. First, the possible attractiveness of voting according to national interest derives entirely from national output stabilization. Second, since $(1+\alpha^2\beta)/N < 1$, following the Board's policy becomes particularly unattractive when the variance of aggregate demand shocks in the EMU becomes large. Intuitively, this might be the case if the member states' governments coordinate their fiscal policy in an effort of joint aggregate demand management. Third, when all NCB presidents vote from national perspective, aggregate demand shocks are stabilized incompletely and, hence, affect EMU inflation. But at the same time, monetary stabilization policies have uncertain output effects in the individual states, and, therefore, the NCB presidents prefer less stabilization of aggregate supply shocks than the Board. Equation (13) indicates that the NCB presidents become increasingly reluctant to follow the Board's policy as the uncertainty about the transmission mechanism in the short run (i.e., σ_δ^2) increases. Fourth, each NCB president favors a reaction of monetary policy to asymmetric supply shocks affecting his country. The incentive to disregard the Board's policy increases with the correlation between the asymmetric shock in his country and the median asymmetric shock.

The first point implies that the cooperative equilibrium is more likely to sustain, if the weight on output stabilization in the NCB's utility function is small. This suggests that cooperation will be easier among relatively price-stability oriented NCBs. The second point suggests that coordination of fiscal policies on an activist policy stance, as pursued by the German government in late 1998, would make cooperation among the NCB presidents less likely and reduce the efficiency of monetary policy in the EMU.

Furthermore, the cooperative equilibrium becomes difficult to sustain, if the weight on output stabilization is large ($\beta > \alpha^2$) and the variance of aggregate supply shocks grows large. In both cases, the reason is that the uncertainty of the effects of the common monetary policy on national output becomes the overriding concern for the NCB presidents.

Cooperation is easier to sustain when the uncertainty about monetary transmission in the individual countries is small. This implies that the ECB Board has an interest to produce and disseminate information about the transmission effects.

The last point suggests that cooperation is easier to sustain when the correlation among the asymmetric shocks to the member economies is small, so that $\rho_{i,m}$ is small. Again, the uneven size distribution of the EMU member states is relevant here. Earlier, we noted that the NCB presidents from small, peripheral countries are more likely to be the median voter than the presidents from Germany or France. For the former, therefore, the correlation $\rho_{i,m}$ is larger than for the latter. This tendency is reinforced, if the peripheral economies are more strongly affected by similar shocks from outside the EMU than the core countries. Under these circumstances, therefore, cooperation is less likely to prevail.

An alternative, still plausible voting convention on the ECB Council might arise from the consideration that no member should suffer too much harm from adopting the common currency. More specifically, the Council members might agree to set the common monetary policy only to stabilize the aggregate EMU economy, except in circumstances when one EMU member is hit by a severe negative shock. In that case, the Council would adopt a more expansionary stance to help the afflicted economy to get out of the recession.[12] Formally, let the aggregate shocks be zero for simplification and consider the following voting rule:

[12] Recently, Begg et al. (1998) have proposed such a voting rule for the ECB Council.

$$(14)\quad M = \begin{cases} M_B - \dfrac{\alpha\beta\varepsilon_i}{1+\alpha^2\beta} & \text{if } \varepsilon_i < \varepsilon^* \text{ for some } i \in (1,11) \\ M_B & \text{otherwise} . \end{cases}$$

This gives all members the assurance that the cost of losing the possibility to use monetary policy to stabilize their own economies will not become excessive. Such a voting convention has two implications, however. First, if $p(\varepsilon^*)$ is the probability that at least one asymmetric shock is below the critical value, the voting rule yields a positive expected inflation rate:

$$(15)\quad \Pi^e = -\frac{\alpha\beta}{1+\alpha^2\beta} p(\varepsilon^*) E(\varepsilon_i | \varepsilon_i < \varepsilon^*) > 0 .$$

This inflation bias increases with the variance of asymmetric shocks, and, if the asymmetric shocks are independently distributed, with the number of EMU members. Second, since $\Pi < \Pi^e$ when no EMU member is affected by a negative shock, output is below normal output in that case, and the EMU's monetary policy is unduly restrictive in normal times. The expectation that the NCB presidents on the Council adopt a norm of solidarity to EMU members hit by bad shocks thus creates a bias for a low-growth EMU.

The example is a healthy warning against expecting benign results simply from the expectation that ECB Council members are likely to learn to cooperate over time. In fact, political science literature studying decision making in federal institutions has long pointed out that undesirable outcomes of cooperation are not an unlikely phenomenon in voting equilibria.[13]

---

[13] The prominent example for this is the existence of *pork-barrel* programs in US legislation, i.e., legislation that uses resources financed by tax revenue collected from all Congressional districts for purposes that benefit only a subset of all districts. Von Hagen (1998a) presents an example of a voting game on a federal central bank board which exhibits reciprocity, or favors trading, with the result of an equilibrium inflation bias.

2.4 The ECB Board as an Agenda Setter

The preceding discussion reveals that differences in the monetary policy preferences among the NCB presidents may cause serious deficiencies of monetary policy in the EMU. As in other contexts where decisions are made by large committees, this suggests that the ECB Council needs the guidance of an agenda setter who assures that monetary policy is not affected by these differences. To yield an appropriate monetary policy, the agenda setter must meet two conditions. First, his monetary policy preferences must coincide with the preferences of the ECB Board, $V_A = V_B$. Second, the agenda setter must be able to discipline the NCB presidents for deviations from his preferred policy. Thus, with an agenda setter, the NCB presidents' utility function must be:

$$(16) \qquad V_i^A = V_i - A, \qquad A \begin{cases} = 0, & \text{if } M = M_B \\ > EV_{i|M_m} - EV_{i|M_B} & \text{otherwise}. \end{cases}$$

The natural candidate for this role is the ECB Board. To exercise it effectively, the Board must be able to punish NCB presidents to enforce its own preferred decisions. This would be straightforward, if the Board had formal authority over the NCBs. In the Bundesbank system, for example, "Landeszentralbanken" are subsidiaries of the Bundesbank, hence presidents of the "Landeszentralbanken" rank lower in the system's administrative hierarchy than the president of the Bundesbank. This gives the president the authority to discipline them.

The formal construction of the ESCB is very different.[14] NCBs remain institutions of national law, and the ESCB itself does not constitute a legal personality in its own right. Article 106 of the Treaty states that the ECB is just one of 12 institutions forming the ESCB. NCB presidents are not subordinated to the orders of the ECB president. Art. 12 of the Statutes gives the ECB Council the right to give instructions to the NCBs, but provides no specific instruments to enforce these instructions. Art. 14 states that the Council will take the measures necessary to ensure the NCBs' compliance with

[14] See von Hagen (1998b,c), Gros (1998), Seidel (1998).

the directives and instructions of the ECB, but it leaves open the question, what kind of measures the Council could take for that purpose. In fact, the only legal instrument assigned to the ECB for enforcing its directives is to take an NCB president to the European Court. Given the long time the Court typically takes for decisions, this is hardly an effective instrument to enforce monetary policy decisions. Thus, the statement that the NCBs are an "integral part" of the ESCB and act according to these directives and instructions must be seen as a mere declaration of intent. Formally, the Treaty and the Statutes leave the ECB with a weak position relative to the NCB presidents on the Council.

Still, the Board can seek other sources of agenda setting power. Information is one. A Board with superior information about the aggregate EMU economy can claim that the NCBs presidents should follow its proposals for monetary policy to avoid uninformed choices. Formally, assume that the NCBs do not observe the aggregate shocks to EMU demand and supply perfectly. Instead, they form conditional expectations given the information locally available about these shocks. In that case, NCB presidents would set

$$(17) \quad M_m = Y_0 - \frac{1}{1+\alpha^2\beta(1+\sigma_\delta^2)}((1+\alpha^2\beta)\theta E(\Phi|I^m) + \alpha\beta(E(E|I^m) + \varepsilon_m) ,$$

where I^m is the information set available to the median voter. Expectation errors about the aggregate shocks would introduce extra volatility into EMU inflation and output growth. NCB presidents are then faced with the dilemma of foregoing a chance to use monetary policy to stabilize their own economies for the benefit of avoiding mistakes in stabilizing the EMU economy. If the uncertainty about the aggregate shocks is large enough, they will choose to follow the Board's proposal. Thus, the Board has an incentive to monopolize information about the aggregate EMU economy and to give the NCBs little opportunity to independently collect and exchange information about the state of the EMU economy.

In practice, the Board can promote its information advantage in a number of procedural ways. One is to minimize the exchange of information among the economic analysis units of the NCBs. Practically, the Board would try to avoid joint economic forecasting and analysis exercises involving the staff of the NCBs, and to isolate NCB presidents from their economic advisors during Council decisions, e.g. by insisting that Council meetings can only be attended by the Board members and the NCB presidents, a practice that is common also at the Bundesbank but not at the Fed. Given that the NCBs control the size of the Board's staff, their presidents could counteract this strategy by curtailing the number of positions at the ECB in Frankfurt in an attempt to preserve their dominance (Gros 1998).

Strategy choice is another source of agenda setting power. Monetary policy strategies based on intermediate variables introduce an element of commitment into monetary policy decisions. Under a strict intermediate target strategy, the central bank's daily actions are bound by the requirement to reach the intermediate target, which in turn is set to reach the ultimate goals of monetary policy. An intermediate target, therefore, provides a yardstick for the central bank's daily business. NCB presidents, who do not meet and communicate continuously, can use this yardstick to monitor the daily actions of the central bank which are being implemented by the Board. Thus, a prominent intermediate target becomes a control device which NCB members can use to make the Board accountable for its actions between Council meetings. The more the use of intermediate targets is questioned, the more the daily actions of the Board are moved to the forefront of monetary policy. Since the Board cannot consult with the NCB presidents in these actions, and since the latter, to avoid a public impression of indecisiveness and incompetence, have little choice but to accept the Board's actions ex post even if they deviated substantially from their preferred policy, a strategy emphasizing the need to react flexibly to shocks as they occur and downplaying intermediate targets serves to raise the Board's agenda setting power. Thus, the ECB Board has an incentive to emphasize the importance of short term actions and interest rate management over the more medium-run oriented monetary reference value. This tendency is clearly visible today in President Duisenberg's pronouncements about monetary policy. To the extent that a more discretionary monetary policy also tends to leave the public with more uncertainty, this implies a trade-off between agenda setting power for a more consistent and efficient monetary policy and monetary policy uncertainty.

Instrument choice for monetary policy is a related issue. In the Federal Reserve System, the growing reliance on open market operations to conduct monetary policy strengthened the position of the New York Fed in the system and made the regional reserve banks much less important in operatinal matters. When the Bundesbank considered a more active open market policy in the mid-1970s, the presidents of the Landeszentralbanken demanded a compensation from the Board for the implied loss of power of their institutions. The feeling was that the Board could engage in an interest rate policy that could hardly be undone at the next Council meeting and would thus gain a dominant position in the Council (von Hagen 1998d). In the ECB case, the Board could gain greater influence in operations if it emphasized exchange rate policies and very short-term management of money market conditions, since the relevant operations are executed in Frankfurt.

A third basis for agenda setting power for the ECB Board could be the influence of an external ally holding the NCB presidents accountable for deviations from the Board's proposed monetary policy. Deviant NCB presidents would then face the threat of being disciplined by the external ally. Apart from a sufficient threat potential to discipline the NCB presidents, this approach also requires that the external ally shares the Board's monetary policy preferences and that the ECB Board has a way to communicate with the ally to explain and justify its monetary policy.

Public opinion is one candidate for an external ally. This requires that the central bank continuously informs the public about its intentions and actions, and educates the public about the benefits of a monetary policy strictly geared at price stability. The main problem with this approach for the ESCB is that, for the foreseeable future at least, an organized public opinion does not exist at the EMU level. The only exception to this will likely be the financial and academic communities, but it is not clear that these rather small communities can develop the political clout necessary to pressure NCB presidents effectively.

Another candidate is the European Parliament. In the hearings for the nomination of the ECB Board members and, more recently, by asking Board members to frequently testify about the ECB's monetary policy, the European Parliament's Subcommittee on Economic and Financial Affairs has shown its ambition to monitor the ECB (Randzio-Plath 1998). Through a regular and open exchange of views between the ECB Board and the subcommittee, the latter could become an effective external ally for the ECB Board. The most critical question in this case, however, is whether the Subcommittee will share the Board's monetary policy preferences. Members of parliament are often much more short-run oriented and will emphasize employment stabilization more than a central bank aiming at price-stability should be and do - after all, this tendency is one of the justifications for central bank independence (Fratianni et al. 1997).[15] A parliamentary committee admonishing the ECB to be more lenient in its pursuit of price stability would help the Board develop its internal leadership vis-a-vis the NCB president only at the cost of a less disciplined monetary policy.

2.5 Deciding with Large Majorities

Our analysis so far indicates that the outcome of ECB Council decisions may produce inefficient monetary policy outcomes, because monetary policy actions are determined by the median voter on the Council. This suggests that a voting procedure that gives the median voter less influence could reduce the inefficiency. Consider, first, unanimity rule as an alternative. ECB Council decisions made with unanimity can be found by considering the Nash-bargaining equilibrium among the Council members. Assuming that the relative bargaining power of the NCB presidents corresponds to the size of the economies of their home countries, and letting λ be the bargaining power of the group of NCB presidents relative to the Board, unanimity rule yields the following monetary policy:

$$(18) \quad M_u = Y_0 - \frac{1}{1+\alpha^2\beta(1+\lambda\sigma_\delta^2)}[(1+\alpha^2\beta)\Phi + \alpha\beta E].$$

---

[15] For example, the chairperson of the subcommittee calls upon the ECB to contribute to the development of a "Community of high employment" (Randzio-Plath 1998, p. 276).

Two observations are noteworthy. First, monetary policy determined in this way no longer reacts to asymmetric shocks. Second, for all $\lambda > 0$, monetary stabilization policy is still less active than the Board would like. Thus, as long as the NCB presidents retain some bargaining power on the Council, unanimity rule does not make monetary policy fully efficient from the EMU perspective.

Nevertheless, the bargaining process involved in this decision procedure does eliminate monetary policy reactions to asymmetric shocks and, hence, one source of inefficiency in the EMU. This insight can be exploited even with a less demanding majority requirement. Thus, assume that the Board imposes a $q_k = (k+6)/11$ majority requirement along with the specification that all NCBs belonging to a group of k must agree on the proposal made by that group. Consider a group $G_{k,j}$ of k NCB presidents on the ECB Council. With unanimity in the group, it will make the proposal:

$$(19)\quad M_{k,j} = Y_0 - \frac{1}{1+\alpha^2\beta(1+\lambda_k\sigma_\delta^2)}[(1+\alpha^2\beta)\Phi + \alpha\beta E + \alpha\beta\varepsilon_{k,j}],\ \varepsilon_{k,j} = \sum_{i\in G_{k,j}} \mu_i\varepsilon_i.$$

Here, $\lambda_k = \lambda\, k/11$ is the bargaining power of the group of NCB presidents compared to the Board, and $\varepsilon_{k,j}$ the weighted average asymmetric shock among the group members. Obviously, there are as many proposals of this type as there are groups of k NCB presidents. However, the Board can resolve the resulting multiplicity of outcomes by throwing its weight behind the proposal it likes best, which will be the one which is closest to M_B.

Interestingly in this context, the Bundesbank Council, the council of another large federal central bank, historically had a strong tendency to make policy decisions with large majorities and a common agreement among those supporting the action (von Hagen 1998d). When such agreements could not be reached, monetary policy decisions were postponed to the next Council meeting and monetary policy instruments were left unchanged until then. When we add the rule that the money supply remains unchanged, if no agreement can be reached among any group $G_{k,j}$, our model can explain why central banks react too late to aggregate shocks, a behavior observed by Goodhart (1997b). Since Nash-bargaining is the more difficult and time consuming, the larger the number of participants, and the ECB Council would need the more time for reaching decisions, the larger the majority requirement q_k, there is then a trade-off between reducing the inefficiency from asymmetric shocks and making monetary policy decisions timely.

3. Fiscal Policy in the EMU

3.1 Coordinating Monetary and Fiscal Policy

A popular view of economic policy in the EMU holds that monetary policy will be responsible for managing the aggregate EMU economy while fiscal policy will concentrate on smoothing asymmetric shocks affecting the individual states. In this paradigm, no coordination is necessary between monetary and fiscal policy nor between the fiscal policies among the individual states. There are several reasons why this view must be refuted. While monetary policy in the EMU will aim primarily at price stability, there are other macroeconomic goals such as external balance and full employment that must be considered. Monetary policy itself would be overburdened with the task of reaching both price stability and external balance and full employment with one policy instrument. Thus, the need for an adequate policy mix remains in the EMU. For example, an aggregate EMU fiscal contraction may be necessary to reduce an excessive external deficit. With no coordination among the member states, each government would have good reason to wait and see if the other governments undertake unpopular spending cuts - the result would be too little adjustment. Furthermore, the effects of monetary and fiscal policy are often interdependent. An example for this are the investment subsidies paid by the German government in the early 1990s, which made aggregate demand substantially less interest sensitive and made the Bundesbank's job of stabilizing the German economy more complicated (Klein 1993).

3.2 Fiscal Policy Coordination in the EMU

Another popular view holds that national fiscal policies have only minor spill-over effects on other EMU economies, and that the resulting absence of "external effects" between the EMU fiscal authorities implies that there is no need for policy coordination. In this view, all macroeconomic variables in the EMU are simply the sum of national variables and each government is able to pursue its own target values for these variables. The strength of such external effects remains, of course, an empirical question. The European Commission (1997) argues that empirical spill-overs are too weak and ambiguous to justify fiscal policy coordination among the EMU states. However, if the EMU increases trade and financial integration as desired, one should expect that such spill-overs become much larger in the future. After all, the common wisdom why state governments in the US do not conduct fiscal stabilization policies is because externalities are too large.

Furthermore, the EMU creates new externalities. The common external exchange rate and the external balance of the EMU are "club-goods", shared by all members and affecting all member states. Fiscal actions by one member that impact on the exchange rate have economic effects on the other members, too. With no coordination in this regards, disagreement over the appropriate EMU exchange rate could lead to contradicting fiscal measures in the different states. The particular size distribution of the EMU economies creates a further club-good effect. Fiscal policy actions in one of the large countries that cause prices in that country to rise would have a statistical effect on the common price level and may force the ECB to react. This would create another channel of policy spill-over.

A third popular view regarding fiscal policy in the EMU is that the Stability and Growth Pact already provides for sufficient policy coordination. It is easy to see that this holds only under special assumptions. Since the Pact limits the extent to which governments can respond to recessions by increasing spending or cutting revenues (irrespective of whether in a discretionary manner or by letting automatic stabilizers work), it would serve a useful role for coordination if fiscal policy would react too much to recessions in an uncoordinated equilibrium. This is true only if fiscal spill-overs are predominantly negative, which would be true if a fiscal expansion in one EMU state causes aggregate demand in other EMU states to decline. This requires that the spill-over effect via real interest rates dominates the spill-over via income and import effects, which seems unlikely in an EMU with intensive trade links among the member states. Even if it were true, however, the efficiency of the deficit criteria as a coordination rule remains in doubt. A similar argument applies to the submission and discussion of the stability programs in the new Economic and Financial Committee required by the Maastricht Treaty. The purpose of these programs is to show how individual member states intend to comply with the restrictions on deficits and debts, and thus have little relation to policy coordination.

The conclusion is that the EMU faces a coordination problem for the fiscal policies of the member states. To solve this problem, the member governments must agree on the course of the EMU's macroeconomic development they wish to attain and on the combination of fiscal policy instruments to reach this goal.

3.3 A Framework for Coordination in the EMU

The current institutional framework of the EMU does not provide mechanisms for the effective coordination of monetary and fiscal policy nor for coordination of the national fiscal policies. Under the European Treaty, the president of the European Council and a member of the European Commission can participate in meetings of the ECB Council. Both, however, are unlikely to serve an efficient coordinating function. The president of the European Council changes frequently and can hardly involve himself in the details of economics policy. The Commission is not a relevant institution in this context, since the Commission does not conduct an active European fiscal policy itself. Thus, an alternative approach must be sought.

An important condition for institutional design in this regard is that the current European Treaty provides no basis for binding directives to the individual member governments to undertake specific fiscal actions. This implies that an institutional solution to the coordination problem must find a way to make agreements binding anyway. This can be achieved, if deviating from a common agreement carries a significant political or reputational cost. Two requirements are essential for this: The agreement and the procedure by which it is reached is sufficiently visible and transparent to the public, forcing a deviant government to justify its action. Furthermore, the participants and the observers of the process must be convinced of the high quality of the economic judgment underlying the agreement.

These considerations rule out an informal procedure consisting of irregular talks between the relevant national government representatives and talks merely between bureaucrats. A more promising alternative would be the creation of an Economic Policy Council (EPC) for the EMU, consisting of the national ministers of economics or finance or their senior secretaries of state. Clearly, the Euro-11 Council would not suffice for this role, since it adopts the institutional weakness of the European Council and would be unable to develop the necessary political visibility and leadership. An effective EPC requires a stable chairmanship to enable the development of a consistent policy over time and to build a reputation for good judgment. Coinciding with the terms of most governments, a chairmanship and membership of the individual ministers of four years would be a possible solution.

Furthermore, the EPC would require the possibility to gain the reputation of a high-quality economic judgment and policy advice. For this, the EPC should be vested with a staff providing economic analysis, to make it independent of the European Commission and the ECB. Deliberations and recommendations of the EPC should always be public to achieve transparency and to force individual governments to argue why they did not follow its recommendations. Meetings of the EPC should take place in quarterly frequency, to allow the council to react to current economic developments and make timely recommendations. The chairman of the EPC should be invited to the meetings of the European Council for a report of the EMU economy and to explain its recommendations. If the European Parliament regularly calls the ECB Board to testify about monetary policy, it should also call the chairman of the EPC to testify about fiscal and employment policies, to give the EPC a similar standing. This would force the governments to discuss these recommendations in public and reach a public agreement whether or not to follow them.

Critics of such a proposal fear that the EPC would end up making decisions committing the EMU governments to additional government expenditures. In fact, the EPC would risk becoming an instrument of fiscal profligacy, if it had the authority to spend money, e.g. in the context of EMU-wide employment programs. Each member would then submit proposals for additional spending which would be paid for in part by tax payers in other countries and, hence, be considered to be partly free lunches. The result would be an undesirably high level of expenditures.[16] However, an EPC basing its authority on the quality of its judgment does not need budgetary authority.

3.4 ECB and EPC: Friends or Foes?

Other critics against the proposal of an EPC fear that a council of the governments would undermine the leadership position of the ESCB in EMU macroeconomics. But there are good reasons to argue that the central bank will be politically weak precisely because of the lack of an institutional counterpart at the European level. First, absent an EPC the ESCB will be the only European institution with macroeconomic responsibilities. As such, it will necessarily become the focal point of all dissatisfaction in the EMU with macroeconomic developments. Since high unemployment will remain the EMU's principal economic policy problem for the foreseeable future, this means that the ESCB will be under constant pressure to ease monetary policy. For a while, it may avoid such pressure by pointing to its mandate for price stability and to the fact that a monetary expansion is not the right way to fight high structural unemployment. Like all large institutions, however, the ESCB will eventually yield to sustained political pressure (Issing 1994). The ultimate result of the institutional imbalance would then be an undesirably high rate of inflation.

Central banks in national monetary systems can deflect such pressures by re-

[16] Generally, such a set-up would give rise to a common pool problem of fiscal spending, discussed e.g. in von Hagen and Hallerberg (1998).

minding the public of the government's responsibility for labor market policies. In the EMU, this would be impossible due to the lack of a central government. The EPC would make the ESCB's position in the public debate easier by forcing the governments to publicly assume responsibility for employment policies. The EPC would redirect public criticism from the central bank to the governments and, thus, help the ESCB to maintain a firm price stability orientation.

Second, critics fear that the EPC would exert undue influence on the ECB and pressure it towards a too inflationary monetary policy. Ultimately, this critique rests on the wish that monetary policy can be "depoliticized" by delegating it to an independent central bank led by technical experts (e.g. Siebert 1998, Stark 1998). A more realistic view, however, must recognize that the start of EMU will not simply abolish the governments' desire to influence monetary policy in their own interest. The course of the public debate over monetary policy in the few weeks since the German elections illustrates that fact quite forcefully. EMU governments will try to pressure and influence the ESCB regardless of the existence of an EPC. The issue at hands is, therefore, not, whether or not the ESCB will be exposed to political pressures, but rather whether or not such pressures take place in an orderly framework. Without the framework of an EPC, political pressures will act spontaneously and in an intransparent manner, raising doubts about the ECB's reaction to pressures from individual governments and its credibility. The creation of an EPC would provide an orderly framework for the relations between the ESCB and the governments by structuring their debate and by forcing them to define openly their interpretations of the roles of monetary and fiscal policy in the EMU. By making these relations more transparent, the EPC would strengthen the accountability both of national fiscal policies and of the ECB and, thus, raise the quality and credibility of monetary policy in the EMU.

4. Conclusions

Monetary union has started in Europe. In this paper, we analyzed two of the remaining politico-economic challenges facing the new system of central banks. One results from the fact that the statues of the ESCB leave the ECB Board with considerable weakness relative to the NCB presidents. In decisions based on simple majority, this would result in a common monetary policy that reacts to country-specific shocks and that does too little to stabilize EMU-wide aggregate demand and supply shocks. The ECB Board can try to remedy that situation by establishing itself as a strong agenda setter for the ECB Council, or by always seeking large majorities for monetary policy decisions. The former solution creates a bias against a medium-run oriented monetary policy based on a monetary target. The latter creates a tendency for ECB Council decisions to come too late in the face of shocks affecting the EMU economy.

The second challenge is the lack of a proper framework for coordinating monetary and fiscal policies in the EMU. This creates risks for a stability-oriented monetary policy and an efficient macroeconomic development in the EMU. We argue that the EMU needs a firmly institutionalized Economic Policy Council to provide the necessary coordination among the national fiscal authorities and between these and monetary policy.

References

Arnold, I., and C. De Vries (forthcoming), "Endogenous Financial Structures and Monetary Union." in: J. von Hagen and Ch. Waller (eds.), Monetary Policy in a Heterogeneous Monetary Union. Deventer: Kluwer, forthcoming.

Barran, F., V. Coudert, and B. Mojon (1997), "The Transmission of Monetary Policy in Europe." in: St. Collignon (ed.), European Monetary Policy, London: Pinder.

Begg, D., F. Giavazzi, and Ch. Wyplosz (1997), "Options for the Future Exchange Rate Policy of the EMU." CEPR Occasional Paper 17, London: CEPR.

Begg, D., F. Giavazzi, H. Uhlig, and Ch. Wyplosz (1998), "Safe at Any Speed?" Monitoring the European Central Bank 1, London: CEPR.

Britton, E., and J. Whitley (1997), "Comparing the Monetary Transmission Mechanism in France, Germany, and the U.K." Bank of England Quarterly.

Carlino, G., and R. DeFina (1998), "Monetary Policy and the US States and Regions: Some Implications for Common Currency Areas." in: J. von Hagen and Ch. Waller (eds.), Common Money Uncommon Regions (in preparation).

CEPR (1998), "The ECB: Safe at Any Speed?" Monitoring the European Central Bank 1, London: CEPR.

De Grauwe, P. (1998), "Decision Rules in the ECB and Monetary Stability." working paper, Catholic University of Louvain.

Dornbusch, R., C. Favero, and F. Giavazzi (1998), "Immediate Challenges for the ECB" in: D. Begg, J. von Hagen, Ch. Wyplosz, and K. Zimmermann (eds.), EMU: Prospects and Challenges. London: Basil Blackwell.

Eichengreen, B. (1990), "One money for Europe? Lessons from the US Currency Union." Economic Policy 10, 118-87.

European Central Bank (1998), The single monetary policy in Stage Three: General documentation on ESCB monetary policy instruments and procedures. Frankfurt: ECB.

European Commission (1997), "Economic Policy in the EMU." Brussels.

European Monetary Institute (1997), Die Einheitliche Geldpolitik in Stufe 3. Frankfurt: EMI.

Fratianni, M., J. von Hagen, and Ch. Waller (1997), "Central Bank Independence as a Political Principal-Agent Problem." Economic Inquiry 35, 378-393.

Friedman, M., and A. J. Schwartz (1963), A Monetary History of the United States, 1867 - 1960. Princeton: Princeton University Press.

Gerlach, St., and F. Smets (1995), "The Monetary Transmission Mechanism: Evidence from the G-7 Countries." BIS Discussion Paper, Basle.

Gildea, J. (1990), "Explaining FOMC members' votes." in: Th. Mayer (ed.), The political economy of American monetary policy. Cambridge: Cambridge University Press.

Goodhart, Ch. A. E. (1997a), "The Two Concepts of Money and the Future of Europe." Paper presented at the 1997 Konstanz Seminar on Monetary Theory and Policy, Konstanz.

Goodhart, Ch. A. E. (1997b), "Why do Monetary Authorities Smooth Interest Rates?" in: St. Collignon (ed.), European Monetary Policy, London: Pinder.

Gros, D. (1998), "Euro-Zentralbank ist eine Schönwetterkonstruktion." Frankfurter Rundschau 10-6-98.

Hanson MacPherson, S., and Ch. Waller (1999), "Intranational Financial Integration: Evidence from the Canadian Banking Industry." In: J. von Hagen and Ch. Waller (eds.), Regional Aspects of Monetary Policy in Europe. ZEI Studies in European Economics and Law. Boston: Kluwer Academic Publishers.

Havrilesky, Th., H. Chappell, J. Gildea, and R. McGregor (1993), "Congress threatens the Fed." Challenge 36, 50-57.

Havrilesky, T., and R. Schweitzer (1990), "A theory of FOMC dissent voting with evidence from the time series.". in: Th. Mayer (ed.), The political economy of American monetary policy. Cambridge: Cambridge University Press.

Hayo, B., and B. Uhlenbrock (1999), "Industry Effects of Monetary Policy in Germany." in: J. von Hagen and Ch. Waller (eds.), Regional Aspects of Monetary Policy in Europe. ZEI Studies in European Economics and Law. Boston: Kluwer Academic Publishers.

Heinsohn, G., und O. Steiger (1998), "Wie mächtig wird die Europäische Zentralbank?" Wirtschaftsdienst 78, 277-283.

Herdegen, M. (1998), "Kommentar zu Art 88 Grundgesetz." Mimeo, University of Bonn.

Horvath, M. (1998), “Empirical Evidence on Common Money and Uncommon Regions in the US.” in: J. von Hagen and Ch. Waller (eds.), Common Money Uncommon Regions (in preparation).

Hughes-Hallett, A., and T. Warmedinger (1998), “On the Asymmetric Effect of a Common Monetary Policy.” in: J. von Hagen and Ch. Waller (eds.), Common Money Uncommon Regions (in preparation).

Issing, O. (1994), “Die Geldmengenstrategie der Deutschen Bundesbank.” Deutsche Bundesbank, Auszüge aus Presseartikeln 91, 9 December, 1-11.

Klein, M. (1993), “Comments on Monetary Union, Money Demand, and Money Supply: A Review of the German Monetary Union.” European Economic Review 37, 828-32.

Obstfeld, M., and G. Peri (1998), “Regional Non-adjustment and Fiscal Policy.” in: D. Begg, J. von Hagen, Ch. Wyplosz, and K. Zimmermann (eds.), EMU: Prospects and Challenges. London: Basil Blackwell.

Pöhl, K.-O. (1997), “Von der D-Mark zum Euro.” Der Spiegel, Sonderausgabe Jahreschronik 1997, 294-96.

Randzio-Plath, Ch. (1998), “Die demokratische Rechenschaftspflicht der EZB muss erhöht werden.” Wirtschaftsdienst 78, 269-76.

Seidel, M. (1998), “Die Euro-Zentralbank ist nicht nach dem Vorbild der Bundesbank gestaltet.” Frankfurter Rundschau 10-08-98.

Siebert, H. (1998), The Euro: A Dozen Do’s and Don’t’s. Kieler Diskussionsbeiträge 312, Kiel: Institut für Weltwirtschaft.

Stark, J. (1998), “Europa an der Schwelle zur einheitlichen Währung.” mimeo.

von Hagen, J. (1995), “Inflation and Monetary Targeting in Germany.” in: L. Leiderman and L. Svensson (eds.), Inflation Targeting, London: CEPR.

von Hagen, J. (1997), “Monetary Policy and Institutions in the EMU.” Swedish Review of Economic Policy 4, 52-127.

von Hagen, J. (1998a), “Reciprocity and Political Business Cycles in Federal Monetary Unions.” in: S. Eijffinger and H. Huizinga (eds.), Positive Political Economy, Cambridge: Cambridge University Press.

von Hagen, J. (1998b), “Die EZB ist keine „Superbundesbank“. Vwd Währungsunion Finanz 10, August 1998.

von Hagen, J. (1998c), “Geldpolitik wird in Zeiten entstehender Inflationsgefahren zu wenig tun.” Frankfurter Rundschau 10-07-98.

von Hagen, J. (1998d), “Geldpolitik auf Neuen Wegen.” in: Deutsche Bundesbank (ed.), Fünfzig Jahre Deutsche Mark. Frankfurt: Deutsche Bundesbank.

von Hagen, J., and B. Eichengreen (1996), “Fiscal Restrictions and Monetary Union: Rationales, Repercussions, Reforms.” Empirica 23, 3-23.

von Hagen, J., and M. Hallerberg (1998), “Electoral Institutions and the Budget Process.” in: K. Fukasaku and R. Hausmann (eds.), Democracy, Decentralization, and Deficits in Latin America. Paris: OECD Development Center, 65-94.

von Hagen, J., and G. Hammond (1998), “Regional Insurance Against Asymmetric Shocks – Empirical Study for the EC.” The Manchester School 66, 331-353.

von Hagen, J., and I. Harden (1995), “The European Constitutional Framework for the States' Finances.” in: D. G. Mayes (ed.), The Evolution of Rules for a Single Euro-

pean Market. European Commission DG-XII, Luxembourg.
von Hagen, J., and R. Süppel (1994), "Central Bank Constitutions for Federal Monetary Unions.", European Economic Review 38, 774-82.
Wynne, M. A., and J. Koo (1998), "Business Cycles Under Monetary Union: EU and US Business Cycles Compared." Working Paper, Federal Reserve Bank of Dallas.

Umfeld der europäischen Geldpolitik

Einige Überlegungen über europäische Arbeitsmärkte und die Europäische Währungsunion

Michael C. Burda *

1. Einführung

Es ist mir nicht vorstellbar, daß Hans-Joachim Jarchow einen verdienten Ruhestand zubringen könnte, ohne die Europäische Zentralbank und ihre Geldpolitik aktiv weiter zu verfolgen. Die bevorstehende Vervollständigung der Währungsunion besitzt eine Bedeutung unvergleichbarer Größenordnung und vereint uns alle in der wissenschaftlichen Neugier über ihren Ausgang. Neben Auskünften zu Wesen und Ursache von regionalen Schwankungen und der Funktionsweise von Währungsverbünden, zu Fragen der Glaubwürdigkeit und politischer Ökonomie der Zentralbankpolitik, zur Wechselbeziehung zwischen Geld- und Fiskalpolitik u.v.a. wird die Europäische Währungsunion (EWU) uns Ökonomen neue, wertvolle, möglicherweise entscheidend wichtige Auskünfte über den Geldübertragungsmechanismus liefern, dessen wahre Geheimnisse uns immer noch verschleiert bleiben. Die klassischen Arbeiten dazu von Friedman, Meltzer, Tobin sowie die späteren Beiträge von Lucas, Sargent, Wallace und anderen werfen noch mehr Fragen auf als Antworten.[1] Nun bekommen wir eine einmalige Chance, diese Theorien mit neuen Daten zu durchleuchten.

Angesichts der Skepsis, mit der die Geldpolitik gegenwärtig betrachtet wird, mag mancher über das gegenwärtige Interesse an den realen Auswirkungen der EWU staunen. In einer Welt flexibler Preise, vollständiger Märkte und vollkommener Information fällt es schwer zu verstehen, weshalb die Währungsunion überhaupt – aber insbesondere für die realen Integrationsprozesse - von Bedeutung sein könnte.[2] So müßte beispiels-

---

* Mein besonderer Dank gilt Claudia Keidel und Juliane Miszler für wertvolle redaktionelle Hilfe.

[1] Siehe hierzu Jarchow (1998) für eine aktuelle, ausgewogene Darstellung.

[2] Die Ansicht, daß die mit der EWU verbundenen kurzfristigen Anpassungskosten von langfristigen Gewinnen überwogen werden, wurde neuerdings auch von Buiter (1995) vertreten.

weise nach dem Paradigma des Real Business Cycle (RBC), welches Störungen und Übertragungsmechanismen in der nichtmonetären Ökonomie finden will und auf die Annahme der Preisrigidität verzichtet, die Realisierung der EWU nichts anderes als ein Schleier sein. Die Lebhaftigkeit der unter den zum größten Teil vernünftigen und besonnenen Ökonomen geführten Debatte erweckt jedoch den Eindruck, daß - aus welchen Gründen auch immer - reale Auswirkungen der EWU zu erwarten sind. Demzufolge ist davon auszugehen, daß nominale Nachfrage- und insbesondere Geldangebotsstörungen die kurzfristige Entwicklung von Produktion und Beschäftigung beeinflussen können, und daß dies auch nach der EWU noch der Fall sein wird. Es scheint mir daher sinnvoll, der Frage des *Transmission Mechanism* nach der EWU aus der Perspektive einer neukeynesianischen Argumentation nachzugehen und anzunehmen, daß die Geldpolitik reale Einflüsse auf den Output und die Beschäftigung haben kann.[3] Insofern werden die nominalen und realen Rigiditäten der Volkswirtschaft vordergründig sein. Jedoch ist auch denkbar, daß sich die Einführung eines gemeinsamen Geldes auf das Ausmaß der neukeynesianischen Unvollständigkeiten auswirken könnte, so daß Rückkopplungen zwangsläufig mitdiskutiert werden müssen. Somit ergäbe sich ein wahrer Regimewechsel im Sinne von Lucas (1976).

In den folgenden Ausführungen sollen einige spekulative Gedanken über die realen Auswirkungen der EWU angeboten werden. Mein Beitrag ist folgendermaßen aufgebaut: Im nächsten Abschnitt diskutiere ich die makroökonomischen Einflüsse der europäischen Arbeitsmärkte auf die Wirksamkeit der Geldpolitik in der EWU. Im 3. Abschnitt betrachte ich die vielfältigen Mechanismen, durch welche eine Währungsunion umgekehrterweise die Funktionsweise der Arbeitsmärkte beeinflussen könnte. Diese Rückkopplung nimmt einige überraschende Wendungen und führt möglicherweise zu einer neuen Wahrnehmung der Übertragungsmechanismen einer paneuropäischen Geldpolitik. Im vierten Teil finden sich zusammenfassend einige Schlussfolgerungen.

---

[3] Vgl. Blanchard (1990), Romer (1996).

2. Wie werden europäische Arbeitsmärkte den zukünftigen Geldtransmissionsmechanismus im Euroland beeinflussen?

2.1 Reale Rigiditäten und regionale Fluktuationen

Robert Mundell wurde im Dezember 1999 in Stockholm für seine Erkenntnisse gewürdigt, daß das Erfolgsrezept einer Währungsunion in der wirtschaftlichen Synchronisierung ihrer Regionen liegt und, mangels dieser, von der Mobilität der Produktionsfaktoren abhängen wird, insbesondere des Faktors Arbeit.[4] Allerdings beansprucht die Mobilität der Arbeit sowohl natürliche als auch menschliche Ressourcen, und die Bewertung von *Im*mobilität bleibt unter den Kulturen und Traditionen der Welt durchaus verschieden. Auch nach der Berücksichtigung von nichtpekuniären und sozialen Kosten der Mobilität sind Output- und Wohlfahrtsverluste die Folge, wenn sich Arbeitskräfte nicht auf die Arbeitsplätze im geographischen, betrieblichen oder beruflichen Sinne zubewegen. In dem Ausmaß, wie regionale Schocks - so wie die Entdeckung von Ölvorkommen in der Nordsee, ein starker Ernteausfall oder die deutsche Einheit - weiterhin eintreten, werden bei festen Wechselkursen bekanntlich makroökonomische Ungleichgewichte in der Produktion, Beschäftigung und anderen wichtigen Variablen entstehen und unter Umständen verschärft. Bei Nominalrigiditäten wird das Fehlen eines flexiblen nominalen Wechselkurses eine verzögerte Anpassung an regionale Schocks auslösen. Dies gilt vor allem, wenn Arbeitskräfte und andere Ressourcen nicht in der Lage sind, einem besseren ökonomischen Geschick zu folgen.

In der Tat ist der vorhandene Befund zur Beschäftigtenmobilität im europäischen Kontext eher ernüchternd und deutet darauf hin, daß eine Hauptkomponente der Rigidität von der Bewegungsunwilligkeit der Arbeitskräfte ausgeht.[5] Zusätzlich ist Europa durch eine geringe Binnenmigration, niedrige Geburtenzahlen und alternde Demographie charakterisiert; all diese Faktoren tragen zur Immobilität von Arbeitskräften bei. Es würde allerdings ungerecht erscheinen, Europa mit den Vereinigten Staaten unter dem

---

4 Vgl. Mundell (1961), McKinnon (1963), Kenan (1969).

5 Indirekte Schätzungen der Arbeitsmobilität in den USA von Blanchard and Katz (1992) und in Europa von Decressin and Fatas (1995) zeigen, daß die Regionen Europas auf adverse Schocks eher mit Veränderungen des Erwerbspotentials reagieren als mit Wohnsitzwechsel. Vgl. Eichengreen (1993), Gros and Hefeker (1998), Obstfeld and Peri (1998).

Umstand unmittelbar zu vergleichen, dass der Genpool der letztgenannten eine Auswahl der mit den stärksten Migrationsneigungen aus dem Kreis der erstgenannten darstellt! Es ist bemerkenswert, dass sogar *innerhalb* der nationalen Grenzen die europäische Beschäftigtenmobilität gering und nicht in der Lage ist, die regionalen Ungleichgewichte auszuglätten, so dass es unrealistisch wäre, hiervon viel zu erwarten.[6]

Jedoch ist die Faktormobilität in einer Währungsunion nicht auf Arbeit beschränkt, denn bei konstanten Skalenerträgen in der Produktion sollte es gleichgültig sein, ob das Kapital zur Arbeit oder die Arbeit zum Kapital wandert.[7] Die EWU wird die *Kapitalmobilität* in dem Maße ermöglichen, wie das Wechselkursrisiko schwindet; in der Tat steigt die innereuropäische Kapitalmobilität in den letzten Jahren bereits auffällig an (Dohse und Krieger-Boden 1998). Der bis dato anhaltende Boom der europäischen Aktienwerte dürfte als Indikator für die steigende Mobilität, die dem Kapital nun durch eine gemeinsame Währung ermöglicht wird, und den zunehmend integrierten Anlagenmarkt, kombiniert mit den Gewinnaussichten, die durch einen einheitlichen Güter- und Dienstleistungsmarkt verfügbar sind, gesehen werden. Ob das mobile Kapital die makroökonomischen Schwankungen ausgleichen kann, bleibt vorerst noch ungeklärt; es leuchtet jedoch ein, dass sich Kapital zu den Standorten bewegt, wo ein Überangebot von Arbeit vorhanden ist, und wenigstens mittelfristig eine stabilisierende Rolle spielen könnte.

Wichtiger als irgendeine Form von Faktormobilität ist die Integration des Produktmarktes. Die Lehrsätze von Heckscher-Ohlin implizieren, daß bei unvollständiger Spezialisierung die Produktpreiskonvergenz gehandelter Güter, die mit derselben Technologie produziert werden, die Faktorpreiskonvergenz impliziert (*Faktorpreisausgleichstheorem*). Demzufolge wird der Bedarf an jedweder Faktormobilität hinfällig, da etwaige regionale Schocks gleichmäßig auf das gesamte Währungsgebiet übertragen werden. Hier scheint die Evidenz von von Hagen und Neumann (1994), Fatas (1997),

---

6 Vgl. Gros and Hefeker (1998).

7 Auffällig ist, daß die Literatur zum optimalen Währungsraum die Rolle der *Kapitalmobilität* im großen und ganzen ignoriert hat – trotz der eindeutigen Erwähnung durch Mundell (1961) in seinem bahnbrechenden Artikel. Für Beispiele siehe Bofinger (1994), Bayoumi and Eichengreen (1996), Wyplosz (1997) oder Gros and Hefeker (1998). Auch Herr Jarchow scheint diese Ansicht zu vertreten (Jarchow und Rühmann 1997, S. 308ff).

Frankel und Rose (1996), Bayoumi und Eichengreen (1993, 1996) und anderen auf die über längere Sicht zunehmende Integration des Produktmarktes hinzudeuten, obwohl diese Literatur eher über die Mengen als die Preise auszusagen tendiert.

2.2 Nominale Friktionen, reale Rigiditäten und gesamteuropäische makroökonomische Fluktuationen

Als nächster Diskussionspunkt ist die Rolle der nominalen Friktionen im europäischen Kontext anzusprechen. Was könnte die Quelle der *Nichtneutralität* des Geldes in einer künftigen EWU sein? Den bisherigen Erkenntnissen nach spielen die nominalen Rigiditäten eine eher untergeordnete Rolle in den europäischen Konjunkturzyklen. Die Standardannahme für Europa ist, dass zentralisierte Tarifverhandlungen, Lohnverträge mit kurzem Zeitlauf, der übliche Inflationsausgleich bei nominalen Lohnverhandlungen und ein hoher Offenheitsgrad insgesamt für eine schnellere Umwandlung von Nachfragestörungen in Inflation sorgen als in den Vereinigten Staaten, in Kanada oder Japan. Eine gründliche, wenn auch ein wenig veraltete Diskussion dieser Ergebnisse findet sich im Werk des verstorbenen Michael Bruno und Jeffrey Sachs,[8] die die Unterschiede zwischen den US- und den kontinentaleuropäischen Arbeitsmärkten bezüglich ihrer Reaktion auf nominale Nachfrage- und Angebotsschocks hervorheben. Hiernach war die Struktur der Arbeitsmärkte - im wesentlichen sind die Institutionen der Lohnfindung gemeint - eine Schlüsseldeterminante für die Anpassung an makroökonomische und insbesondere angebotsseitige Störungen.

Somit wird ersichtlich, daß das Funktionieren des Arbeitsmarktes für die Auswirkungen der EWU von zentraler Bedeutung sein wird.[9] Die Geldpolitik wird erst dann nach der Vorstellung eines neukeynesianischen Makroökonomen reale Effekte ausüben, wenn die Räumung des Produkt- und besonders des Arbeitsmarktes behindert wird. Zwar sind die Ursachen dieser Hindernisse noch ungenügend erkennbar; dennoch ist zu

---

8 Vgl. Sachs (1979, 1983), Branson and Rotemberg (1980), Bruno and Sachs (1985).

9 Unter anderen hat Romer (1996) auf den Arbeitsmarkt als erste Quelle von Realrigiditäten hingewiesen, die u.U. komplementär zu Nominalrigiditäten funktionieren.

betonen, daß die Rolle der Rigiditäten in nominalen und realen Bereichen für jede neoklassische oder „neokeynesianische" Darstellung makroökonomischer Fluktuationen hochgradig komplementär ist (z.B. Blanchard 1990, Ball und Romer 1990, Romer 1996, Jeanne 1998, Röger 1998, Kollmann 1999). Die Existenz von nominalen Rigiditäten (solche wie Menükosten) reicht daher nicht aus, es muß auch ein Ausmaß an realen Rigiditäten vorhanden sein. Häufig wird auf ein *Koordinationsversagen* hingewiesen, das die Wirtschaftssubjekte an der Wiederherstellung eines Gleichgewichts hindert.

Der Logik der Komplementarität verleiht das klassische Argument Milton Friedmans (1953) für flexible Wechselkurse eine intuitive Unterstützung. In einer berühmten Analogie verglich Friedman die Vorteile von flexiblen Kursen mit dem Zurück- bzw. Vorwärtsstellen aller Uhren im Herbst und im Frühling: Demnach ist es effizienter, einen einzigen nominalen Zeitstandard (sprich: den nominalen Wechselkurs) zu ändern, als Millionen von Individuen zu veranlassen, ihren täglichen Zeitplan (die nominalen Binnenpreise) an den jährlichen Sonnenzyklus (die wechselnden Nachfrage- und Angebotsbedingungen) anzupassen.[10] Blanchard (1990, S. 810ff.) und insbesondere Romer (1996, S. 283) führen die Analogie weiter: Individuen ändern ihre nominalen Zeitpläne trotz des dadurch bedingten Verlustes an möglichen Tageslichtgewinnen nicht, weil sie sich reale Kosten aufladen würden, die dadurch entstehen, daß alle anderen ihr Verhalten *nicht* ändern.

Zentral bei dieser neukeynesianischen Argumentation ist die Annahme, daß es sich um Unternehmen handelt, welche die Preise selbst festsetzen. Der Umfang der realen Rigiditäten für eine gegebene Preisänderung kann für die Firmen als die Ressourcen-Kosten für die fehlende Anpassung an optimale Preisbildung *bei Abwesenheit von nominalen Friktionen* angesehen werden. In den beiden Teilbildern der Abbildung 1 geht es wie üblich um einen Anbieter, der im „monopolistischen Wettbewerb" steht (vgl. z.B. Romer 1996); die Kosten der Nichtanpassung sind durch die schattierten Be-

[10] „The argument for flexible exchange rates is, strange to say, very nearly identical with the argument for daylight savings time. Isn't it absurd to change the clock in summer when exactly the same result could be achieved by having each individual change his habits? All that is required is that everyone decide to come to his office an hour earlier, have lunch an hour earlier, etc. But obviously it is much simpler to change the clock that guides all than to have each individual separately change his pattern of reaction to the clock, even though all want to do so." (Friedman 1953, p.173).

reiche dargestellt, welche approximativ Dreiecke bilden mit der Basis $\overline{Q}$-Q^* (dem Mengenunterschied zwischen einer passiven Mengenanpassung bei festem Preis $\overline{p}$, gegeben durch $\overline{Q}$, und dem gewinnmaximierenden Outputlevel, der durch Q^* gegeben ist) und der Höhe der Differenz zwischen den Grenzkosten (MC) und dem Grenzertrag (MR) bei der Menge $\overline{Q}$. Die Grenzkosten hängen u.a. von dem Verhalten der Grenzproduktivität der Arbeit, der Grenzkapazitätskosten und der Elastizität des Arbeitsangebots ab. Der Grenzertrag wird durch die Preiselastizität der Produktnachfrage bestimmt. Im ersten Teilbild sind die Kosten der Nichtanpassung der Preise von $\overline{p}$ zu p* relativ gering, weil die dazugehörende Mengenänderung bescheiden ist und die Grenzkosten flach verlaufen. Im Gegensatz dazu steht die in dem zweiten Teilbild dargestellte Firma unter erheblichem Preisanpassungsdruck, wie an der vertikalen Differenz zwischen Grenzertrag und Preis für die marginale Einheit ersichtlich ist. Die passive Mengenanpassung impliziert eine große Abweichung von der unbeschränkten optimalen Produktionsmenge Q^*, während steil ansteigende Grenzkosten bedeuten, dass diese zusätzlich angebotenen Einheiten mit einem großen Verlust einhergehen.[11] Für eine nominale Preisanpassung konstanter Größenordnung wird die Firma in Teilbild a) den festen Nominalpreis eher beibehalten, während die Firma in Teilbild b) ihren Preis anpassen wird. So wird die entscheidende Rolle realer Rigiditäten erkennbar; einzelne Firmen haben einen geringen Anreiz, Preise zu ändern, sofern die anderen es auch nicht tun. Strategische Komplementarität impliziert, dass zweitrangige Probleme einer Firma zu einem erstrangigen Effekt auf die Makroökonomie werden können (Cooper and John 1988).

[11] In der Tat ist es im Fall b) eher wahrscheinlich, daß nur bis zu jener Menge produziert wird, bei welcher der Preis den Grenzkosten gleich ist. Dies würde allerdings die Annahme einer uneingeschränkt passiven Angebotsreaktion der Produktion verletzen; nichtsdestoweniger bleibt der Anreiz, den Preis zu ändern, erheblich.

Abb. 1: Komplementarität von realen und nominalen Rigiditäten für die Preissetzung

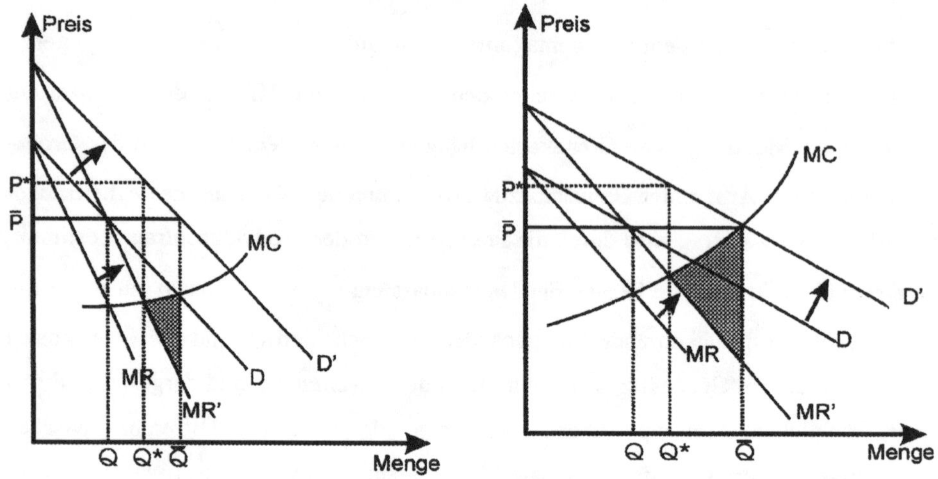

a) Nominalrigidität eher wahrscheinlich

b) Nominalrigidität eher unwahrscheinlich

Die nominale Lohnrigidität könnte auch als Ursache für nachfrageinduzierte Konjunkturzyklusschwankungen angesehen werden. Während sie ein bedeutendes Element in der frühen intellektuellen Entwicklung der keynesianischen Makroökonomik war, läßt sich die Nominallohnrigidität auf der Mikroebene allerdings nicht überzeugend belegen (Bils 1985, Smith 1999), noch wurde sie durch Schätzungen der aggregierten Lohn- und Preisdynamik gestützt (siehe Blanchard 1990). Jeanne (1998), Röger (1998) und Kollmann (1999) haben indes dynamisch gleichgewichtige Modelle vorgelegt, die durch eine Kombination von nominalen Rigiditäten am Produktmarkt und realen Rigiditäten am Arbeitsmarkt Konjunkturschwankungen erzeugen können, die den OECD-Konjunkturzyklen ähneln.[12]

---

[12] Zum Befund zur empirischen Rigidität der Nominalpreise siehe Carleton (1986), Blinder (1994); eine Zusammenfassung der empirischen Evidenz findet sich in Blanchard (1990) und Romer (1996).

2.3 Zusammenfassung

Nach der vorhergehenden Diskussion fällt es einem schwer, eine optimistische Einschätzung der Erfolgschancen für die EWU zu hegen. Erstens sollte die herkömmliche Überzeugung von der extremen realen Rigidität auf den Arbeitsmärkten, die jetzt offiziell von der OECD propagiert wird (OECD 1994) und heutzutage von jedem außer den Gewerkschaften und vielleicht einigen überlebenden Extremisten im deutschen Finanzministerium akzeptiert ist, die EWU als ein Mundell'sches Schreckgespenst erweisen. Dieser Argumentation entsprechend wird es nicht notwendig sein, daß eine zweite deutsche Wiedervereinigung stattfindet, bevor reale Asymmetrien in der EWU sichtbar sind. Die gegenwärtige inflationäre Überhitzung in Irland, Spanien, Portugal und Finnland gegen einen Hintergrund vor sich hindümpelnden Kernwirtschaften läßt vermuten, daß die EWU unter akuter Asymmetrie leidet und deswegen auseinandergehen könnte.

Eine ähnlich pessimistische Aussicht ergibt sich zum Geldübertragungsmechanismus in der EWU, der häufig als Rutschbahn in die Inflation angesehen wird. Arbeiten von Buti und Sapir (1998) sowie Dohse und Krieger-Boden (1998) entwickeln ziemlich düstere Szenarien, und Dornbusch u. a. (1998) werfen Fragen bezüglich des asymmetrischen Einflusses der Geldpolitik auf die beteiligten EWU-Länder auf. Außerdem ist die Fiskalpolitik durch den Maastricht-Vertrag sowie den Stabilitäts- und Beschäftigungspakt erheblich beschränkt und von einer Art Wettbewerb überschattet, in dem die Länder - wie beim Skat - ihre makroökonomischen Rahmenbedingungen gegeneinander zu verbessern versuchen. Diese „Flassbeck-Lafontaine-Hypothese" sieht voraus, daß Länder ohne die Abwertungsoption gezwungen werden, durch kompetitive Deflationen die Wettbewerbsfähigkeit wiederzuerlangen. Nach dieser Ansicht werden Länder, die ihrer Kraft zu unmittelbaren nominalen Abwertungen beraubt sind, tun, was Großbritannien in der ersten Hälfte der zwanziger Jahre des letzten Jahrhunderts getan hat. Feldsteins Kritik (1992) am Überwiegen der Politik gegenüber der Ökonomie ist jetzt weitreichend akzeptiert; Eichengreen (1998) spekulierte bereits über die „Auflösung" der Europäischen Währungsunion, bevor sie überhaupt in Kraft getreten war.

Angesichts dieses apokalyptischen Szenarios sind kritische Ökonomen gezwungen zu fragen: Sind die Rigiditäten in Europa in Stein gemeißelt? Ist es vernünftig an-

zunehmen, daß der Euro die Arbeitsmärkte und ihre Institutionen unberührt lassen wird, und wenn nicht, welche Aspekte sind betroffen? Was könnten die Konsequenzen dieser Veränderungen sein? Die folgende Diskussion erstreckt sich auf drei Bereiche:
1) nominale Rigiditäten, 2) reale Rigiditäten bei konstant gehaltenen Institutionen und 3) Änderungen bei den Institutionen.

3. Der Einfluß des Euro auf die europäischen Arbeitsmärkte und den monetären Transmissionsmechanismus im Euroland

3.1 Die nominale Preisrigidität im Euroland wird wohl steigen

Eine Reihe von Faktoren spricht dafür, daß der Grad an nominalen Rigiditäten im Euroland ansteigen wird, insbesondere die Rigidität der nominalen Preise. Erstens wird die Einführung einer gemeinsamen Währung das gegenwärtige Europa der vielen kleinen offenen Volkswirtschaften in einen paneuropäischen Binnenmarkt vereinen, wie die Vereinigten Staaten und Japan. Beide exportieren und importieren etwa 10% des Bruttoinlandsprodukts. Dies ist eine Systemänderung von durchschlagendem Charakter. Folglich wird ein großer Anteil der einst von Ausfuhr und Weltmarkt abhängigen Bruttowertschöpfung zunehmend für das „Euroland" bestimmt sein. Dies wird unter anderem dazu führen, daß Wechselkursschwankungen und die dadurch verursachten Preis- und Nachfrageanpassungen an Bedeutung verlieren werden. Bekanntlich – und das hat Herr Jarchow gelehrt, wenn ich mich richtig entsinne – bekommen kleine, offene Volkswirtschaften aufgrund der Konzentration ihrer Aktivitäten in der Wertschöpfungskette schneller die Auswirkungen von Wechselkursänderungen zu spüren.[13] Folglich ist es unwahrscheinlicher, daß Auf- und Abwertungen reale Effekte haben und sie sich auf das nominale Lohn- und Preisniveau auswirken. Hier finde ich bei dem zu Ehrenden Unterstützung:[14]

13 Vgl. Jarchow und Rühmann (1994), S. 74ff.
14 Dieses Argument findet sich auch in McKinnon (1963), der die Rolle der nichthandelbaren Güter bei Abwertungen hervorhebt.

> *„Ferner ist zu berücksichtigen, daß in einer offenen Volkswirtschaft eine durch expansive geldpolitische Maßnahmen ausgelöste Abwertung die Preise für importierte Endprodukte ansteigen läßt und bei den im Inland produzierten Gütern zu Kostensteigerungen und damit ebenfalls zu Preiserhöhungen führt. Je kleiner eine Region bzw. ein Land ist, desto höher wird im Regelfall das Verhältnis der Importe zur Inlandsproduktion sein und desto umfassender und schneller wird eine Abwertung der heimischen Währung die Inlandspreise erhöhen. Damit steigt die Wahrscheinlichkeit, daß sich eine expansive Geldpolitik verstärkt in Preis- statt in Beschäftigungsänderungen niederschlägt. Eine eigenständige Geldpolitik verliert dann – ebenso wie eine autonome Wechselkurspolitik — an stabilisierungspolitischer Bedeutung, wodurch die Kosten der Teilnahme an einer Währungsunion verringert werden."*
> Jarchow/Rühmann (1997), S. 310.

Gleichzeitig werden die Faktoren, die die Entstehung und das Fortbestehen von nominalen Rigiditäten begünstigen, z. B. langfristige Kundenbeziehungen, Suchkosten, Menükosten, nominale Verträge usw., verhältnismäßig wichtiger als die Faktoren, die wegen grenzüberschreitender Transaktionen für flexible Preise sprechen.[15] Dies wird dadurch gerechtfertigt, daß Produktionskosten vorwiegend in Euros notiert werden und somit die Bedeutung des Euroaußenwerts für Preisentscheidungen marginalisiert wird.[16] Abbildung 2 veranschaulicht die Reaktion von zwei monopolistischen Produzenten auf eine Rechtsverschiebung ihrer jeweiligen Nachfragekurven, die durch eine Abwertung verursacht werden. Sie verdeutlicht, inwiefern die Reaktion der lokalen Währungskosten auf eine Abwertung maßgeblich für die nominale Preisanpassung ist. Im ersten Teilbild, welches dem einer kleinen offenen Wirtschaft entspricht, verschieben sich die Grenzkosten infolge der Abwertung, und somit steigt der Anreiz für eine Preisänderung. Im zweiten Teilbild, welches eher dem Produzenten im Euroland entspricht, ist der Anreiz weniger stark. Demzufolge ist die Mengen- bzw. Produktionsreaktion umso größer.

---

15 Daß Exporteure in die USA Wechselkursänderungen nicht vollständig in den Preisen weitergeben, ist bekannt (vgl. Knetter 1989, Dornbusch 1987, 1996), und dieses Verhalten dürfte auch im Euroland zu erwarten sein.

16 Eine Ausnahme dürften Energiepreise sein, die in der Regel in US-Dollar notiert sind. Andererseits könnte Europa aufgrund seines Gewichts als Kunde der ölexportierenden Länder des Nahen Ostens und Rußlands ein Grund sein, in naher Zukunft die Ölpreise in Euros zu berechnen.

Abb. 2: Kosten der Nichtanpassung des Nominalpreises bei einer Abwertung

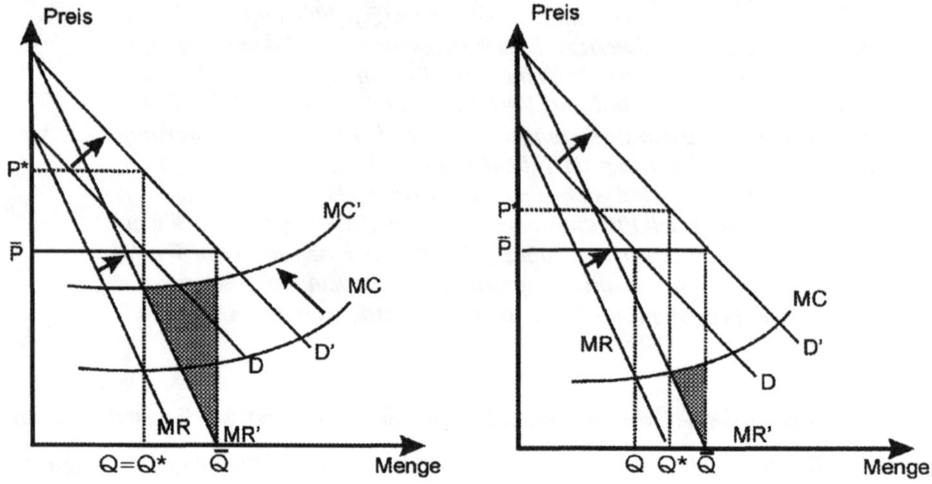

a) in einer offenen Volkswirtschaft b) in einer wenig offenen Volkswirtschaft

Ein zweiter Effekt des Euro auf die nominalen Rigiditäten ist subtiler. Üblich ist es anzunehmen, daß ein gemeinsames Währungsgebiet durch eine erhöhte Preistransparenz den Wettbewerb verschärft, da es den nationalen Konkurrenten die EWU-internen Märkte wechselseitig erschließt. Gleichzeitig wird jedoch die Bedeutung des externen (d.h. in Fremdwährungen verkehrenden) Marktes für die repräsentative europäische Firma abnehmen. Sofern der Wettbewerb auf dem externen Markt schärfer war als im Inland, könnte nach der Einführung des Euro die Marktmacht des repräsentativen Exportunternehmens sogar zunehmen. Dies wird umso mehr gelten, wenn das Tempo der Fusionen und Übernahmen innerhalb des Eurolandes weiter anhält. In dem Maße, wie diese „Inwardisierung" des Binnenmarktes die monopolistische Macht zur Preissetzung erhöht, wird sie den Anreiz zur Preisanpassung auf Nachfragestörungen dämpfen, und zwar aus Gründen, die von Akerlof und Yellen (1985) und Mankiw (1985) bekannt und in Romer (1996) zusammengefaßt sind. Die steigende Rolle eines von Wechselkurseinflüssen abgeschotteten Binnenmarktes schafft größere Anreize für das Festsetzen von Preisen für längere Perioden im voraus, indem Kundenbeziehungen wichtiger werden und die Nettogewinne für die berechneten stabilen nominalen Preise ansteigen (Okun 1981).

Die dritte und möglicherweise wichtigste Begründung meiner These, daß die nominalen Rigiditäten im Euroland zunehmen werden, besteht in der antiinflationären Glaubwürdigkeit einer Zentralbank, die sich über die wirtschaftlichen Bedingungen in den einzelnen Ländern hinwegsetzen (m.a.W. sie ignorieren) und frei von politischem Druck sein kann. Sofern die EZB in der Tat zu den unabhängigsten Zentralbanken der Welt gehört, werden die Akteure eher dazu geneigt sein, eine niedrige Inflationsrate zu erwarten und Nachfragestörungen nicht auf vorsätzliche Geldpolitik zurückzuführen. Diese bedeutsame Ursache der Trägheit soll nicht mit dem Lohn-Preis-Mechanismus (z.B. Blanchard 1990) verwechselt werden, der eher in der Technologie und dem Timing des Preissetzens verankert ist; vielmehr geht es hier um die Verankerung von Inflationserwartungen und um die erhöhte Bereitschaft, Verträge in nominalen Größen zu schreiben.

3.2 Die realen Rigiditäten sollten bei bestehenden Institutionen abnehmen

Nicht wenige Beobachter der EWU haben die Meinung geäußert, daß reale Rigiditäten in Europa die Erfolgschancen der Währungsunion bedrohen. In der Tat können viele Argumente gebracht werden, daß Inflexibilität auf dem Arbeitsmarkt den frühen Tod der EWU bedeuten wird. Doch wie stichhaltig sind diese Argumente im Hinblick auf die Lucas-Kritik? Ist es nicht denkbar, daß die Einführung des Euro Rückkoppelungseffekte auf die Arbeitsmärkte auslösen wird? Wie wird eine gemeinsame Währung das *reale* Funktionieren des Arbeitsmarktes beeinflussen? Könnte der Mangel an Arbeitsmarktflexibilität in Kontinentaleuropa von der Einführung einer gemeinsamen Währung beeinflusst werden? Und wenn ja, wie? Meines Erachtens bleibt dieser wichtige Effekt der EWU größtenteils der allgemeinen Betrachtung entzogen.[17]

---

[17] Eine Ausnahme erschien in der *International Herald Tribune* (January 13, 2000): „While few German unionists acknowledge it publicly, the euro has become an unspoken part of wage talks this year. The

Weil die Quantifizierung von realen Rigiditäten schwierig und zweifellos vom Regime abhängig ist (Calmfors 1998a), wäre es unausgewogen und sicherlich verfrüht, das Maß an nominaler und realer Lohnrigidität ökonometrisch zu schätzen. Andererseits ist es sinnvoll theoretisch zu schließen, daß dieses zum größten Teil auf zwei Faktoren zurückzuführen ist, die mit realen Rigiditäten gemeint sind: 1) kollektive Lohnfindung, wie sie durch Tarifverhandlungen zwischen Gewerkschaften und Arbeitgeberverbänden geführt werden, und 2) das soziale Netz und insbesondere die Arbeitslosenunterstützung.

Zunächst wird der erste Euro-Angriff auf die realen Rigiditäten die Schwächung der Verhandlungsmacht der Gewerkschaften sein. Während sich die Gewerkschaften bereits in vielen OECD-Ländern (OECD 1997) auf dem Rückzug befinden, ist dieser Niedergang in Europa größtenteils auf Großbritannien beschränkt; Mitgliederverluste in Frankreich und Italien täuschen über den nach wie vor großen Einfluss auf die zentralen Institutionen der Lohnbildung hinweg; in Deutschland hat der jüngste Mitgliederschwund vorwiegend im Osten stattgefunden.[18] Selbst die schöne neue Welt des Eurolandes kündigt Unheil für die kontinentalen Tarifverhandlungen an, die bisher immer eine nationale Institution mit nationalen Eigenarten waren. Ein einfaches Lehrbuch-Argument - nämlich die Marshall-Hicks Regel der Arbeitsnachfrage - prophezeit, daß das Verschmelzen der europäischen Ökonomien zu einer Währungsunion die Fähigkeit der Gewerkschaften verringern muß, das Arbeitsangebot im bisherigen Außmaße weiter zu monopolisieren.[19] Hierzu sind drei Elemente relevant: Erstens, die Industriegewerkschaften bleiben für die Mitglieder attraktiv, indem sie für die Arbeitnehmer einen befriedigenden Anteil an den Quasirenten, die die Arbeitgeber auf dem Markt erzielen

common currency has thrust unions into cross-border wage competition and given unions in southern Europe an incentive to undercut IG Metall's benchmark."

[18] Dies ist bekanntlich auf die Tatsache zurückzuführen, daß der DGB die alten Mitgliedskarteien des FDGB übernommen hatte, bevor die großen Beschäftigungseinbrüche stattfanden. Siehe hierzu Burda and Funke (1994).

[19] Die Marshall-Hicks-Regel besagt, daß die Arbeitsnachfrageelastizität umso höher ist, je größer die Produktnachfrageelastizität für den Output, der mit Arbeit produziert wird, je größer die Substitutionselastizität zwischen Arbeit und anderen Produktionsinputs, je niedriger die Angebotselastizität für konkurrierende Inputs und je größer der Kostenanteil des Faktors Arbeit in der Produktion ist; vgl. Hamermesh (1993), Franz (1999).

können, gewinnen. In einem globalisierten Europa wird der Produktmarktwettbewerb unter den Firmen ansteigen, was sich unmittelbar durch eine Erhöhung der Elastizität der Produktnachfrage und der Elastizität der abgeleiteten Nachfrage nach Arbeit zeigen wird.[20] Zweitens eröffnet die Beschleunigung der innereuropäischen Firmenzusammenschlüsse und -übernahmen die Möglichkeit, daß Arbeitskräfte durch Kapital im Euroland leichter substituiert werden. Dies erhöht die Elastizität der Nachfrage nach Arbeit und senkt die Rückfallbasis und schwächt dadurch die Verhandlungsmacht der nationalen Gewerkschaften bei Lohnverhandlungen. Drittens wird die Nachfrageelastizität höher, da für jeden bestehenden nationalen Arbeitsmarkt der Rest des Eurolandes im Wettbewerb stehen und die Angebotselastizität konkurrierender Faktoren ansteigen wird.

Wie werden die europäischen Gewerkschaften mit den veränderten Rahmenbedingungen fertig? Bereits durch die Aufsplitterung entlang industrieller, regionaler oder religiöser Orientierung gehindert, werden sie der Sprache und den nationalen Kulturen als weiteren Hindernissen ihrer Effektivität ausgesetzt. Trotz erheblicher Rhetorik der Gewerkschaften gibt es nur wenige konkrete Hinweise auf einen effektiven gesamteuropäischen Schulterschluß. Zwar trifft eine ähnliche Aussage auch auf die Arbeitgeberverbände zu, dennoch bringt die überlegene Mobilität des Kapitals die Arbeitnehmerseite in einen klaren Verhandlungsnachteil - eine „forcierte" bzw. aufgezwungene Dezentralisierung im Sinne von Calmfors und Driffill (1988). Das Potential für koordinierte Verhandlungsstrategien ist momentan unvereinbar mit den Gewerkschaftsstrukturen zwischen den Ländern, was wesentlich für zielgerichtete Mustertarifverträge ist. Diese Strukturen setzen eine allmähliche Entwicklung von Jahrzehnten voraus und werden kaum über Nacht geändert. Ferner erscheint es mir unplausibel, daß die nichtdeutschen Europäer die Abtretung der Lohnpolitik an die IG Metall und ÖTV annehmen würden, nachdem sie endlich das Joch der teutonischen Geldpolitik losgeworden sind!

---

[20] Zu den Auswirkungen des Produktmarktwettbewerbs auf die Arbeitsmärkte in den US vgl. Duca (1998).

Es ist keine neue Hypothese, daß Arbeitsmarktrigiditäten endogen sind.[21] Im Gegensatz zu meiner Ansicht, daß die EWU zur Dezentralisierung und Deregulierung der Arbeitsmärkte der EWU führen wird, gibt es allerdings eine alternative, pessimistischere Auffassung. Diese hebt die sich verändernden strategischen Interaktionen zwischen Zentralbank, Gewerkschaften und Regierungen hervor sowie den Effekt, den dies auf die makroökonomische Entwicklung haben kann. Insbesondere die Anreize für die Gewerkschaften, die Effekte ihrer Lohnforderungen auf die Makroökonomie zu internalisieren, stehen im Mittelpunkt.[22] Ausgangspunkt ist der Beitrag von Calmfors und Driffills (1988), der die Zentralisierung der Tarifverhandlungen mit dem Ausmaß in Verbindung bringt, mit dem die Gewerkschaften die Effekte der Tarifverhandlungen auf die Makroökonomie verinnerlichen. Das Kernergebnis, daß die Beziehung zwischen Reallohnforderung und Zentralisierungsgrad einen buckelartigen Verlauf haben sollte, schärft den Blick auf die Auswirkungen der EWU auf die Zentralisierung der Tarifverhandlung und Lohnfindung.

Bereits von Danthine und Hunt (1994) wurde auf die Risiken einer blinden Anwendung der Calmfors-Driffill-Analyse auf die EWU hingewiesen. Diese Autoren zeigten, daß die Produktmarktintegration eine bedeutende Rolle beim Einebnen des „Buckels" spielen und sich daher die Zentralisierung der Tarifverhandlungen als weniger relevant erweisen wird. Cuikerman und Lippi (1998, 1999) lenken das Augenmerk auf die strategischen Interaktionen zwischen der Zentralisierung der Nominallohnsetzung und der Unabhängigkeit der Zentralbank. Die vorwiegend nichteindeutigen Ergebnisse tendieren allerdings zu der Aussage, daß die EWU zu *mehr* Arbeitsmarktrigiditäten führen könnte.

Trotz der intellektuellen Originalität dieser jüngsten Beiträge sehe ich kaum einen Anlaß dafür, sie auf Kosten vielfach wichtigerer Einflußfaktoren überzubetonen: Meines Erachtens werden sich die wichtigsten Auswirkungen der Währungsunion daraus ableiten, daß existierende Marktunvollkommenheiten und -verzerrungen den Kräften

---

21 Vgl. Danthine and Hunt (1994), Berthold and Fehn (1998), Dohse und Krieger-Boden (1998), Burda (2000).

22 Vgl. Calmfors (1998a, 1998b), Grüner and Hefeker (1999), Cuikerman and Lippi (1998, 1999), Soskice and Iversen (1999).

des Wettbewerbs unterworfen sein werden. Diese Effekte sind so gewaltig, daß Fragen der Zeitkonsistenz, Reputation und Koordination in den Schatten gestellt werden. Im Sinne von Danthine und Hunt (1994) erscheint es mir sinnvoller, sich auf den primitiven, die Arbeits- und Produktmärkte einschließenden Strukturwechsel zu fokussieren. Dies ist aber nichts anderes als die Lucas-Kritik: Das neue Regime führt zu neuen Elastizitäten der Arbeitsnachfrage, zur angepaßten Zielsetzung der Gewerkschaften und Arbeitgeberverbände und zu Veränderungen der Rahmenbedingungen für Lohnverhandlungen.[23] Nationale Gewerkschaften, die zukünftig auf aggressive Lohnforderungen setzen, werden mit einer höheren Arbeitslosigkeit bestraft. Nur wenn das soziale Sicherheitsnetz die höhere Arbeitslosigkeit auffängt, werden die Gewerkschaften in der Lage sein, diese Faktoren zu ignorieren, und angesichts der starken Budgetbeschränkungen der Währungsunion wird dies zunehmend schwerer fallen.

3.3 Der Euro und die Arbeitsmarktinstitutionen

Gleichermaßen interessant ist die Frage, wie die europäischen Gesetzgeber unter dem zunehmenden Druck, der von der EWU ebenso wie von der Globalisierung und der technologischen Innovation ausgeht, die Arbeitsmarktregulierung anpassen und möglicherweise reformieren werden. Nach dieser Ansicht wird es beim wachsenden Wettbewerb zwischen den EU-Mitgliedsländern als auch den Regionen innerhalb der EU-Länder zu einem Cournotspiel führen, in dem jeder Mitgliedsstaat die externen Effekte, die sein Verhalten auf die anderen hat, vernachlässigt. Dieser Wettbewerbstypus entsteht, weil jedes einzelne Land in der Hoffnung, die Konkurrenz zu schlagen, direkte Reformen des Arbeitsmarktes in Gang setzen und kurz- bis mittelfristige Vorteile einstreichen wird. Die jüngsten Erfolgsgeschichten der Niederlande und Dänemarks können in diesem Lichte gesehen werden. Ein anderer Weg, den Irland mit Erfolg im letzten Jahrzehnt aggressiv verfolgt hat, ist der wachsende Steuerwettbewerb um die At-

---

[23] Die meisten angeführten Untersuchungen setzen im allgemeinen eine vollständige Produktmarktintegration voraus und ignorieren das Kapital als einen konkurrierenden Faktor der Produktion.

traktivität der Standorte für Investitionen zu erhöhen (*Standortwettbewerb*). Dieser Steuerwettbewerb belastet die Finanzen der Mitgliedsländer und kann den Zwang zu Ausgabenkürzungen und Strukturreformen verstärken. Die Erfahrungen der US-Bundesstaaten in diesem Zusammenhang zeigen, daß dieser Mechanismus in der Tat sehr wirksam sein kann (vgl. Bean 1998).[24]

Auch wenn es unwahrscheinlich und implausibel erscheint, daß die EU-Kommission und das Parlament diesem „ruinösen Wettbewerb" untätig zusehen werden, bleibt der Handlungsspielraum beschränkt. Die Mindestkapitalbesteuerung bleibt noch aus; die Sozialcharta, die von allen EU-Regierungen außer der Großbritanniens beim Gipfel von Straßburg 1989 ratifiziert wurde, bleibt wegen der beschränkten Durchsetzungsmöglichkeiten bestenfalls eine Soll-Regelung.[25] Der ungezügelte Wettbewerb bei Regularien und Steuern könnte durch eine frühe Aufnahme neuer Länder ausgelöst werden. Der Mangel an Übereinstimmung in Bezug auf eine föderale europäische Steuerpolitik bedeutet, daß für eine Harmonisierung keine wesentliche Unterstützung von oben kommen wird.

3.4 Zusammenfassung

Es gibt inzwischen einen empirischen Beleg dafür, daß die nominale Preisrigidität infolge der Produktmarktintegration und Wechselkursstabilisierung angestiegen ist.[26] Hingegen sind die Nominallöhne nur in den Euro-Kernländern (Deutschland, Österreich, Benelux, Frankreich) stark korreliert, und dafür hat die Korrelation der Reallöhne

---

[24] Aus der Perspektive des Barro-Gordon-Modells führt Calmfors (1998c) an, daß Reformanreize für Mitglieder der EWU größer seien als für Nichtmitglieder, da Länder mit einer funktionsfähigen Geldpolitik eher dazu neigen würden, Geldpolitik und Arbeitsmarktreform als Substitute im Kampf gegen die Arbeitslosigkeit zu betrachten. Hingegen entfällt offensichtlich für EWU-Mitglieder die Option der Geldpolitik. Insofern stellen Arbeitsmarktreformmaßnahmen für „ins" eine Möglichkeit dar, gegen länderspezifische Schocks vorzugehen. Dieser Effekt wird durch den fiskalischen Druck der Arbeitslosigkeit verstärkt sowie durch das Umorientieren der Zielsetzung, die erfolgen muß, wenn die Inflation außerhalb des Einflußbereichs der nationalen Politik versetzt wird. Hefeker (1998) stellt ein ähnliches Modell mit Gewerkschaften vor, die den Nominallohn und den Flexibilitätsgrad wählen.

[25] Vgl. Belke (1996).

[26] Vgl. Burda (2000) für eine Zusammenfassung der Evidenz.

stark abgenommen. Diese Ergebnisse lassen auch darauf schließen, daß der Euro eine erhöhte Arbeitsmarktflexibilität einleiten könnte. Ohne über die Wohlfahrtseffekte zu urteilen, wird diese Entwicklung entscheidende Auswirkungen auf den Geldtransmissionsmechanismus haben. Sofern nicht gesamteuropäische Koordinierungsversuche gelingen, wird die Lohnfindung zunehmend lokal, da der Versuch aus nationalen Systemen auszubrechen stets stärker wird.

Das Meistern dieser Veränderungen wird wahrhaft Herkulische Anstrengungen auf dem Gebiet der nationalen Gewerkschaftsbewegungen erfordern. In dieser Situation könnte man sich eine Umstrukturierung der Gewerkschaften in Frankreich, Spanien und Italien (und möglicherweise dem Vereinigten Königreich) vorstellen, die hin zu zentralisierten Industriegewerkschaften führt. Dieses würde die grenzübergreifende Zusammenarbeit erleichtern und könnte durch Zusammenarbeit mit gleichgesinnten Arbeitgebern beschleunigt werden. Die Gründung von „europäischen Betriebsräten" könnte als erster Schritt gesehen werden. Doch kündigt die Realität der Beziehungen zwischen Unternehmen und Gewerkschaften in diesen Ländern ebenso wie das Auseinandergehen der Interessen der Arbeitnehmer auf nationaler Ebene weniger dramatische Veränderungen an (Streeck 1998). Während die Möglichkeit von Mustertarifverträgen von großen Industriegewerkschaften - wie in Österreich, Deutschland oder Schweden - viel diskutiert wird, ist kaum zu erkennen, wie dies ohne eine starke zentrale europäische Organisation zu wirklich aufeinander abgestimmten Ergebnissen führen könnte. Weil mir eine gesamteuropäische Koordination innerhalb der nächsten zehn Jahre als unrealistisch erscheint, stelle ich mir eher bescheidenere Fortschritte der Gewerkschaftsbewegung vor, um überhaupt die Kontrolle über diesen Prozess zurückzugewinnen. Das Beispiel Ostdeutschlands kann als Lehrbeispiel dafür angesehen werden, wie man es *nicht* tun sollte.

4. Abschließende Bemerkungen

Vor 18 Jahren hätte ich nie geträumt, einen Beitrag zu einer Festschrift für Hans-Joachim Jarchow zu schreiben. Mein Anspruch auf diese ehrenvolle Aufgabe ist eher bescheiden: Während meiner Göttinger Studentenzeit hat mich Herr Jarchow durch seine freundliche, offene Weise inspiriert und mir einen Einblick in die Arbeit an einem deutschen Lehrstuhl gewährt. Indes weiß ich von der anderen Seite des Hörsaals aus zu schätzen, wenn nach einer provokativen Vorlesung der Andrang von Kommilitonen einen schnellen Rückzug ins Dienstzimmer erschwert, oder wenn ein Student hartnäckig inhaltliche Fragen stellt. Damals habe ich Herrn Jarchow mit einer Frage belästigt – das weiß ich noch ganz genau – zum ewigen Problem des Reallohnniveaus im gängigen Phillips-Kurve-Modell der neoklassischen Synthese. Aber mein Schicksal hat mich eher in die Forschungsrichtung der realen Makroökonomie geführt; daher boten sich nur wenige Möglichkeiten, an Jarchows wissenschaftlichem Lebenswerk teilzuhaben, außer daß ich seine zeichensetzenden Lehrbücher zur monetären Außenwirtschaft und Geldtheorie häufig zur Hand hatte. Nichtsdestoweniger finden unsere wissenschaftlichen Interessen einen gemeinsamen Boden auf dem Gebiet der Währungsunion: Der Transmissionsmechanismus der Geldpolitik nach der Vervollständigung der EWU wird im wesentlichen durch die Funktionsweise der Arbeitsmärkte bestimmt, und in meinen Ausführungen habe ich versucht, meine Gedanken zu diesem Sachverhalt darzustellen.

Zusätzlich zu ihrer historischen Dimension wird die Europäische Währungsunion (EWU) ein neues Licht auf mehrere offene Fragen an die Makroökonomie werfen. Natürlich wird sie uns dazu verhelfen, die Funktionsweise einer Währungsunion besser zu verstehen. Darüber hinaus wird sich Evidenz ergeben, die über die Relevanz des neukeynesianischen Ansatzes entscheiden könnte, ob nominale Preis- oder Lohnrigiditäten relevanter für die Erklärung der realen Effekte von aggregierten Nachfragefluktuationen und somit für den Übertragungsmechanismus selbst sind.

Die Konvergenz der realen Wechselkurse und insbesondere der nominalen Preisdynamik deutet darauf hin, daß die Voraussetzungen für Nominalpreisrigiditäten im Euroland günstiger werden. Zur gleichen Zeit deuten die Trends bei Geld- und besonders Reallöhnen auf die sinkende Bedeutung von realen Rigiditäten hin. Reale ökonomische Bedingungen und Institutionen sind zunehmend unvorteilhaft für ein „business as usual" in der Europäischen Union; das Ausscheren der Niederlande, Dänemarks und möglicherweise Irlands und Portugals aus dem kontinentaleuropäischen Muster unterstützt die Hypothese, daß die EWU ein Trojanisches Pferd der Dezentralisierung ist - nicht nur *de facto*, sondern auch aus strukturellen Veränderungen, die mit der Produkt- und Kapitalmarktintegration einhergehen. Zugleich wird die Einführung einer gemeinsamen europäischen Währung zu einer Abschottung des Euroland-Binnenmarktes führen mit der Folge, daß interne und externe Nachfrageschocks weniger Einfluß auf die Nominallohn- und Preisentwicklung haben werden und sich eher in Outputschwankungen zeigen. Nach dem neukeynesianischen Ansatz wird dies wiederum vom Ausmaß abhängen, ob und inwiefern reale Rigiditäten noch anwesend sind. Hiervon durfte man noch ausgehen.[27]

Der Euro wird sich als Trojanisches Pferd entpuppen, das zu einer Liberalisierung der Arbeitsmärkte führt. Die Perspektive eines verkappten Dezentralisierungsprogramms für Europa beruht auf dem zukünftigen Wettbewerb, der durch beschleunigte Kapitalmobilität, Handelsintegration, die Annäherung der Löhne für Arbeit einer bestimmten Qualität erzwingen (Faktorpreisangleichung), und die zunehmende Flexibilität, die unter solchen Bedingungen entstehen wird.[28] Hinzu kommt, daß die Schrumpfung der kontinentaleuropäischen Sicherungsnetze die Vorwegnahme der Inflation bei der Reallohnbestimmung erschweren wird.

Solange kein Wunder bei der gesamteuropäischen Tarifpolitik stattfindet, wird die Flexibilität der Arbeitsmärkte in Zukunft *zu-* und nicht abnehmen, so daß Rufe nach mehr Flexibilität in ökonomischer Hinsicht dem Peitschen eines toten Pferdes nahekommen und kontraproduktive Reaktionen provozieren könnten.

Eine Abflachung der Phillips- und aggregierten Angebotskurve könnte eine unmittelbare Folge dieser Prozesse sein. Dies hätte zur Folge, daß die europäische Geldpolitik einen neuen Einfluß gewinnt, wie man ihn in den USA und Japan, aber immer seltener in kleinen offenen Volkswirtschaften beobachtet. Jedoch dürfte bei dieser neuen Rolle der Geldpolitik der übliche Vorbehalt nicht übersehen werden, daß ihre Effektivität auch der Lucas-Kritik ausgesetzt ist: Sie bleibt solange bestehen, wie sie *nicht*

---

[27] Vgl. Bruno and Sachs (1985), Kap. 11, vor allem S. 232-40.

[28] Vgl. Buiter (1995). Obwohl sie häufig im Mittelpunkt der Diskussion steht, ist die Rolle der Arbeitsmobilität beim Erfolg der US-Währungsunion eher übertrieben. Der Befund von Blanchard and Katz (1992) deutet auf Anpassungsprozesse nach Schocks, die jedoch mehrere Jahre dauern.

angewendet wird, um die Konjunktur auf Kosten der erhöhten Inflation anzukurbeln (Taylor 1980). Deswegen darf mein Beitrag keineswegs als ein Beipflichten zu Oskar Lafontaines „interner Marktstrategie" aufgefasst werden, sondern eher als Warnung, daß die Versuchung zur Anwendung einer solchen Strategie in den künftigen Jahren zunehmen wird. Es wird festzustellen sein, ob sich die EZB gegen diese Versuchungen wehren kann.

Da meine Schlußfolgerungen auf der neukeynesianischen Sichtweise basieren, soll letztens betont werden, daß nominale Rigiditäten - und insbesondere Preisrigiditäten - ausschlaggebend für das kurzfristige Verhalten der Makroökonomie sind. Wenn sich herausstellt, daß ich falsch liege, werde ich mich umso mehr über den Informationsgewinn für die Wirtschaftstheorie und -politik freuen und gern Asche auf mein Haupt streuen. Wenn ich jedoch Recht habe, wird die Europäische Währungsunion den ultimativen Bonus bei den realen Effizienzgewinnen für die von Arbeitslosigkeit gebeutelten Arbeitsmärkte des europäischen Festlandes geliefert haben.

Literatur

Akerlof, G. and J.L. Yellen (1985) A Near-Rational Model of the Business Cycle, with Wage and Price Inertia, *Quarterly Journal of Economics* 100: 823-838.

Ball, L. and D. Romer (1990) Real Rigidities and the non-Neutrality of Money, *Review of Economics and Statistics* 57: 183-203.

Bayoumi, T. and B. Eichengreen (1993) Shocking Aspects of European Monetary Integration, in: Torres, F. and F. Givazzi (eds.) *Adjustment and Growth in the European Monetary Union,* Cambridge: Cambridge University Press.

Bayoumi, T. and B. Eichengreen (1996) Operationalizing the Theory of Optimum Currency Areas, CEPR Discussion Paper No.1484, October.

Bean, Ch. (1998) The Interaction of Aggregate Demand Policies and Labor Market Reform, *Swedish Review of Economics* 5: 353-382.

Belke, A. (1996) Implikationen einer zentralisierten Geld- und Währungspolitik für die Beschäftigung in Europa, Universität Bochum, Diskussionspaper Nr.8.

Berthold, N. and R. Fehn (1998) Does EMU Promote Labor-Market Reforms? *Kyklos* 51: 509-536.

Bils, M. (1985) Real Wages and the Business Cycle: Evidence from Panel Data, *Journal of Political Economy* 93: 666-689.

Blanchard, O. (1990) Why does Money Affect Output: A Survey, Chapter 15 of Friedman, B. and F. Hahn (eds.) *Handbook of Monetary Economics,* Amsterdam: Elsevier.
Blanchard, O. and L. Katz (1992) Regional Evolutions, *Brookings Papers on Economic Activity* 1: 1-75.
Blinder, A. (1994) On Sticky Prices: Academic Theories Meet the Real World, in: G. Mankiw (ed.) *Monetary Policy,* Chicago: University of Chicago Press, 117-150.
Bofinger, P. (1994) Is Europe an Optimal Currency Area? CEPR Discussion Paper No. 915, February.
Branson, W. and J. Rotemberg (1980) International Adjustment with Wage Rigidity, *European Economic Review* 13: 750-777.
Bruno, M. and J. Sachs (1985) *Economics of Worldwide Stagflation,* Cambridge Massachusetts: Harvard University Press.
Buiter, W. (1995) Macroeconomic Policy during a Transition to Monetary Union, CEPR Discussion Paper No. 1222, August.
Burda, M. C. (2000) European Labor Markets and the Euro: How Much Flexibility Do We Really Need? in: Deutsche Bundesbank (ed.) *The Monetary Transmission Process,* MacMillan, forthcoming.
Burda, M. C. and M. Funke (1994) German Trade Unions after Unification: Third Degree Price Discriminating Monopolists? *Weltwirtschaftliches Archiv* 129: 537-560.
Buti, M. and A Sapir (1998) *Economic Policy in the EMU,* Oxford: Oxford University Press.
Calmfors, L. (1998a) Macroeconomic Policy, Wage Setting and Employment – What Difference does EMU Make? *Oxford Review of Economic Policy* 14: 125-151.
Calmfors, L. (1998b) Unemployment, Labour-Market Reform and Monetary Union, Institute for International Economics Studies, Seminar Paper No. 639, April.
Calmfors, L. (1998c) Monetary Union and Precautionary Labour-Market Reform, Institute for International Economics Studies, Seminar Paper No. 659, November.
Calmfors, L. and J. Driffill (1988) Bargaining Structure, Corporatism and Macroeconomic Performance, *Economic Policy* 6: 13-62.
Carleton, D. (1986) The Rigidity of Prices, *American Economic Review* 76: 637-658.
Cooper, R. and A. John (1988) Coordination Failures in Keynesian Models, *Quarterly Journal of Economics* 103: 441-463.
Cukierman, A. and F. Lippi (1998) Central Bank Independence, Centralization of Wage Bargaining, Inflation and Unemployment – Theory and Evidence, CEPR Discussion Paper No. 1847, March.
Cukierman, A. and F. Lippi (1999) Labor Markets and Monetary Union: A Preliminary Strategic Analysis, mimeo, March.
Danthine, J.-P. and J. Hunt (1994) Wage Bargaining Structure, Employment and Economic Integration, *Economic Journal* 104: 528-541.
Décressin, J. and A. Fatas (1995) Regional Labor Market Dynamics in Europe, *European Economic Review* 39: 1627-1655.
DeGrauwe, P. and W. Vanhaverbeke (1991) Is Europe an Optimal Currency Area? Evidence from Regional Data, CEPR Discussion Paper No. 555, May.
Dohse, D. und Ch. Krieger-Boden (1998) *Währungsunion und Arbeitsmarkt. Auftakt zu unabdingbaren Reformen* (Kieler Studien 290) Tübingen: Mohr Siebeck.

Dornbusch, R. (1987) Exchange Rates and Prices, *American Economic Review* 77: 93-106.
Dornbusch, R. (1996) The Effectiveness of Exchange Rate Changes, *Oxford Review of Economic Policy* 12: 26-38.
Dornbusch, R., C. Favero and F. Giavazzi (1998) Immediate Challenges for the European Central Bank, *Economic Policy* 26:15-64.
Duca, J. (1998) How Increased Product Market Competition May Be Reshaping America's Labor Markets, Federal Reserve Bank of Dallas, *Economic Review* Fourth Quarter: 2-16.
Eichengreen, B. (1993) European Monetary Unification, *Journal of Economic Literature* 31: 1321-1357.
Eichengreen, B. (1998) European Monetary Union: a Tour d'Horizon, *Oxford Review of Economic Policy* 14: 24-40.
Fatas, A. (1997) EMU: Countries or Regions: Lessons from the EMS Experience, *European Economic Review* 41: 743-751.
Feldstein, M. (1992) The Case against EMU, *The Economist,* June 13, 1992: 19-22.
Frankel, J. and A. Rose (1996) The Endogeneity of the Optimum Currency Area Criteria, CEPR Discussion Paper No. 1473, September.
Frankel, J. and A. Rose (1997) Is EMU More Justifiable *ex post* than *ex ante*? *European Economic Review* 41: 753-760.
Franz, W. (1999) *Arbeitsmarktökonomik,* 4. Auflage. Berlin: Springer Verlag.
Friedman, M. (1953) The Case for Flexible Exchange Rates, in: M. Friedman, *Essays in Positive Economics,* Chicago, University of Chicago Press, 153-203.
Gros, D. and C. Hefeker (1998) Factor Mobility, European Integration and Unemployment, mimeo, CEPS Brussels.
Grüner, H.-P. and C. Hefeker (1999) How Will EMU Affect Inflation and Unemployment in Europe, *Scandinavian Journal of Economics* 101: 33-47.
Hagen, J. von and M. J. M. Neumann (1994) Real Exchange Rates Within and Between Currency Areas: How Far Away is EMU? *Review of Economics and Statistics 76*: 236-244.
Hamermesh, D. (1993) *Labor Demand,* Princeton: Princeton University Press.
Hefeker, C. (1998) Labor Market Rigidities, Unions and Monetary Union, mimeo, University of Basel.
Jarchow, H.-J. (1998) *Theorie und Politik des Geldes I,* 10.Auflage. Göttingen: Vandenhoeck & Ruprecht.
Jarchow, H.-J. und P. Rühmann (1994) *Monetäre Außenwirtschaft. Teil I: Außenwirtschaftstheorie,* 4.Auflage. Göttingen: Vandenhoeck & Ruprecht.
Jarchow, H.-J. und P. Rühmann (1997) *Monetäre Außenwirtschaft. Teil II: Internationale Währungspolitik,* 4. Auflage. Göttingen: Vandenhoeck & Ruprecht.
Jeanne, O. (1998) Generating Real Persistent Effects of Monetary Shocks: How Much Nominal Rigidity Do We Really Need? *European Economic Review* 42: 1009-1032.
Kenan, P. (1969) The Theory of Optimum Currency Areas: An Electic View, in: R. Mundell and A. Swoboda (eds.) *Problems of the International Economy,* Chicago: University of Chicago Press.

Knetter, M. (1989) Price Discrimination by US and German Exporters, *American Economic Review* 79: 198-210.

Kollmann, R. (1999) Explaining International Comovements of Output and Asset Returns: The Role of Money and Nominal Rigidities, mimeo, Univ. Paris XII, June.

Lucas, R.E. Jr. (1976) Econometric Policy Evaluation: A Critique, in: K. Brunner and A. Meltzer (eds.) *The Phillips Curve and Labor Markets,* Carnegie-Rochester Conference Series on Public Policy 1, North-Holland: Elsevier, 19-46.

Mankiw, N. G. (1985) Small Menu Cost and Large Business Cycles: A Macroeconomic Model of Monopoly, *Quarterly Journal of Economics* 100: 529-539.

McKinnon, R. (1963) Optimal Currency Areas, *American Economic Review* 53: 715-25.

Mundell, R. (1961) The Theory of Optimal Currency Areas, *American Economic Review* 51: 657-665.

Obstfeld, M. and G. Peri (1998) Regional Non-Adjustment and Fiscal Policy, *Economic Policy* 26: 205-259.

Okun, A. (1981) *Prices and Quantities, A Macroeconomic Analysis,* Washington: Brookings Institution.

OECD (1994) *The Job Study,* Paris: OECD.

OECD (1997) Economic Performance and the Structure of Collective Bargaining, OECD Employment Outlook.

Röger, W. (1998) Output, Prices and Interest Rates Over the Business Cycle: How Well Does a Keynesian-Neoclassical Synthesis Model Perform? mimeo.

Romer, D. (1996) *Advanced Macroeconomics,* New York: McGraw Hill.

Sachs, J. (1979), Wages, Profits and Macroeconomic Adjustment: A Comparative Study, *Brookings Papers on Economic Activity* 2: 269-319.

Sachs, J. (1983), Real Wages and Unemployment in the OECD Countries, *Brookings Papers on Economic Activity* 1: 255-304.

Smith, J. (1999) Nominal Wage Rigidity in the UK, mimeo, Dept. of Economics, University of Warwick, March.

Soskice, D. and T. Iversen (1999) Multiple Wage-Bargaining Systems in the Single European Currency Area, *Oxford Review of Economic Policy* 14: 110-123.

Streeck, W. (1998) The Internationalization of Industrial Relations in Europe: Prospects and Problems, Working Paper Series in European Studies, Number 1.

Taylor, J. (1980) Aggregate Dynamics and Staggered Contracts, *Journal of Political Economy* 88: 1-24.

Wyplosz, Ch. (1997) EMU: Why and How it Might Happen, *Journal of Economic Perspectives* 11 (4): 3-21.

Makro-Märkte und Risikomanagement in der Europäischen Währungsunion

Peter Cornelius*

1. Einführung

Mit der unwiderruflichen Festlegung der Umtauschrelationen zwischen den teilnehmenden Währungen und der Übertragung der geldpolitischen Verantwortung auf die Europäische Zentralbank (EZB) ist Anfang 1999 die Europäische Wirtschafts- und Währungsunion (EWWU) Realität geworden. Verläuft alles nach Plan, so wird die Implementierung dieses historisch einmaligen Projekts Mitte 2002 mit der Substitution nationalen Bargelds durch Euronoten und –münzen abgeschlossen sein. Ob damit auch die kontroverse Diskussion über das Für und Wider einer gemeinsamen Währung in Europa beendet sein wird, erscheint allerdings fraglich. Hans-Joachim Jarchow hat sich an dieser Debatte mit zahlreichen wissenschaftlichen Beiträgen beteiligt, die sich u. a. mit der Ausgestaltung der Geldpolitik durch die EZB (Jarchow 1995, 1998), der Rolle der Fiskalpolitik im gemeinsamen Währungsraum (1993) und den Anforderungen an eine erfolgreiche Währungsunion (1994, 1997a und b) befassen.

Mit dem letzteren Thema beschäftigt sich auch dieser Beitrag, der die auf Mundell (1961), McKinnon (1963) und Kenen (1969) zurückgehende Literatur über optimale Währungsräume zum Ausgangspunkt nimmt. Wie hinlänglich bekannt ist, gilt als eine wesentliche Voraussetzung für eine erfolgreiche Währungsunion ein hohes Maß an Mobilität der Produktionsfaktoren, die es den teilnehmenden Ländern auch ohne Wechselkurse ermöglicht, asymmetrische Schocks zu absorbieren. Für den europäischen Ar-

* Dieser Beitrag ist während eines einjährigen Forschungsaufenthalts an der Harvard University entstanden. Für kritische Diskussionen danke ich insbesondere David Dapice, Michael Plummer, Steve Radelet und Jeffrey Sachs. Zu Dank verpflichtet bin ich zudem Peter Bofinger, der mir wichtige Anmerkungen zum Manuskript gab. Die hier zum Ausdruck kommenden Meinungen sind nicht notwendigerweise die des World Economic Forums.

beitsmarkt wird die Erfüllung dieses Kriteriums allgemein verneint. Angesichts sprachlicher und kultureller Barrieren bezweifeln viele Skeptiker, daß in Zukunft mit einer deutlichen Erhöhung der Mobilität von Arbeitskräften zu rechnen ist, selbst wenn strukturelle Hemmnisse aus dem Weg geräumt würden.

Diese Befürchtung wäre dann weniger gravierend, wenn davon ausgegangen werden könnte, daß die Wahrscheinlichkeit gesamtwirtschaftlicher Störungen in der EWWU abnehmen würde. Dies erscheint jedoch unsicher, so daß der Frage, wie asymmetrischen Schocks alternativ begegnet werden kann, große Bedeutung zukommt. Auf der Suche nach möglichen Antworten haben sich die vorgestellten Vorschläge in erster Linie auf budgetäre Ausgleichsmechanismen konzentriert, wobei diese sich von einem fiskalischen Risikoausgleich über die bestehenden Kohäsionsfonds bis zu einem weitreichenden Föderalismus erstrecken.

Im Gegensatz zu diesen Ansätzen diskutiert der vorliegende Beitrag, welche Rolle privates Risikomanagement spielen könnte. Konzeptionell knüpft er an einen Vorschlag Shillers (1993) an, Makromärkte zu schaffen, um privaten Akteuren das Hedging prinzipiell versicherbarer Risiken von Einkommensschwankungen aufgrund gesamtwirtschaftlicher Störungen zu ermöglichen. Solche Märkte, die helfen, Risiken global zu diversifizieren, sind bis heute weitgehend unbekannt. So bieten staatliche Arbeitslosenversicherungen zwar ein soziales Netz für diejenigen, die ihren Job zum Beispiel aufgrund makroökonomischer Schocks verlieren. Dieses Versicherungsprinzip bleibt jedoch auf nationale Grenzen beschränkt, und die eingebauten Stabilisatoren sind nur bedingt geeignet, makroökonomische Einkommensströme zu glätten und länderspezifische Schocks zu dämpfen. Andere Einkommensrisiken lassen sich bislang überhaupt nicht versichern. Während sich beispielsweise Hausbesitzer zwar gegen Feuer versichern können, besteht für sie keine Möglichkeit, sich gegen einen plötzlichen Verfall von Immobilienpreisen - ein Wertverlustrisiko mit einer deutlich höheren Eintrittswahrscheinlichkeit - abzusichern.

In der jüngeren Vergangenheit sind allerdings bemerkenswerte Innovationen im Versicherungsbereich entstanden, die zumindest dem Unternehmenssektor neue Möglichkeiten des Risikohedgings bieten und in verschiedener Weise den Vorstellungen

Schillers näherkommen. So bieten Versicherungsunternehmen neuerdings Produkte an, die beispielsweise die Versicherung von Erträgen aus bestimmten Geschäften wie Leasing einschließen. In einzelnen Fällen haben Unternehmen sogar sämtliche Risiken – inklusive Wechselkurs- und Zinsänderungsrisiken – an Versicherungen transferiert, die ihrerseits diese Risiken entweder an Rückversicherer oder in Form verbriefter Renten an die internationalen Kapitalmärkte weitergegeben haben. Auch wenn ein solches *holistisches* Risikomanagement heute noch die Ausnahme darstellt, gehen Marktbeobachter davon aus, daß es bereits in wenigen Jahren Standard sein könnte (Clow 1999).

Mit dem Ziel, die potentiellen Implikationen von Makromärkten für die EWWU herauszuarbeiten, ist der vorliegende Beitrag wie folgt strukturiert: Der zweite Abschnitt diskutiert zunächst, wie groß die Gefahr asymmetrischer Schocks in der EWWU einzuschätzen ist. Der dritte Abschnitt beschäftigt sich mit Vorschlägen für fiskalische Ausgleichsmechanismen. Der vierte Abschnitt geht genauer auf den Vorschlag ein, private Makromärkte zu schaffen. Der fünfte Abschnitt konzentriert sich auf die Entwicklung neuer Versicherungsprodukte und untersucht ihre Relevanz für die Absicherung von den mit asymmetrischen Schocks verbundenen Einkommensrisiken. Der sechste Abschnitt schließlich faßt die Diskussion zusammen.

2. Monetäre Integration und asymmetrische Schocks

Wie aus der relevanten Literatur (einen umfassenden Überblick geben Jarchow und Rühmann 1997) bekannt ist, sind es vor allem drei Kriterien, die es für einzelne Länder sinnvoll erscheinen lassen, einer Währungsunion beizutreten: (1) Ein hoher Offenheitsgrad im Außenhandel, der impliziert, daß Preise hauptsächlich international bestimmt werden, (2) ein hoher Diversifizierungsgrad, der die Wahrscheinlichkeit länderspezifischer Schocks reduziert und (3) ein hohes Maß an Mobilität der Produktionsfaktoren, vor allem des Faktors Arbeit, um sicherzustellen, daß notwendige Anpassungen in Folge von gesamtwirtschaftlichen Störungen auch ohne Wechselkurse möglichst reibungslos stattfinden.[1]

Während das erste Kriterium für die EWWU allgemein als erfüllt gilt, wird den europäischen Arbeitsmärkten, von bedeutenden Ausnahmen abgesehen, ein Mangel an Flexibilität attestiert. Dies gilt sowohl für die regionale Mobilität von Arbeitskräften als auch für den Grad der Lohndifferenzierung und der Bereitschaft, zwischen unterschiedlichen Jobs zu wechseln. Hierfür werden zahlreiche Gründe verantwortlich gemacht (z.B. OECD 1997 und Siebert 1997), die europäische Unternehmen als massive Wettbewerbsnachteile empfinden (World Economic Forum 1999). Besonders gravierend erscheint der mangelnde Grad an Arbeitsmarktflexibilität im Vergleich zu den Vereinigten Staaten, die ebenfalls einen Währungsraum bilden. Wie Blanchard und Katz (1992) sowie Bayoumi und Prasad (1997) empirisch zeigen, haben regionale Störungen in den USA eine signifikante Migration von Arbeitskräften ausgelöst, wobei Eichengreen (1993) die regionale Mobilität amerikanischer Arbeitnehmer rund drei Mal höher als die Mobilität von Arbeitskräften zwischen Deutschland und Frankreich schätzt.

Weniger Klarheit besteht über das Maß an Mobilität von Realkapital innerhalb der EWWU. Die Ergebnisse einer jüngeren Untersuchung de Ménils (1999) lassen jedoch bezweifeln, ob Realkapital in der EWWU ausreichend mobil ist, um den mangelnden Grad an Arbeitsmobilität zu kompensieren. Nach den empirischen Ergebnissen einer Gravitätsanalyse europäischer Direktinvestitionen und der Schätzung eines *capital asset pricing models* scheint die Marktintegration für Realkapital in Europa unvollkommen zu sein.[2] Wie de Ménil zeigt, sind ausländische Direktinvestitionen in der EU in den

---

[1] Die Konzentration der Literatur über optimale Währungsräume auf *asymmetrische* Schocks bedeutet nicht, daß *symmetrische* Schocks, wie beispielsweise eine massive Erhöhung der Ölpreise, vernachlässigt werden dürfen. Im Gegenteil, wie Dornbusch, Favero und Giavazzi (1998) betonen, steht die EZB vor der Herausforderung unterschiedlicher Finanzierungsstrukturen in den einzelnen EWWU-Mitgliedsländern, die divergierende Auswirkungen geldpolitischer Maßnahmen, sowohl in bezug auf ihre Stärke als auch ihre zeitliche Struktur, vermuten lassen. Unkoordinierte fiskalpolitische Maßnahmen, über die weiterhin auf nationaler Ebene entschieden werden, könnten sich aufgrund unterschiedlicher realwirtschaftlicher Strukturen (u.a. gekennzeichnet durch unterschiedliche Offenheitsgrade) ebenfalls als suboptimal für den Währungsraum insgesamt herausstellen (IWF 1997, S. 61). Zudem mögen die wirtschaftspolitischen Zielfunktionen zu zusätzlichen Koordinierungsschwierigkeiten führen (Cornelius und Trimbur 1999).

[2] Die Frage nach der Marktintegration von *Realkapital* ist klar zu trennen von der Frage nach der Integration der *Finanz*märkte. In Bezug auf letztere läßt sich feststellen, daß der Integrationsgrad

letzten anderthalb Jahrzehnten zwar deutlich gestiegen – sogar stärker als der intraeuropäische Außenhandel – aber nicht eindeutig schneller als Direktinvestitionen auf globalem Niveau. Wichtiger noch sind die Ergebnisse von de Ménils Renditeuntersuchungen von rund 1400 Unternehmen, die – besonders im Vergleich zu den empirischen Ergebnissen für die USA und Kanada – den Schluß nahelegen, daß europäische Unternehmen nur begrenzte Mobilität gezeigt haben, um (risikoadjustierte) Renditeunterschiede auszunutzen.

Angesichts dieses empirischen Befundes erscheint die EWWU kaum als optimaler Währungsraum (vgl. Jarchow 1997a), und mithin kommt der Frage nach der zukünftigen Wahrscheinlichkeit asymmetrischer Schocks besondere Bedeutung zu (Bofinger 1994). Nimmt man die Korrelation von Wachstumsschwankungen zwischen einzelnen Regionen in den USA als Erwartungswert für die EWWU, so ist mit einem sinkenden Risiko zu rechnen (Bayoumi und Eichengreen 1993). Allerdings sind die Unterschiede zwischen den Vereinigten Staaten, die seit langer Zeit eine Währungsunion bilden, und Europa nicht besonders groß. Zwar ist die Korrelation von Fluktuationen in den Kernregionen der USA vergleichsweise ausgeprägter als in Europa. Diese transatlantischen Unterschiede sind aber beträchtlich geringer als die Differenzen zwischen dem Kern der USA und peripheren Regionen. Wie weitere Untersuchungen zeigen, gilt dies sowohl für Störungen auf der Nachfrage- als auch auf der Angebotsseite.

Ein weiteres Argument, das für eine tendenziell sinkende Wahrscheinlichkeit asymmetrischer Schocks spricht, läßt sich aus der Tatsache ableiten, daß solche Störungen in der Vergangenheit häufig von der Wirtschaftspolitik selbst ausgingen (z.B. Metten 1998). Durch die Vereinheitlichung der Geldpolitik und den der Fiskalpolitik enge Grenzen setzenden Stabilitäts- und Wachstumspakt dürfte dieses Risiko zumindest auf der Nachfrageseite sinken. Dies dürfte zu einer noch stärkeren Synchronisation der

---

deutlich zugenommen hat. Seit Beginn der EWWU besteht ein einheitlicher Geldmarkt, und die Abstände zwischen den Renditen für Anleihen sind massiv geschrumpft. Während noch 1996 der Renditeabstand zwischen italienischen und deutschen Staatsanleihen rund 600 Basispunkte betrug, ist dieser auf heute nur noch rund 25 Basispunkte zurück gegangen. Die Aktienmärkte dagegen scheinen nicht besonders gut integriert zu sein, sondern weiterhin unter einem *home country bias* zu leiden.

Konjunkturzyklen in Europa beitragen (Christodoulakis, Dimelis und Kollintzas 1995; Artis und Zhang 1997).

Auf der Angebotsseite könnte das Risiko asymmetrischer Schocks jedoch steigen. Dies hängt im wesentlichen davon ab, ob die Einführung einer gemeinsamen Währung zu einem höheren Spezialisierungsgrad der teilnehmenden Länder führt. Wie Krugman (1993) betont, zeichnen sich die Vereinigten Staaten durch eine vergleichsweise stärkere regionale Spezialisierung aus, was für sich genommen das Risiko asymmetrischer Angebotsschocks erhöht. In diesem Zusammenhang sind allerdings zwei Bemerkungen angebracht. Erstens gilt nach einer jüngeren Untersuchung von Bayoumi und Prasad (1997) die Aussage einer vergleichsweise stärkeren Spezialisierung nur für den produzierenden Sektor der USA, aber nicht allgemein. Was den Dienstleistungs-, Handels- und Finanzsektor (in den Vereinigten Staaten knapp 50 Prozent der gesamten Volkswirtschaft) betrifft, so ist die regionale Spezialisierung in Europa sogar deutlich höher. Zweitens erhöht sich das Risiko asymmetrischer Schocks nur dann, wenn eine zunehmende Integration durch eine inter-industrielle, aber nicht intra-industrielle Spezialisierung, charakterisiert wird und Störungen länderspezifisch anstatt industriespezifisch sind.

Festzuhalten bleibt, daß das Risiko asymmetrischer Schocks sich zwar nicht unbedingt erhöhen muß. Umgekehrt ist aber auch nicht notwendigerweise mit einer deutlich niedrigeren Wahrscheinlichkeit zu rechnen. Ungeachtet der Tatsache, daß das Problem der Arbeitslosigkeit in Europa im wesentlichen ein regionales und nicht so sehr ein nationales ist (Wyplocz 1997), besteht weitgehende Einigkeit über die Forderung an die Wirtschaftspolitik, die Absorptionsfähigkeit von ökonomischen Störungen durch strukturelle Reformen des Arbeitsmarktes zu erhöhen. Inwieweit durch entsprechende wirtschaftspolitische Maßnahmen ein ähnlich hoher Grad wie in den Vereinigten Staaten erreicht werden kann, bleibt angesichts kultureller und sprachlicher Differenzen allerdings auf absehbare Zeit fraglich. Vor diesem Hintergrund diskutiert der folgende Abschnitt, inwieweit flankierende fiskalpolitische Ausgleichsmechanismen von Bedeutung sein könnten.

3. Fiskalische Versicherung gegen Schocks?

Das Argument, daß fiskalpolitische Maßnahmen eine wichtige Rolle in Hinblick auf die Absorption von asymmetrischen Schocks in einer Währungsunion spielen können, ist keineswegs neu. Nach Ingram (1959) stellen Transfers zwischen dem Bundeshaushalt und den einzelnen Staaten der USA ein wichtiges Substitut für fehlende Wechselkurse dar. In einer empirischen Untersuchung finden Sachs und Sala-I-Martin (1992), daß rund ein Drittel der mit einer Rezession einhergehenden fiskalischen Einkommensverluste eines Bundesstaates durch eingebaute Stabilisatoren in Form von niedrigeren Steuerzahlungen an den Bundeshaushalt und erhöhten Übertragungen aus Bundesmitteln ausgeglichen werden. Diese Schätzung mag zwar zu hoch erscheinen, da sie nicht zwischen der kurzfristigen Stabilisierungsrolle der Fiskalpolitik und ihrer längerfristigen Rolle für eine inter-regionale Umverteilung unterscheidet. Bayoumi und Masson (1995), die versuchen, diese unterschiedlichen Aufgaben zu separieren, kommen aber immer noch auf einen Anteil von rund zehn bis zwanzig Prozent.

Für die EWWU besteht gegenwärtig keine zentrale fiskalische Institution, die ähnliche Aufgaben übernehmen könnte. Auch wenn der Stabilitäts- und Wachstumspakt wichtige Implikationen für die Fiskalpolitik beinhaltet, bleibt der Haushalt doch nationale Angelegenheit der EWWU-Mitgliedsländer. Sollte die Fiskalpolitik eine ähnlich wichtige Rolle wie in den Vereinigten Staaten spielen, müßten zunächst die institutionellen Voraussetzungen hierfür geschaffen werden. Angesichts der in Europa begrenzten Mobilität von Arbeitskräften hätte eine solche Institution vermutlich sogar eine im Vergleich zu den USA noch größere Rolle zu spielen.

Der Notwendigkeit eines fiskalischen Föderalismus auf EWWU-Ebene wird allerdings nicht allgemein zugestimmt (vgl. z.B. von Hagen und Eichengreen 1996 sowie Kletzer 1998).[3] Erstens ist solchen Vorschlägen entgegengehalten geworden, daß automatische Ausgleichsmechanismen ein nicht zu unterschätzendes *moral hazard* Problem mit sich bringen können. Denkbar ist beispielsweise, daß untergeordnete Gebietskörperschaften ihre Steuererhebung von den fiskalischen Übertragungen der übergeordneten

---

3 Vgl. allgemeiner zur Rolle der Fiskalpolitik in einer Währungsunion Jarchow (1993).

Gebietskörperschaft abhängig machen, was zu gesamtwirtschaftlichen Wohlfahrtsverlusten führen mag (Alesina und Perotti 1995). Gleichzeitig ist nicht auszuschließen, daß untergeordnete Gebietskörperschaften angesichts des mit dem Finanzausgleich einhergehenden *risk poolings* bereit sind, erhöhte Risiken einzugehen (z.B. durch die Förderung bestimmter Industrien). Hiermit mögen ebenfalls Wohlfahrtsverluste für den gesamten Wirtschaftsraum entstehen (vgl. hierzu Kletzer 1998, S. 119).

Zweitens stellt sich die Frage, warum eingebaute fiskalische Stabilisatoren nicht auf nationaler Ebene in ausreichendem Maße verstärkt werden können. Metten (1998) verweist in diesem Zusammenhang auf Finnland, wo die Gewerkschaften und Arbeitgeber sich darauf geeinigt haben, Beiträge zur Rentenversicherung vom Konjunkturzyklus abhängig zu machen. Überdurchschnittliche Beiträge sind demnach in Aufschwungphasen zu leisten, während unterdurchschnittliche Zahlungen in Phasen einer Rezession erfolgen. Verfügen alle Mitgliedsländer über entsprechende Stabilisatoren, könnte nach Auffassung einiger Beobachter (z.B. Belke und Gros 1998) auf die Einführung EWWU-weiter Ausgleichsmechanismen verzichtet werden.

Schließlich ist darauf verwiesen worden, daß die Gefahr asymmetrischer Schocks nicht so sehr ein inter-*nationales*, sondern vielmehr ein inter-*regionales* Problem darstellt. Während länderspezifische Schocks - wie die deutsche Wiedervereinigung oder der Zusammenbruch der ehemaligen Sowjetunion - selten sind und ihnen durch diskretionäre Übertragungen aufgrund von ad hoc Vereinbarungen begegnet werden kann, hilft ein EWWU-weiter fiskalischer Föderalismus wenig, wenn Schocks bestimmte Regionen und/oder Industrien betreffen. Statt dessen sind regionale Ausgleichsmechanismen notwendig. Belke und Gros (1998) schlagen in diesem Zusammenhang ein neues Finanzierungsfenster im Rahmen des bestehenden Kohäsionsfonds bzw. der Strukturfonds vor, wobei die Reserven der Fonds zu erhöhen und zusammen mit Krediten der Europäischen Investitionsbank oder der Kommission zu verbinden wären (Emerson und Gros 1998).[4]

---

[4] Der Vorschlag, Mechanismen zur Absorption regionaler Schocks über den Kohäsionsfonds einzurichten, geht davon aus, daß ärmere Mitgliedsländer der EWWU aufgrund niedrigerer privater Investitionen, weniger effizienter Kapitalmärkte und somit weniger differenzierter Industriestrukturen einem vergleichsweise höheren Risiko gesamtwirtschaftlicher Störungen ausgesetzt sind. Gleichzeitig

Die vor kurzem verabschiedeten Reformen des Kohäsionsfonds und der Strukturfonds haben diesen Vorschlag allerdings nicht aufgegriffen. Im wesentlichen sind die Ziele der Fonds unverändert geblieben.[5] Damit stellt sich weiterhin die Frage nach alternativen Ausgleichsmechanismen, die helfen, die Reibungsverluste im Falle von asymmetrischen Schocks möglichst gering zu halten. Vor diesem Hintergrund diskutiert der folgende Abschnitt, inwieweit private Märkte eine Rolle bei der Absorption gesamtwirtschaftlicher Störungen spielen könnten.

4. Makromärkte und Risikomanagement

Während der Frage nach fiskalischen Versicherungsmaßnahmen in der EWWU sowohl in der politischen als auch akademischen Diskussion erheblicher Raum eingeräumt wurde, scheint die mögliche Rolle privater Märkte in Bezug auf das Hedging von Einkommensrisiken vergleichsweise wenig Interesse gefunden zu haben. Wie aus einer Studie von Atkeson und Bayoumi (1993) hervorgeht, spiegelt sich dieses Desinteresse in dem fast vollständigen Versagen existierender Kapitalmärkte, als Hedging-Vehikel für regionale Risiken zu dienen. Anhand einer Zeitreihenanalyse für einzelne europäische Länder (Belgien Deutschland, Frankreich, Griechenland, Niederlande und das Vereinigte Königreich) untersuchen die Autoren, inwieweit Risiken in bezug auf Einkommen aus unselbständiger Arbeit über Kapitalmärkte ausgeglichen werden. In jeder länderspezifischen Regression stellt das Kapitaleinkommen die abhängige Variable dar. Als unabhängige Variable dienen das Kapitaleinkommen innerhalb der aus allen Ländern bestehenden Gesamtregion, das Arbeitseinkommen und das Kapitalprodukt (alle Variablen beziehen sich auf Veränderungen pro Kopf).

---

erschweren diese Faktoren den Anpassungsprozeß nach Schocks. Ökonomisch weiter entwickelte Länder dagegen haben geringere Anpassungskosten zu tragen.

5 Vgl. Verordnung (EG) des Rates Nr. 1264/1999 vom 21. Juni 1999 zum Kohäsionsfonds, Verordnung (EG) des Rates Nr. 1260/1999 vom 21. Juni 1999 zu den Strukturfonds und Verordnung (EG) des Europäischen Parlaments und des Rates Nr. 1261/1999 vom 21. Juni 1999. Sämtliche Verordnungen sind im Amtsblatt der Europäischen Gemeinschaften (26. Juni 1999) abgedruckt.

Die diesem Ansatz zugrunde liegende Idee ist die folgende: Im Falle, daß Arbeitnehmer das Risiko von Einkommensschwankungen aus unselbständiger Arbeit perfekt hedgen, wäre mit einem Koeffizienten von minus 1 zu rechnen. Für den Zeitraum 1970-87 ermitteln Atkeson und Bayoumi (1993) statt dessen einen Koeffizienten von –0.045.[6] Umgekehrt ist der für das Kapitaleinkommen geschätzte Koeffizient nahezu eins, derjenige für das Kapitalprodukt annähernd Null. Daraus schließen die Autoren, dass Kapitalmärkte eine nahezu bedeutungslose Rolle beim Ausgleich regionaler Risiken gespielt haben. In Ermangelung intra-europäischer fiskalischer Ausgleichsmechanismen ist es somit den jeweils betroffenen Ländern weitgehend selbst überlassen geblieben, asymmetrische Störungen zu absorbieren.

Wie in Zukunft eine internationale Diversifizierung von Einkommensrisiken über Kapitalmärkte stattfinden könnte, skizziert Shiller (1993), der die Schaffung von sogenannten Makromärkten vorschlägt. Nach diesem Vorschlag, der auf seine Relevanz für die EWWU zu überprüfen ist, lassen sich Makromärkte definieren als „Märkte, die es Individuen und Organisationen ermöglichen, sich gegen gesamtwirtschaftliche Risiken, die ihren Lebensstandard betreffen, zu versichern beziehungsweise diese Risiken unter Minimierung der Transaktionskosten zu hedgen“ (Shiller 1993, S. 2). Wie derartige Märkte funktionieren könnten, läßt sich anhand eines Beispiels illustrieren, das sich auf das Hedging von Risiken in bezug auf Einkommen aus unselbständiger Arbeit konzentriert. Für die meisten Haushalte stellen diese Einkommen die wichtigste Komponente ihres gesamten Einkommens dar. Grundsätzlich lassen sich ähnliche Beispiele auch für andere Einkommensklassen (z.B. Einkommen aus Miete und Verpachtung oder Kapitaleinkommen) oder für das aggregierte Einkommen konzipieren.[7]

In diesem Beispiel sei der Fall eines Makro-Swapmarktes betrachtet. Ausgangspunkt der Überlegungen ist, daß dem betrachteten Haushalt ein Teil des Volkseinkom-

---

6 Alle Regressionen wurden unter der Nebenbedingung identischer Koeffizienten für einzelne Regionen geschätzt. Für die Vereinigten Staaten ermitteln Atkeson und Bayoumi (1993) einen – absolut gesehen – noch geringeren Koeffizienten, nämlich –0.004.

7 Wie Shiller betont, lassen sich viele Risiken bisher nicht versichern. Zwar bieten Versicherungsgesellschaften Policen gegen Totalverluste durch Feuer oder ähnliche Ereignisse an; Einkommensschwankungen, die sich aus Fluktuationen von Immobilienpreisen ergeben, bleiben aber unversichert – ungeachtet der Tatsache, daß Verluste aus letzteren deutlich wahrscheinlicher sind.

mens in Form von Lohnzahlungen, Sozialhilfe oder Renten aus seiner Altersversicherung zufließt - d.h. der betrachtete Haushalt besitzt perpetuelle Einkommensansprüche an diesem makroökonomischen Aggregat. Seine Ansprüche sind jedoch risikobehaftet und sollen in weniger risikoreiche Einkommensströme verwandelt werden. Ferner wird vereinfachend angenommen, daß der betrachtete Haushalt selbst auf dem Swapmarkt agiert. Um sein Einkommensrisiko zu hedgen, tauscht der Haushalt seine perpetuellen Einkommensansprüche in alternative Instrumente um, die als internationales Portfeuille perpetueller Ansprüche schwankungsarme Einkommen sicherstellen. Gedanklich mag man sich das Swapgeschäft in zwei Schritten vorstellen. In einem ersten Schritt „geht der Haushalt short", indem er perpetuelle Einkommensansprüche verkauft. Der Betrag, den er erhält, entspricht der abdiskontierten Summe seiner zukünftigen Ansprüche an das Volkseinkommen in Form von zu erwartenden Lohneinkommen, Sozialversicherungsansprüchen und Rentenzahlungen. In einem zweiten Schritt investiert der betrachtete Haushalt den Betrag. Im Ergebnis hat der Haushalt somit zukünftige Einkommensströme zwecks Risikoverminderung „geswapt".

Für die hier betrachtete Aufgabenstellung erscheint ein Swapmarkt für Ansprüche an das Vollbeschäftigungseinkommen besonders sinnvoll, obwohl grundsätzlich auch Swapmärkte für Ansprüche an das tatsächliche Einkommen vorstellbar sind. Ein wichtige Frage betrifft in diesem Zusammenhang die Veränderung von Wochenarbeitszeit und Lohnsatz über längere Zeiträume. Präferenzen zwischen Freizeit und Arbeit mögen sich im Zeitablauf verändern. Swapkontrakte könnten dies berücksichtigen, indem sie säkulare Trends in bezug auf die Wochenarbeitszeit fortschreiben. Andernfalls bestünde die Möglichkeit, daß der betrachtete Haushalt ungerechtfertigterweise von geringeren Arbeitsanstrengungen profitieren würde.

Anfangs gleichen sich die *short*- und *long*-Positionen des Haushalts aus. Im Zeitablauf jedoch schwankt seine zukünftige Nettoposition in Abhängigkeit sowohl von der Marktentwicklung in bezug auf den Wert seines eigenen Portfeuilles als auch in Hinsicht auf Ansprüche gegen den betrachteten Haushalt selbst. Nimmt der Gegenwartswert des Volkseinkommens zu - und mithin die geswapten perpetuellen Ansprüche - sinkt ceteris paribus der Nettowert der Position des Haushalts. Um zu verhindern, daß der Nettowert zu gering wird und der Haushalt seinen Verpflichtungen nicht nachkommt, wäre ein Nachschießen per *margin call* notwendig.[8] Positive Nettopositionen könnten durch Verkauf aufgelöst oder vererbt werden.

Options- beziehungsweise Futures-Märkte würden sich grundsätzlich ebenfalls zum Hedgen von Einkommensrisiken eignen. Im letzteren Falle würde der betrachtete Haushalt zunächst eine *short*-Position eingehen. Die aus Investitionen in alternativen Märkten anfallenden Kapitalgewinne würden reinvestiert werden, Dividenden stünden dem Haushalt als unendlicher Einkommensstrom für Konsumzwecke zur Verfügung.

Wie könnten Makromärkte nun im Falle der EWWU helfen, asymmetrische Schocks zu absorbieren? Um dies zu skizzieren, ist es sinnvoll, den Fall Finnlands, der als besonders gravierendes Beispiel für länderspezifische Störungen gelten mag, heranzuziehen: Nach dem Zusammenbruch der ehemaligen Sowjetunion, einem wesentlichen Exportmarkt finnischer Produkte, stieg die Arbeitslosigkeit auf rund 16.5 Prozent an – mehr als eine Verdreifachung gegenüber der durchschnittlichen Arbeitslosenrate in den achtziger Jahren. In der Zeit von 1991 bis 1993 schrumpfte das finnische Bruttoinlandsprodukt kumulativ um rund 12 Prozent. Im gleichen Zeitraum wurde das Budgetdefizit (ohne Sozialversicherungsausgaben) von 1,5 Prozent des Bruttoinlandsprodukts auf 8 Prozent ausgeweitet. Es ist zu vermuten, daß der massive Rückgang der wirtschaftlichen Aktivität noch stärker ausgefallen wäre, wenn nicht eine Abwertung der finnischen Mark um rund ein Drittel gegenüber der DM (und um fast 60 Prozent gegenüber dem US Dollar) zwischen Ende 1990 und 1993 die Anpassungslast abgefedert hätte (alle statistischen Angaben aus IMF, 1999).

Hätten finnische Arbeitnehmer, die erhebliche Einkommenseinbußen in Folge massiv steigender Arbeitslosigkeit hinnehmen mußten, die Möglichkeit besessen, ihre Einkommensansprüche frühzeitig zu swappen, wäre mit merklich geringeren gesamtwirtschaftlichen Auswirkungen zu rechnen gewesen. Mit Hilfe des Swaps wären Ge-

---

[8] Shiller (1993, S. 55ff) betont, daß das Unvermögen, *margin calls* nachzukommen, ein potentielles Problem darstellen kann. Diese Gefahr ergibt sich insbesondere dann, wenn der Gegenwartswert des Einkommens, an dem perpetuelle Ansprüche bestehen, so stark zunimmt, daß die liquiden Mittel des Haushalts aufgezehrt werden. In einer solchen Position wird es dem Haushalt schwer fallen, Ansprüche an sein eigenes zukünftiges Einkommen zu verkaufen, um den margin call zu befriedigen. Um diese Gefahr zu minimieren, entwirft Shiller eine Strategie, die auf eine Putoption hinausläuft.

genwartswert des Volkseinkommens annahmegemäß in Kapitaleinkommen aus internationalen, weniger risikobehafteten Anlagen umgewandelt worden. Die Nettoposition des betrachteten Haushalts wäre mithin gestiegen. Umgekehrt wäre die Nettoposition derjenigen, die im Markt als Käufer aufgetreten wären (d.h. eine „lange" Position einnehmen und damit zukünftige Lohnansprüche finnischer Arbeitnehmer halten würden), gesunken. Ob dies mit einem internationalen oder intra-EWWU Vermögenstransfer verbunden gewesen wäre, ist a priori nicht klar. Prinzipiell sind beide Szenarien vorstellbar, je nach dem, ob auf dem Swapmarkt globale Investoren oder nur solche aus EWWU-Ländern agieren.[9] In jedem Falle wäre aber der Einkommensstrom des Haushalts geglättet worden, was zu einer Verstetigung der Konsumausgaben beigetragen hätte – möglicherweise in ausreichendem Maße, daß im Konzert mit anderen makroökonomischen und strukturellen Maßnahmen auf eine Abwertung hätte verzichtet werden können.

Wie wäre sich der Anpassungsprozeß im Falle eines positiven asymmetrischen Schocks aufgrund technischer Innovationen oder bedeutender neuer Funde von Rohstoffen vorzustellen? Unter solchen Umständen wären diejenigen die Verlierer, die „short" gegangen sind und zukünftige Ansprüche an das Volkseinkommen in weniger ertragsreiche Anlagen geswapt haben. Investoren, die auf diesem Markt „lange" Positionen halten, wären umgekehrt die Gewinner. Handelt es sich dabei annahmegemäß um internationale Investoren, würde der über den Swapmarkt stattfindende Vermögenstransfer die Auswirkungen des länderspezifischen Schocks interregional oder global verteilen, ohne daß hierzu Wechselkursanpassungen, fiskalische Ausgleichszahlungen oder Wanderungen von Arbeitnehmern erfolgen müßten.

Bei diesen Anpassungsvorgängen ist es egal, ob asymmetrische Schocks regional oder national stattfinden. Bei regional begrenzten Schocks, deren Wahrscheinlichkeit in der EWWU vermutlich höher sein dürfte, würden sich entsprechend die regionalen Nettopositionen ändern; andere Regionen desselben Landes wären hiervon nicht not-

---

[9] Von vornherein ist nicht eindeutig, ob für den Haushalt ein internationales Portfeuille, das Wechselkursrisiken unterliegt, sicherer ist als ein reines Euroland-Portfeuille. Dies ist für den Kerngedanken des hier betrachteten Swapgeschäfts jedoch nebensächlich.

wendigerweise betroffen. Dies mag als ein weiterer Vorteil gegenüber anderen Mechanismen angesehen werden.

Wenn Makromärkte intuitiv plausibel erscheinen, dann stellt sich die Frage, warum bislang noch keine existieren - sieht man einmal von Einzelfällen wie dem Popsänger David Bowie ab, der vor kurzem unter großer Aufmerksamkeit der Öffentlichkeit zukünftige Einnahmen aus Musikaufnahmen und Auftritten in Form einer handelbare Anleihe verbrieft hat.[10] Als mögliche Erklärungen kommen grundsätzlich drei Faktoren in Frage: Erstens ist vorstellbar, daß bereits alternative Möglichkeiten, Makrorisiken zu hedgen, existieren und somit die Schaffung neuer obsolet machen. Zweitens könnten technische Faktoren die Entstehung der beschriebenen Makromärkte verhindert haben. Drittens mag sich das Fehlen durch rechtliche Faktoren erklären.

Die Notwendigkeit, Makromärkte zu schaffen, würde dann nicht bestehen, wenn der auf Märkten für perpetuelle Ansprüche bestimmte Preis eine enge Korrelation beispielsweise mit Aktienkursen aufweisen würde. In diesem Falle wäre es Wirtschaftssubjekten möglich, durch das Eingehen entsprechender Positionen wenigstens teilweise ihre Einkommensrisiken zu hedgen. Dies zu überprüfen, ist leider nicht möglich, da der Preis für perpetuelle Ansprüche nicht beobachtet werden kann. Verschiedene Anhaltspunkte deuten allerdings darauf hin, daß existierende Kapitalmärkte nur unzureichend für Makro-Hedging geeignet sind. Betrachtet man zum Beispiel langfristige Zeitreihen, so scheint in fast allen Ländern das reale Bruttoinlandsprodukt kaum in Beziehung zu realen Dividenden zu stehen.

---

[10] Ein weiteres isoliertes Beispiel für Makromärkte besteht in dem 1985 eingerichteten Futures-Markt für den Verbraucherpreisindex in den Vereinigten Staaten. Im wesentlichen schuf dieser Markt die Möglichkeit, nominale in reale Kontrakte zu verwandeln, wodurch sich private Wirtschaftssubjekte gegen Inflationsrisiken absichern konnten. Zu diesem Zeitpunkt war die Unsicherheit über die zukünftige Inflation im Zuge der Geldpolitik unter dem damaligen Vorsitzenden des Federal Reserve Board Paul Volcker jedoch bereits deutlich gesunken, so daß der Futures-Markt nie ein ausreichendes Maß an Liquidität erreichte, um eine nennenswerte Rolle zu spielen (vgl. hierzu Horrigan 1987 und Cowen 1997). Ansonsten ist es weitgehend bei Vorschlägen geblieben, die Shiller (1993, S. 10) im einzelnen anführt. Der mit seinen Vorstellungen am nächsten verwandte Entwurf stammt von Milton Friedman der bereits (1962) vorgeschlagen hatte, Kredite an Studenten zur Finanzierung von Studiengebühren durch ein System zu ersetzen, in dem Wirtschaftssubjekte handelbare Anteile an ihren zukünftigen Einkommen emittieren.

In bezug auf technische Faktoren ist zunächst festzustellen, daß die Entstehung aktiver Märkte nur dann vorstellbar ist, wenn der Gegenwartswert zukünftiger Einkommen eine ausreichend hohe Variabilität aufweist. Sind Zeitreihen relativ glatt, so daß Zukunftswerte durch einfache Extrapolation geschätzt werden können, besteht wenig Anreiz, Risiken zu hedgen. Allerdings ist das beobachtete Fehlen von Schwankungen in vielen Einkommenszeitreihen noch kein Beweis für die Glätte von perpetuellen Einkommensansprüchen. So sind Dividendenzahlungen im Zeitablauf recht stabil, Aktienkurse dagegen unterliegen erheblichen Schwankungen.

Um die Bedeutung dieses Faktors genauer zu untersuchen, verwendet Shiller ein von Campbell und ihm (1988 und 1989) entwickeltes Gegenwartswertmodell, das es erlaubt, Standardabweichungen von aus perpetuellen Einkommensansprüchen abgeleiteten Erträgen zu schätzen. Für die Vereinigten Staaten und das Vereinigte Königreich, die als besonders innovativ im Finanzmarktbereich gelten und deshalb nach Auffassung Shillers als interessante Kandidaten für die Einrichtung von Makromärkten in Frage kommen, ergeben sich im Zeitraum 1950-90 relativ niedrige Werte (Shiller 1993, Tabelle 4.1; vgl. Anhang zum vorliegenden Beitrag). Diese Ergebnisse – 1,62 Prozent bzw. 1,14 Prozent – lassen zunächst nicht auf ein großes Interesse an Hedging schließen. Bei genauerer Betrachtung jedoch erscheint diese Schlussfolgerung voreilig. Erstens ist in absoluter (Dollar-)Betrachtung das Makrorisiko, das potentiell gehedged werden könnte, deutlich größer als beispielsweise das aus dem Aktienmarkt alleine resultierende Risiko. Zweitens sind die Ergebnisse relativ sensitiv in Bezug auf den betrachteten Zeitraum. Eine Ausweitung des Zeitraums auf die Periode 1900 bis 1992 führt nahezu zu einer Verdreifachung der Standardabweichung von 1,62 Prozent auf 4,72 Prozent für die USA. Die zur EWWU gehörenden Länder zeichnen sich dagegen generell durch höhere Standardabweichungen aus. Für die beiden Kernländer Deutschland (West) und Frankreich ergeben sich Schätzungen von 4,39 bzw. 5,27 Prozent. Diese Werte deuten auf eine potentiell eher dynamische Entwicklung von Makromärkten hin.

Wichtiger für das Nicht-Vorliegen von Makromärkten könnte ein anderer technischer Faktor sein. So ist es bei Futures-Kontrakten unabdingbar, daß befriedigende Indexreihen zur Verfügung stehen. Dies ist jedoch in der Regel nicht der Fall, und wie Shiller zeigt, ist die Schätzung solcher Reihen mit erheblichen Schwierigkeiten verbunden.

Der wohl bedeutendste Grund, warum bisher keine Makromärkte entstanden sind, dürfte jedoch auf psychologische Barrieren zurückzuführen sein. Diese Barrieren abzubauen, erscheint Shiller als eine notwendige Voraussetzung für die Schaffung der rechtlichen Rahmenbedingungen solcher Märkte:

> *„Our laws and institutions should be changed to make it easier for people to sell claims on their future incomes to come up with margin for hedging puposes. This does not mean that we should eliminate laws and institutions that help protect people, by preventing them from frivolously consuming their future income from their own foolishness, thereby enslaving themselves, only that the laws should allow them to sell claims for the sensible purpose of hedging".*

Ein transparenter Rechtsrahmen alleine reicht jedoch noch nicht aus. Die Marktteilnehmer müssen davon überzeugt sein, daß die entsprechenden Gesetze durchgesetzt werden – und zwar auch, wenn Wirtschaftssubjekte hohe Verluste erleiden und die Erfüllung der Verträge signifikante Übertragungen von Vermögen an das Ausland mit sich bringt. Eine solche Durchsetzung könnte sich als höchst unpopulär erweisen und die Chancen von Regierungen, wiedergewählt zu werden, deutlich senken. Ein weiteres Problem in diesem Zusammenhang ergibt sich aus dem mit der Anzahl der gehedgten Positionen steigenden Anreiz für Regierungen, populistische Maßnahmen wie die Senkung der Wochenarbeitszeit oder die Verlängerung des Jahresurlaubs zu beschließen. Diese Gefahr des *moral hazard* ließe sich allerdings durch eine entsprechende Vertragsausgestaltung minimieren.

Es erscheint allerdings nicht realistisch anzunehmen, daß einzelne Haushalte (abgesehen von Individuen wie David Bowie, der eher als Unternehmen anzusehen ist) auf Makromärkten agieren. Vielmehr wäre zu vermuten, daß Versicherungsgesellschaften als Intermediäre agieren müßten. Anstatt selbst auf Makromärkten short zu gehen, würden einzelne Wirtschaftssubjekte ihre perpetuellen Einkommensansprüche an Versicherungsunternehmen verkaufen, die ihrerseits als Verkäufer auftreten würden, um gleichzeitig ihre Risiken durch den Kauf alternativer Instrumente zu hedgen. Vor wenigen Jahren noch mag sich dies utopisch angehört haben. Wie der folgende Abschnitt jedoch diskutiert, sind die Grenzen zwischen Versicherungsmärkten und Kapitalmärkten zunehmend verschwommen. Im Zuge dessen sind neue Produkte entstanden, die häufig unter der Bezeichnung „Alternative Risikotransfers“ (ART) zusammengefaßt werden.

5. Versicherungsinnovationen und ihre Relevanz für die EWWU

Wie innovationsfreudig sich die Versicherungsbranche in den vergangenen Jahren gezeigt hat, läßt sich am besten anhand des folgenden Beispiels illustrieren (Clow 1999): Im Oktober 1998 kaufte British Aerospace von einem aus acht Versicherungsunternehmen bestehenden Konsortium eine Versicherungspolice für rund 70 Millionen US Dollar, die dem Unternehmen über die nächsten 15 Jahre jährliche Einkünfte aus Leasing-Verträgen für Flugzeuge in Höhe von knapp vier Milliarden US Dollar garantiert. Das dieser Transaktion zugrunde liegende Ziel bestand in der Glättung der für das Leasing-Geschäft typischen Umsatz- und Gewinnschwankungen und mithin dem Ausgleich von andernfalls erratischen Dividendenzahlungen. Effektiv wurde durch den Transfer unternehmerischen Risikos ein Boden für mögliche Verluste eingezogen, nachdem British Aerospace Verluste in Milliardenhöhe Anfang der neunziger Jahre hinnehmen mußte.[11]

British Aerospace ist kein Einzelbeispiel. Mittlerweile bieten Versicherer eine breite Palette neuer Produkte an, die unternehmerische Risiken wie beispielsweise die Auslastung von Hotelbetten oder den Restwert von Leasing-Fahrzeugen einschließen. In einzelnen Fällen sind Versicherer sogar noch weiter gegangen. Anstatt individuelle Risiken abzudecken, werden sämtliche Geschäftsrisiken in Form holistischer Transfers

[11] Alternativ hätte das Unternehmen sein Risiko natürlich auch über internationale Kapitalmärkte hedgen können. Dies wäre jedoch vermutlich wesentlich teurer gewesen – möglicherweise sogar viermal so teuer (Shirreff 1999, S. 38). Während Versicherer und Rückversicherer Risiken aus Portfoliosicht betrachten und somit niedrigere Prämien durch Diversifizierung anbieten können, neigen Kapitalmarktinvestoren typischerweise zur Einzelbetrachtung und evaluieren Ausfallrisiken getrennt. Viele institutionelle Investoren unterliegen strikten Regeln, nach denen nur in Instrumente investiert werden darf, die von den großen Rating-Agenturen mit Investitionsgrad versehen sind.

übernommen - eingeschlossen solche Risiken, die sich zum Beispiel aus Wechselkurs- oder Zinsschwankungen ergeben. Diese Innovationen haben einen ART-Markt entstanden lassen, dessen Volumen bereits auf rund 100 Milliarden US Dollar an Prämien geschätzt wird. Einige Marktbeobachter rechnen damit, daß dieser Markt im kommenden Jahrzehnt kräftig an Dynamik gewinnen und um das Vierfache des heutigen Volumens expandieren wird (Fairlamb 1999, S. 58).

In dem Maße wie Versicherungsunternehmen neue Produkte wie holistische Risikotransfers anbieten, besteht ihrerseits die Notwendigkeit, Risiken durch innovative Formen abzudecken. Rückversicherer wie SwissRe (1998) haben auf diese neuen Bedürfnisse bereits reagiert und bieten sogenannte *Integrierte Risiko Management* Lösungen an. Diese Lösungen unterscheiden sich in fundamentaler Weise von bisherigen Rückversicherungsprodukten insofern, als sie Risiken aus sämtlichen Geschäftsaktivitäten des Erstversicherers einschließen, d.h. solche, die sich aus (1) den zentralen Aufgaben des Versicherers (z.B. Kraftfahrzeuge, Feuer, Haftpflicht, Naturschäden), (2) den finanziellen Transaktionen (z.B. Anlagen in Finanzaktiva, Immobilien, Wechselkurse) und (3) unternehmerischen Tätigkeiten (z.B. politische Risiken, Streik, Management) ergeben.

Die dem Integrierten Risiko Management zugrunde liegende Motivation ist dem holistischen Versicherungskonzept der Erstversicherer eng verwandt: Durch das Bündeln von Risiken entstehen Diversifizierungsvorteile und mithin kostengünstigere Lösungen. In verschiedenen Fällen ist das Versicherungsrisiko jedoch auch an die Kapitalmärkte weitergegeben worden. Der Umfang des Marktes für versicherungsbezogene Titel (*insurance-linked securities*, ILS) beträgt gegenwärtig rund 2 bis 3 Milliarden US Dollar (SwissRe 1999, S.3). In erster Linie sind es private Anleihen, vermittels derer Risiken überwälzt werden. Daneben spielen aber auch OTC-Swaps, -Futures und -Optionen eine zunehmende Rolle. Die Mehrheit der gegenwärtigen ILS-Transaktionen betrifft den Markt für sogenannte Katastrophen-Anleihen oder *CAT bonds*, deren (Kupon- und Kapital-) Zahlungen i.d.R. in Abhängigkeit von einem Risikoindex für Naturkatastrophen erfolgt.[12] 1992 wurde an der Chicago Board of Trade mit dem Handel von Futures auf katastrophenbezogene Verlustindices und hiermit in Bezug stehende Optionen begonnen.[13] Seit Ende 1996 gibt es darüber hinaus eine in New York ansässige spezielle Börse für Katastrophenrisiken (Catastrophe Risk Exchange, CATEX).[14] Seit Ende 1997 werden schließlich CAT bonds an der Rohstoffbörse von Bermuda gehandelt.[15]

Welche potentiellen Implikationen ergeben sich nun aus den beschriebenen Versicherungsinnovationen für die Fähigkeit der EWWU, asymmetrische Schocks zu absorbieren? Tatsächlich kommt das erwähnte Beispiel von British Aerospace und die Entwicklung holistischer Versicherungskonzepte den an früherer Stelle diskutierten Vorstellungen Shillers (1993) in verschiedener Hinsicht bereits recht nahe. Zwar handelt es sich bei den vorgestellten Beispielen nicht um perpetuelle Ansprüche, sondern vielmehr um das Abwälzen von genau definierten oder holistischen Risiken über einen bestimmten Zeitraum zu einem vorher festgelegten Preis. Der Grundgedanke ist aber ähnlich: Durch den Kauf einer Versicherung, durch die Kapital, das andernfalls zur Risikovorsorge gehalten werden müßte, freigesetzt wird, sollen Einkommensströme, Gewinne und Dividenden geglättet werden. Hiermit dürfte auch eine Verstetigung der Lohnsumme der betroffenen Unternehmen verbunden sein – ein wesentliches Ziel der diskutierten Makro-Märkte. Versicherer, die (z.B. gegenüber British Aerospace) eine „lange“

[12] Unterschiedliche Strukturen sind jedoch möglich. Tritt keine Naturkatastrophe ein, so erhält der Investor beispielsweise einen garantierten Anteil des Kapitals zu regulären Fälligkeitsterminen. Tritt dagegen ein Desaster ein, so wird der Investitionsbetrag erst zu einem späteren Zeitpunkt zurückgezahlt, wobei die verzögerte Rückzahlung durch eine Zerokouponanleihe finanziert wird, die der Emitent am Fälligkeitstag kauft. Einen umfassenden Überblick über unterschiedliche Finanzierungsstrukturen und die Preisgestaltung von CAT bonds geben Froot (1999) und SwissRe (1999).

[13] Eine wichtige Rolle bei der Entstehung des Marktes hatte Hurricane Andrew gespielt, der große Teile der Karabik und der südlichen Staaten der USA verwüstete.

[14] Kielholz und Durrer (1997) beschreiben genauer, wie dieser Märkte funktionieren.

[15] Gemessen an dem auf rund 125 Milliarden US Dollar geschätzten Gesamtvolumen des weltweiten Rückversicherungsmarktes oder verglichen mit dem auf rund 275 Milliarden US Dollar geschätzten Volumen des Versicherungsmarktes für Naturkatastrophen erscheint die Bedeutung von ILS- Transaktionen noch sehr gering. Dies ist in erster Linie auf erhebliche Überkapazitäten bei vielen Rückversicherern und auf sinkende Preise seit Mitte der neunziger Jahre aufgrund ausgebliebener Naturkatastrophen zurückzuführen. Dieser Trend könnte sich jedoch in dem Moment umkehren, in dem eine Konzentration von Desastern die bestehenden Überkapazitäten in der Versicherungsindustrie schnell schrumpfen lassen würde. Die Titelgeschichte der Februar 1999-Ausgabe von Euromoney trug den Titel: „Praying for a Catastrophe“ - angesichts der schweren Erdbeben, die 1999 die Türkei und Taiwan heimgesucht haben, eine eher makabre Überschrift.

Position einnehmen, streuen entweder das erworbene Risiko innerhalb ihres Gesamtportfeuilles, geben es weiter an Rückversicherer oder transferieren es als verbriefte Asset-Klasse an Investoren auf den internationalen Kapitalmärkten (d.h. gehen „short") – eine weitere Parallele zu Shillers Makro-Märkten.[16]

Diese Entwicklungen, die dem privaten Risikomanagement neue Möglichkeiten eröffnen, sind aus Sicht des gemeinsamen Währungsraums in Europa positiv zu beurteilen. Indem die beschriebenen Innovationen einzelnen Unternehmen helfen, ihre Risiken effizient zu hedgen, können sie tendenziell dazu beitragen, die EWWU robuster in Hinsicht auf makroökonomische Gefahren zu gestalten. Man stelle sich vor, daß der Großteil europäischer Unternehmen ihre Risiken holistisch an Versicherer transferiert haben, die ihrerseits Integrierte Risiko Management Produkte von Rückversichern erwerben, welche schließlich verbriefte ILS-Produkte auf globalen Kapitalmärkten emittieren. In einem solchen Szenario, was manche als „end game" der Versicherungsbranche sehen, dürften selbst Schocks in der Größenordnung des finnischen am Anfang der neunziger Jahre absorbierbar sein, ohne daß hiermit massive Wachstumseinbrüche, extreme Ausweitungen des Budgetdefizits oder in letzter Konsequenz das Ausscheren aus der EWWU verbunden sein müßten.

Von einem solchen Szenario sind wir allerdings noch weit entfernt. Um einen nennenswerten Beitrag in Bezug auf die Absorption asymmetrischer Schocks zu leisten, müßte der ART-Markt noch deutlich an Tiefe und Breite gewinnen. Vermutlich würde das bisherige Volumen nicht einmal einen marginalen Einfluß ausüben. Dies bedeutet, daß auf fiskalische Ausgleichsmechanismen, entweder aufgrund bereits existierender beziehungsweise noch einzurichtender Fazilitäten oder auf ad-hoc Basis, nicht verzichtet werden kann – flankiert durch strukturelle Maßnahmen zur Erhöhung der Flexibilität der Arbeitsmärkte.

Dies sollte jedoch nicht dazu verleiten, private Versicherungsmärkte als makroökonomische Schockabsorber lediglich als theoretisches Konstrukt ohne praktische Relevanz zu unterschätzen. Angesichts der Entwicklungsdynamik des ART-Marktes in

[16] Wie bereits erwähnt, mag die Kette sowohl Versicherer als auch Rückversicherer einschließen, bevor sie mit der Verbriefung von Risiken endet.

den vergangenen Jahren, an der verschiedene europäische Versicherer beteiligt waren, und in Anbetracht der optimistischen Markteinschätzung für die Zukunft, erscheint es vielmehr angebracht, jedenfalls auf längere Sicht die potentielle Rolle privater Märkte für das Hedging makroökonomische Risiken ernst zu nehmen. Auch wenn nicht damit zu rechnen ist, daß bis auf weiteres ART-Märkte alleine die Funktion von Schockabsorbern übernehmen werden, so wäre zumindest ein zunehmend wichtiger Beitrag vorstellbar.

Ob in Zukunft ART-Märkte auch privaten Haushalten zur Verfügung stehen, erscheint allerdings fraglich. Ein wesentliches Handicap dürfte in dem damit verbundenen *moral hazard* Problem bestehen. Während Anreizsysteme wie Aktienoptionen verhindern helfen, daß der Transfer von Risiken das unternehmerische Verhalten von Managern unterminiert, könnte die Möglichkeit für private Haushalte, Risiken über Makromärkte abzuwälzen, eine nicht zu unterschätzende Gefahr negativer Anreize mit sich bringen. Als Ausweg kommen für Shiller grundsätzlich zwei Möglichkeiten in Frage: Erstens wäre vorstellbar, daß Versicherer Policen nur mit erheblicher Selbstbeteiligung verkaufen, d.h. nur einen Teil der Risiken versichern. Zweitens käme in Frage, Versicherungspolicen nicht auf das Einkommen des individuellen Haushalts auszustellen, sondern statt dessen auf eine nicht zu beeinflussende Makrovariable, die dieses Einkommen bestimmt (Shiller 1993, S. 7). Beide Lösungsansätze sind jedoch nicht ohne Probleme: Um der Gefahr des *moral hazard* wirkungsvoll zu begegnen, müßte die Selbstbeteiligung prozentual vermutlich recht hoch ausfallen. Je höher sie aber ausfällt, desto größer die Sickerverluste in bezug auf die Absorptionsfähigkeit von Schocks. Im alternativen Fall dagegen stellt sich die Schwierigkeit, eine entsprechende Variable zu finden. Dieses Problem ist vermutlich um so größer bei kleinen offenen Volkswirtschaften, die relativ stärker von ausländischen Einflüssen betroffen werden.

Aber auch wenn die Umsetzung von Shillers Vorstellungen von Makromärkten auf Unternehmen beschränkt bleiben sollte, so dürften private Haushalte als Arbeitnehmer von einem effizienteren Risikomanagement profitieren. Die Gefahr transitorischer Arbeitslosigkeit in Folge asymmetrischer Schocks dürfte sich reduzieren, was sich bei nach unten unflexiblen Nominallöhnen verstetigend auf die Konsumneigung und den privaten Verbrauch, das mit Abstand größte makroökonomische Aggregat, auswirken dürfte. Die Gefahr, daß hierdurch notwendiger struktureller Wandel behindert oder sogar verhindert werden könnte, ist als gering einzuschätzen. Unternehmen werden auch trotz effizienterer Risikovorsorge starke Anreize besitzen, sich im Falle permanenter Änderungen des Geschäftsumfelds den neuen Gegebenheiten anzupassen. Zwar haben einige Versicherungen bereits mehrjährige ART-Produkte angeboten, Risikotransfers mit infinitem Zeithorizont erscheinen aus heutiger Sicht aber unwahrscheinlich.

6. Zusammenfassung

Dieser Beitrag hat sich mit der Frage beschäftigt, wie zukünftig asymmetrische Schocks in der EWWU absorbiert werden können. Um die Bedeutung dieser Frage herauszuarbeiten, wurde zunächst die Wahrscheinlichkeit derartiger Störungen im gemeinsamen Währungsraum diskutiert. Als Ergebnis wurde festgehalten, daß das Risiko asymmetrischer Schocks in Zukunft zwar geringer werden dürfte, aber keinesfalls zu vernachlässigen ist. Vor diesem Hintergrund konzentrierte sich die anschließende Diskussion auf mögliche Mechanismen, mit Hilfe derer die EWWU-Mitgliedsstaaten Schocks auch ohne Wechselkurse absorbieren können. Auf der Grundlage der umfangreichen Literatur zu diesem Thema wurde die Fähigkeit der europäischen Arbeitsmärkte, diese Rolle zu übernehmen, eher skeptisch beurteilt. Selbst wenn es gelingen sollte, strukturelle Barrieren, die der interregionalen Mobilität im Wege stehen, zu beseitigen, dürften kulturelle und sprachliche Barrieren weiterhin hemmend wirken. Obwohl empirisch weniger gut gesichert, scheint auch das Realkapital nicht das Maß an Mobilität aufzuweisen, das notwendig wäre, die geringe Mobilität von Arbeitskräften auszugleichen.

Die anschließende Diskussion befaßte sich mit der Fiskalpolitik, der in den Vereinigten Staaten eine wesentlich größere Rolle bei der Versicherung asymmetrischer Schocks zukommt. In diesem Zusammenhang wurden verschiedene in der Literatur vorgestellte Vorschläge, die von dem Ausbau der bestehenden Kohäsions- und Strukturfonds bis zu einem fiskalischen Föderalismus in Europa reichen, aufgegriffen. Als Schlußfolgerung wurde festgehalten, daß angesichts der auf diesem Gebiet nur geringeren Fortschritte und politischen Widerstände die Aussichten auf eine strukturelle Lösung eher gering erscheinen und sich einzelne unter asymmetrischen Schocks leidende Mitgliedsländer auf ad hoc Lösungen verlassen müssen.

Angesichts dieser ernüchternden Feststellung, die verschiedene Beobachter veranlaßt haben, vor einer monetären Desintegration in Europa zu warnen, konzentrierte sich der Rest des Beitrages auf die potentielle Rolle privater Versicherungsmärkte. Ausgehend von einem Vorschlag Schillers (1993), Märkte zum Hedgen von sogenannten Makrorisiken zu schaffen, wurde untersucht, inwieweit die in den letzten Jahren beobachteten Innovationen im Versicherungsbereich von Relevanz für die Absorption makroökonomischer Störungen sein könnten. In diesem Zusammenhang wurde insbesondere auf alternative Risikotransfers, beispielsweise in Form holistischer Ansätze, und die Verbriefung von versicherten Risiken über private Anleihen, OTC-Swaps und -Optionen eingegangen. Als Ergebnis wurde festgehalten, daß die entstandenen Produkte, durch die die Grenzen zwischen Versicherungen und Kapitalmärkten zunehmend verschwimmen, zumindest theoretisch einen wichtigen Beitrag als Schockabsorber leisten können.

Ob private Versicherungsmärkte auch in der Realität eine ernstzunehmende Rolle diesbezüglich spielen werden, wird, wie betont wurde, davon abhängen, welche Dynamik die ART-Märkte in Zukunft entwickeln. Sollte sich, wie einige Beobachter erwarten, das Marktvolumen in den nächsten zehn Jahren vervierfachen, wäre zumindest mit einem, wenn vermutlich auch noch recht geringen, Beitrag zu rechnen. Wie die Erfahrungen mit verschiedenen Finanzderivativen, vor allem Optionen, zeigen, ist allerdings nicht auszuschließen, daß sich selbst solche optimistisch erscheinenden Erwartungen als zu vorsichtig erweisen. Angesichts dieser Erfahrungen erscheint es angebracht, die Rolle, die private Versicherungsmärkte potentiell spielen könnten, ernst zu nehmen.

Anhang

Geschätzte jährliche Renditen und Gegenwartswerte in Märkten für perpetuelle Anspüche (1950 - 1990)

Land	Standard-abweichung [a]	Wert des Landes [b]	R^2 [c]	beta [d]
Euroland				
Belgien	3,71	2.201	0,47	1,34
Deutschland	4,39	15.638	0,43	1,44
Finnland	3,43	1.288	0,06	0,44
Frankreich	5,27	13.570	0,44	1,83
Irland	2,79	507	0,15	0,57
Italien	5,08	13.543	0,43	1,71
Luxemburg	2,40	111	0,10	0,41
Niederlande	4,72	3.193	0,34	1,45
Österreich	3,18	1.608	0,44	1,09
Portugal	7,00	1.115	0,24	1,81
Spanien	6,60	5.631	0,09	1,04
Übrige EU:				
Dänemark	3,56	1.201	0,14	0,71
Griechenland	7,87	1.107	0,12	1,46
Schweden	3,75	2.194	0,00	0,12
Ver. Königreich	1,14	13.616	0,05	0,13
USA:	1,62	81.044	0,49	0,59

a) In bezug auf die Rendite des Marktes für perpetuelle Ansprüche auf das Bruttoinlandsprodukt.
b) In 1950 erwarteter Gegenwartswert für das reale BIP, in 1990 Mrd. US-Dollar.
c) Länderrendite regressiert auf Weltmarktrendite.
d) Für die Rendite des Marktes für perpetuelle Ansprüche auf das Bruttoinlandsprodukt.

Quelle: Shiller (1993, S. 64-65).

Literatur

Alesina, A. and R. Perotti (1995), Economic Risk and Political Risk in Fiscal Unions, Working Paper 4992, National Bureau of Economic Research, Cambridge.

Artis, M.J. and W. Zhang (1997), Business Cycles and the ERM: Is There a European Business Cycle? International Journal of Finance and Economics 2, 1-16.

Atkeson, A. and T. Bayoumi (1993), Do Private Capital Markets Insure Regional Risk? Evidence from the United States and Europe, Open Economies Review 4, 303-324.

Bayoumi, T. and B. Eichengreen (1993), Shocking Aspects of European Monetary Unification, in: F. Torres and F. Giavazzi (Eds.) Adjustment and Growth in the European Monetary Union, Cambridge – New York.

Bayoumi, T. and P.R. Masson (1995), Fiscal Flows in the United States and Canada: Lessons for Monetary Union in Europe, European Economic Review 39, 253-274.

Bayoumi, T. and E. Prasad (1997), Currency Unions, Economic Fluctuations, and Adjustment: Some New Empirical Evidence, IMF Staff Papers 44, 36-58.

Blanchard, O.J. and L. F. Katz (1992), Regional Evolutions, Brookings Papers on Economic Activity 1, 1-75.

Bleke, A. and D. Gros (1998), Asymmetric Shocks and EMU: Is There a Need for a Stability Fund? Intereconomics 134, 275 – 288.

Bofinger, P. (1994), Europa: Ein optimaler Währungsraum? In: B. Gahlen, H. Hesse, H.-J. Ramser (Hrsg.), Europäische Integrationsprobleme aus wirtschaftswissenschaftlicher Sicht, Tübingen.

Campbell, J.Y. and R.J. Shiller (1988), Stock Prices, Earnings, and Expected Dividends, Journal of Finance 43, 661-676.

Campbell, J.Y. and R.J. Shiller (1989), Cointegration and Tests of Present Value Models, Journal of Political Economy 95, 1062-1088.

Christodoulakis, N., S.P. Dimelis and T. Kollintzas (1995), Comparisons of Business Cycles in the EC: Idiosyncrasies and Regularities, Economica 45, 1-27.

Clow, R. (1999), Who's Afraid of Contingent Capital? Institutional Investor, March, 127-135.

Cornelius, P. and T. Trimbur (1999), Heterogeneous Policy Responses and the Risk of Monetary Disintegration in Europe (mimeo).

Cowen, T. (1997), Should Central Banks Target CPI Futures? Journal of Money, Credit and Banking 29, 275-285.

De Ménil, G. (1999), Real Capital Market Integration in the EU: How Far Has It Gone? What Will the Effect on the Euro Be? Economic Policy 28, 167-201.

Dornbusch, R., C. Favero and F. Giavazzi (1998), Challenges for the European Central Bank, Economic Policy 26, 15-64.

Eichengreen, B. (1993), Labor Markets and European Monetary Unification, in: P.R. Masson and M.P. Taylor (Eds.), Policy Issues in the Operation of Currency Unions, Cambridge.

Emerson M. and D. Gros (1998), Impact of EU Enlargement, Agenda 2000 and EMU – The Case of Portugal, CEPS Working Document No. 125.

Fairlamb, D. (1999), Financial Alchemists, Institutional Investor, April, S. 55-59.

Friedman, M. (1962), Capitalism and Freedom, Chicago.

Froot, K. (Ed.) (1999), The Financing of Catastrophe Risk, Chicago.
Gollier, Ch. (1997), About the Insurability of Catastrophic Risks, The Geneva Papers on Risk and Insurance 22, 177-186.
Ingram, J. (1959), State and Regional Payments Mechanisms, Quarterly Journal of Economics 73, 619-632.
Horrigan, B.R. (1987), The CPI Futures Market: The Inflation Hedge That Won't Grow, Business Review, Federal Reserve Bank of Philadelphia, May-June, 3-14.
International Monetary Fund (1997), World Economic Outlook, Washington, D.C.
International Monetary Fund (1999), World Economic Outlook, Washington, D.C.
Jarchow, H.-J. (1993), Fiskalpolitik in einer Währungsunion, Finanzarchiv 50, 187-203.
Jarchow, H.-J. (1994), Die währungspolitischen Beschlüsse von Maastricht, in: H. Sautter (Hrsg.), Wirtschaftspolitik in offenen Volkswirtschaften, Festschrift für H. Hesse zum 60. Geburtstag, Göttingen.
Jarchow, H.-J. (1995), Zur Strategie und zum Instrumentarium der Europäischen Zentralbank, Aussenwirtschaft 50, 423-442.
Jarchow, H.-J. (1997a), Zur Diskussion über die Europäische Währungsunion und ihre Realisierung, in: R.H. Hasse und W. Schäfer (Hrsg.), Die ökonomischen Aussenbeziehungen der EWU, Göttingen.
Jarchow, H.-J. (1997b), Zur Theorie und Realität internationaler Währungssysteme. Ein modellorientierter Überblick, Zeitschrift für Wirtschafts- und Sozialwissenschaften, 117, 443-472.
Jarchow, H.-J. (1998), Von der Deutschen Bundesbank zur Europäischen Zentralbank, in: K. Farmer und H.-W. Wohltmann (Hrsg.), Quantitative Wirtschaftspolitik in offenen Volkswirtschaften: Theoretische Ansätze und aktuelle Entwicklungen, Festschrift zum 65. Geburtstag von H. Kuhn, Münster.
Jarchow, H.-J. und P. Rühmann (1997), Monetäre Außenwirtschaft, II. Internationale Währungspolitik, 4. Aufl., Göttingen.
Kenen, P. B. (1969), The Theory of Optimum Currency Areas, in: R.A. Mundell and A.A. Swoboda (Eds.), Monetary Problems of the International Economy, Chicago.
Kielholz, W. and A. Durrer (1997), Insurance Derivatives and Securitization: New Hedging Perspectives for the US Cat Insurance Market, The Geneva Papers on Risk and Insurance 22, 3-16.
Kletzer, K.M. (1998), Macroeconomic Stabilization with a Common Currency: Does European Monetary Unification Create a Need for Fiscal Insurance or Federalism? In: B. Eichengreen and J. Frieden (Eds.), Forging an Integrated Europe, Ann Arbor.
Krugman, P. (1993), Lessons of Massachusetts for EMU, in: F. Torres and F. Giavazzi (Eds.), The Transition to Economic and Monetary Union, Cambridge.
McKinnon, R.I. (1963), Optimum Currency Areas, American Economic Review 53, 717-725.
Metten, A. (1998), Draft Report on „Asymmetric Shock or Shock Specific to One Country„ (INI0972), European Parliament, Part B: Explanatory Statement, Committee on Economic and Monetary Affairs and Industrial Policy, 16 July, Brussels.
Mundell, R.A. (1961), A Theory of Optimum Currency Areas, American Economic Review 50, 657 – 665.

Organization for Economic Cooperation and Development (1997), Implementing the OECD Jobs Strategy – Lessons from Member Countries' Experience, Paris.

Sachs, J.D. and X. Sala-I-Martin (1992) Fiscal Federalism and Optimum Currency Areas: Evidence for Europe from the United States, in: M.B. Canzoneri, V. Grilli, and P.R. Masson (Eds.), Establishing a Central Bank: Issues in Europe and Lessons from the U.S., Cambridge.

Shiller, R.J. (1993), Macro Markets. Creating Institutions for Managing Society's Largest Economic Risks, Oxford.

Shirreff, D. (1999), Praying for a Catastrophe, Euromoney, February, 38-42.

Siebert, H. (1997), Labor Market Rigidities: At the Root of Unemployment in Europe, Journal of Economic Perspectives 11 (3), 37-54.

SwissRe New Markets (1998), Integrated Risk Management Solutions. Beyond Traditional Reinsurance and Financial Hedging, Zürich.

SwissRe New Markets (1999), Insurance-Linked Securities, Zürich.

Von Hagen, J. and B. Eichengreen (1996), Federalism, Fiscal Restraints, and the European Monetary Union, American Economic Review, Papers and Proceedings 86, 134-138.

World Economic Forum (1999), Global Competitiveness Report, Geneva.

Wyplosz, Ch. (1997), EMU: Why and How It Might Happen, Journal of Economic Perspectives 11 (4), 3-22.

MOEL – Wechselkursarrangements

Wolf Schäfer

1. Realpeg vs. Nominalpeg

Für die mittel- und osteuropäischen Länder (MOEL) spielt die Wechselkurspolitik im Transformationsprozeß eine wichtige Rolle, weil die Entscheidung für ein bestimmtes Wechselkursarrangement auf diesen Prozeß einwirkt. Innerhalb der wechselkurspolitischen Optionen werden für die MOEL feste Wechselkurse, flexible Wechselkurse und Mischsysteme aus beiden diskutiert.[1] Allerdings kann festgestellt werden, daß mittlerweile kein MOEL seinen Wechselkurs völlig flexibel gestaltet. Vielmehr unterliegen die Wechselkurse mehr oder weniger strikt einem nominalen oder realen Peg. Bei der Wahl zwischen einem „real target approach" und einem „nominal target approach" haben unterschiedliche Zielsetzungen im Transformationsprozeß Priorität. Beim Realpeg wird die Stabilität des realen Wechselkurses angestrebt, vor allem um eine durch heimische Inflation bewirkte Verschlechterung der Wettbewerbsfähigkeit des Außenhandelssektors eines Landes zu vermeiden. Der Realpeg kann sich dabei auf eine einzelne Auslandswährung oder auf einen Währungskorb beziehen. Im Nominalpeg, dessen extreme Variante ein Currency board darstellt, soll durch die Bindung des nominalen Wechselkurses an eine Auslandswährung oder einen Währungskorb als stabilem Anker vor allem die heimische Inflation durch den Import externer Geldwertstabilität und der mit ihr verbundenen geldpolitischen Glaubwürdigkeit gestoppt werden.

Es hängt mithin von den transformationspolitischen Prioritäten ab, ob sich ein MOEL für einen Real- oder Nominalpeg entscheidet. Im allgemeinen schließen sich beide Wechselkursarrangements gegenseitig aus, jedoch hängt es von speziellen Bedingungen ab, inwieweit sie miteinander vereinbar sind. Dabei spielen – wie im folgenden verdeutlicht wird – die Größe des Außenhandelssektors, die Preissetzungsmacht für die

---

[1] Vgl. Jarchow (1998, S. 19 f), Jarchow und Rühmann (1997, S. 350 ff), Ohr (1996).

Außenhandelsgüter sowie die Möglichkeiten der Überwälzung von abwertungsinduzierten Preiserhöhungen auf die Binnenhandelsgüterpreise neben der internen Stabilisierungspolitik eines Landes eine Rolle. Konkret: Je größer der Außenhandelssektor, je kleiner die Preissetzungsmacht sowie die abwertungsinduzierten Preisüberwälzungsmöglichkeiten und je größer die internen Stabilitätserfolge sind, desto eher sind Realpeg und Nominalpeg miteinander kompatibel, so daß sich das Wahlproblem zwischen beiden Wechselkursarrangements entschärft. Dies wird anhand eines einfachen Zwei-Sektoren-Modells aufgezeigt.

Bei der Wahl zwischen realem und nominalem Peg tritt das für die meisten MOEL wichtige Problem, daß sie externen finanziellen Restriktionen unterliegen, oft in den Hintergrund. Modelltheoretisch soll deshalb dargelegt werden, in welcher Weise die Diskrepanz in der Währungsstruktur, in der einerseits die externe Verschuldung eines Landes denominiert und in der andererseits dessen Außenhandel fakturiert wird, zu einem Problem bei der Wahl eines Wechselkurspeg werden kann. Es stellt sich heraus, daß dieses Problem für die MOEL minimiert wird, wenn sich die Währungsstrukturen in deren Außenhandels- und Finanzbeziehungen angleichen.

Vor allem für diejenigen MOEL, die derzeit einen Realpeg praktizieren und Mitglieder der Europäischen Währungsunion (EWU) werden wollen, ist das Wissen um diese Zusammenhänge wichtig. Denn gemäß Art. 109j EGV müssen sie das Konvergenzkriterium einer mindestens zweijährigen abwertungsfreien Mitgliedschaft im neuen europäischen Wechselkursmechanismus (WKM2) erfüllen. Dies bedeutet, daß sie spätestens zwei Jahre vor EWU-Beitritt einen (Quasi-) Nominalpeg gegenüber dem Euro praktizieren müssen, bevor sie durch die Einführung des Euro den Wechselkurs als Anpassungsvariable vollständig verlieren. Damit stellt sich für die beitrittswilligen MOEL die Frage nach den Bedingungen des Übergangs z. B. von einem Realpeg zum Nominalpeg.

2. Modelltheoretische Grundlagen

Unsere weiteren Überlegungen in bezug auf die Alternative Realpeg vs. Nominalpeg sollen auf der Grundlage folgenden einfachen Zwei-Sektoren-Modells für ein MOEL durchgeführt werden.

(1) $p = \alpha p_T + (1-\alpha)\, p_N \qquad 0 \leq \alpha \leq 1$

(2) $p_T = \beta e + (1-\beta)\, p_N \qquad 0 \leq \beta \leq 1$

(3) $p_N = \gamma e + \delta \qquad 0 \leq \gamma \leq 1$

(4) $\pi = e - p$

(5) $\pi_T = e - p_T$

Legende:

p:	Heimische Inflationsrate
$p_T\,(p_N)$:	Inflationsrate der Außenhandelsgüter (Binnenhandelsgüter)
e:	Nominale Wechselkursänderung
π:	Reale Wechselkursänderung
π_T:	Änderung der Preiswettbewerbsfähigkeit der Außenhandelsgüter
α:	Größe des Außenhandelssektors
$\beta\,(\gamma)$:	Preissetzungsmacht des Landes für Außenhandelsgüter (Binnenhandelsgüter); $\beta = 0$, $\gamma = 0$ bzw. $\beta = 1$, $\gamma = 1$: höchste bzw. geringste Preissetzungsmacht
δ:	(Inflations-) Schock

Aus (1) – (5) lassen sich Preisniveau, Realwechselkurs und Wettbewerbsfähigkeit als Funktionen von Nominalwechselkurs und (Inflations-) Schock aufzeigen:

(6) $p = (1-\alpha\beta)\delta + (\alpha\beta(1-\gamma) + \gamma)\, e$

(7) $\pi = (1-\alpha\beta)\,((1-\gamma)\, e - \delta)$

(8) $\pi_T = (1-\beta)\,((1-\gamma)\, e - \delta)$

Die Werte von p, π und π_T können aus (6) – (8) für die beiden Wechselkursarrangements Nominalpeg (e = 0) und Realpeg (π = 0) ermittelt werden. In der folgenden Tabelle werden sie aufgezeigt.

Tabelle: Parameterwerte im Nominalpeg und Realpeg

	p	π	π_T
e = 0	$(1-\alpha\beta)\,\delta$	$-(1-\alpha\beta)\,\delta$	$-(1-\beta)\,\delta$
$\pi = 0$	$(1/1-\gamma)\,\delta = e$	0	0

Man kann die Zusammenhänge graphisch wie folgt veranschaulichen.

Graphik: Nominalpeg und Realpeg

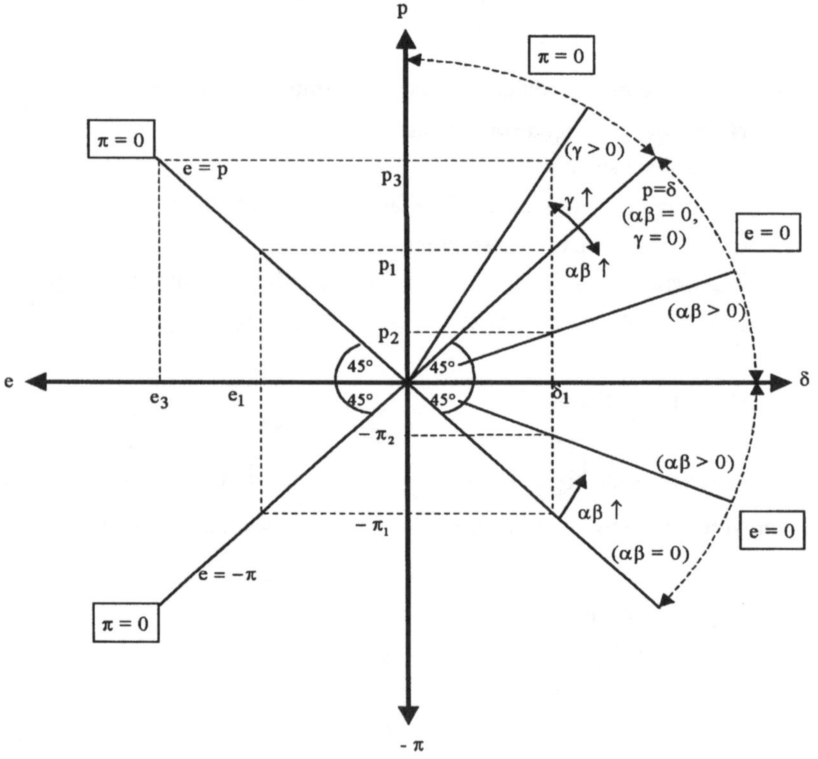

Der Realpeg wird im linken oberen Quadranten durch die (p = e)-Linie repräsentiert. Im rechten oberen Quadranten ist die 45°- Linie, die den Geltungsbereich für den Realpeg von dem für den Nominalpeg abgrenzt, der geometrische Ort alle Werte, für die $p = \delta$ gilt. Im Realpeg impliziert dies $\gamma = 0$, d. h. eine Situation, in der Wechselkursänderungen nicht auf die Binnenhandelsgüterpreise durchschlagen. Im Nominalpeg bedeutet dies $\alpha\beta = 0$, d. h. es handelt sich um eine Volkswirtschaft ohne Außenhandelssektor $(\alpha = 0)$ und/oder mit hoher Preissetzungsmacht $(\beta = 0)$. Man erkennt, daß nur für diese Parameterkonstellation ein (Inflations-)Schock – resp. eine Geldpolitik repräsentiert durch δ_1 – sowohl im Nominal- als auch im Realpeg zu derselben Inflationsrate p_1 führt. Diese Inflationsrate ist im Realpeg mit einer nominalen Abwertung der heimischen Währung in Höhe von e_1 verbunden, im Nominalpeg mit einer gleich großen realen Aufwertung in Höhe von π_1.

Eine Drehung der 45°- Linie im rechten oberen Quadranten nach rechts – sie entspricht einer simultanen Drehung der 45°- Linie im rechten unteren Quadranten nach rechts – impliziert im Nominalpeg, daß $\alpha\beta$ zunimmt (bis $\alpha\beta = 1$), eine Drehung nach links bedeutet im Realpeg eine Erhöhung von γ (bis $\gamma = 1$). Nun wird deutlich, daß Inflationsschocks resp. die heimische Geldpolitik je nach Wechselkursarrangement unterschiedliche Inflationswirkungen haben. So führt δ_1 im Nominalpeg bei $\alpha\beta > 0$ zur Inflationsrate p_2 (mit einer realen Aufwertung π_2) und im Realpeg zur höheren Inflationsrate p_3 (mit einer nominalen Abwertung e_3). Man erkennt, daß sich nunmehr reale Auf- und nominale Abwertung quantitativ nicht mehr entsprechen: Die Realaufwertung ist geringer als die Nominalabwertung. Die Tatsache zudem, daß der Realpeg zu einer gegenüber dem Nominalpeg höheren Inflationsrate führt, ist der Hauptgrund dafür, daß von vielen MOEL ein Nominalpeg – im Extremfall ein Currency board – vor allem als kurzfristig wirksame Inflationsbremse eingesetzt wird: Durch den Import externer Preisstabilität über den Nominalpeg soll die Glaubwürdigkeit der internen Stabilisierungspolitik erhöht werden.

3. Protektionsabbau und interne Stabilisierung

Aus Sicht der MOEL, die die EWU-Mitgliedschaft anstreben, können nunmehr einige Folgerungen in bezug auf die Wahl des Wechselkursarrangements gezogen werden. Zunächst ist zu konstatieren, daß hochinflationierende MOEL, die einen Realpeg praktizieren, vor Eintritt in den WKM2 ihre Inflationsrate über die Beeinflussung der auf diese einwirkenden Parameter reduzieren müssen. Da man davon ausgehen kann, daß die MOEL ökonomisch kleine Länder sind, deren Preissetzungsmacht für international handelbare Güter allenfalls gering und nicht variabel ist $(\beta = 1)$, handelt es sich bei diesen Parametern um γ (wechselkursinduzierte Preisüberwälzungsmöglichkeit), α (Größe des Außenhandelssektors) und δ (inflationäre Schocks bzw. Geldpolitik). Deutlich wird, daß die Inflationsrate mit sinkendem γ, steigendem α und sinkendem δ sinkt (Rechtsdrehung der $p(\delta)$-Funktion im Realpeg und im Nominalpeg). Sinkendes γ bedeutet Reduzierung des Wechselkurseinflusses auf die Binnenhandelsgüterpreise[2], und ein steigendes α impliziert eine Vergrößerung des Außenhandelsgüter- zulasten des Binnenhandelsgütersektors. Beides führt bei konstantem δ – z. B. bei unveränderter Geldpolitik – zu einem Inflationsabbau. Dieser wird natürlich verstärkt, wenn auch δ sinkt, d. h. eine restriktive Geldpolitik eingeleitet wird.[3]

Welche Folgerungen lassen sich daraus nun ziehen? Die beste Voraussetzung dafür, daß die MOEL zunächst am WKM2 teilnehmen und aus diesem heraus EWU-Mitglied werden können, ist die Vergrößerung ihrer Außenhandelssektoren durch Protektionsabbau und Öffnung der Märkte. Zu betonen ist, daß dies nur bei entsprechenden Maßnahmen auch von seiten der EU gelingen kann, die EU selbst sich also gegenüber den MOEL öffnen muß. Man kann auch sagen, daß vor dem Beitritt zur EWU eine möglichst umfassende Integration der MOEL-Beitrittskandidaten in die europäische Arbeitsteilung in Form der Beteiligung am EU-Binnenmarkt stattgefunden haben sollte.

---

2 Diese wird relativ automatisch mit zunehmender Öffnung des Landes eintreten, weil damit der Binnenhandelssektor schrumpft. Ebenso kommt es zur Abschwächung des Wechselkurseinflusses auf die Binnenhandelsgüterpreise, wenn z. B. abwertungsbedingte Importpreiserhöhungen nicht zu kompensierenden Lohnerhöhungsforderungen führen, die dann auf die Binnengüterpreise überwälzt werden.

3 Vgl. hierzu auch Schäfer (1998).

Darüber hinaus ist der MOEL-interne Inflationsabbau durch eine stabilitätsorientierte Geldpolitik zu unterstützen. Ökonomische Öffnung durch Protektionsabbau und interne Stabilitätspolitik sind deshalb unumgängliche Voraussetzungen für eine EWU-Mitgliedschaft der MOEL.

4. Wechselkurspeg und externe Stabilisierung

Bei den bisherigen Überlegungen zur Wahl eines geeigneten Wechselkurspeg für die MOEL standen interne Stabilitätszielsetzungen im Vordergrund. Allgemein unterliegen die MOEL jedoch zudem externen finanziellen Restriktionen, die es gebieten, bei der Wahl des geeigneten Wechselkurspeg auch externe Zielsetzungen zu beachten. Hier kann – unabhängig von dem Wahlproblem zwischen Nominal- und Realpeg – die Konzeption eines „gleichgewichtigen" Wechselkurspeg ins Spiel gebracht werden. Williamson[4] definiert einen „fundamentalen" Gleichgewichtswechselkurs („Fundamental Equilibrium Exchange Rate (FEER)") bekanntlich als denjenigen Wechselkurs, der externes Gleichgewicht bei hoher Beschäftigung inflationsfrei sichert, wobei als externes Gleichgewicht ein Leistungsbilanzsaldo gilt, der einem gewünschten Saldo der Kapitalbilanz entspricht.[5] Dabei ist der FEER als effektiver realer Wechselkurs konzipiert. Macht nun ein Land einen solchen FEER zum Peg, so bedeutet dies, daß die Währung dieses Landes an einen Auslandswährungskorb gebunden wird, der die Währungen der Handelspartner enthält und sie entsprechend ihrem Anteil am Außenhandel gewichtet. Unter Berücksichtigung der Kapitalbilanz impliziert die Verwendung eines FEER-Peg für ein extern verschuldetes MOEL jedoch dann ein Problem, wenn die Währungsstruktur des Außenhandels mit der der Verschuldung nicht übereinstimmt. In diesem Fall kann z. B. eine reale Abwertung der heimischen Währung zwar die Leistungsbilanz – bei normaler Reaktion – verbessern, aber gleichzeitig steigt auch der Realwert der externen Verschuldung an, so daß der resultierende Nettozahlungsbilanzeffekt unsicher

4 Vgl. Williamson (1983), (1994) sowie Jarchow und Rühmann (1997, S. 281 f.).
5 Vgl. hierzu auch den Ansatz von Schäfer (1980, S. 74).

bleibt. In bezug auf viele MOEL kann empirisch festgestellt werden, daß ihr Außenhandel überwiegend auf den Euro-Währungsraum und damit auf den Euro ausgerichtet, ihre Verschuldung dagegen weitgehend in US-Dollar (USD) denominiert ist. Ein außenhandelsorientierter FEER-Peg kann damit zu einem Finanzierungsproblem werden, wenn z.B. der USD gegenüber dem Euro aufwertet. Welches ist unter diesen Bedingungen für ein MOEL ein optimaler Peg bzw. welches ist die optimale Wechselkursreaktion gegenüber dem USD, wenn der Euro/USD-Kurs sich verändert?

Wir beantworten die Frage auf der Basis eines einfachen Zwei-Länder-Modelles[6]. Für beide Länder i = X, Y wird angenommen, daß sie sowohl ihre reale Außenhandelsposition als auch ihre reale externe Verschuldung stabilisieren wollen. Da Leistungsbilanz und der Realwert der externen Verschuldung vom jeweiligen realen effektiven Wechselkurs R bzw. V abhängen sollen, kann von folgender Verlustfunktion ausgegangen werden:

$$(9)\quad L_i = \frac{1}{2}\left(R_i^2 + aV_i^2\right) \rightarrow \min! \qquad i = X, Y; \quad a \geq o$$

Beide Länder kontrollieren ihren Wechselkurs Π_{iUSD} gegenüber dem USD, und wir fragen nach der optimalen Π_{iUSD}-Reaktion für den Fall einer Euro/USD-Wechselkursänderung. Dabei sollen die effektiven Realkurse wie folgt definiert werden:

$$(10)\quad R_X = b_{USD}\,\Pi_{XUSD} + b_E\Pi_{XE} + \left(1 - b_{USD} - b_E\right)\Pi_{XY}$$

$$(11)\quad V_X = c_{USD}\,\Pi_{XUSD} + c_E\Pi_{XE} + \left(1 - c_{USD} - c_E\right)\Pi_{XY}$$

[6] Ähnlich Bénassy-Quéré und Lahrèche-Révil (1998, S. 18 ff.).

Legende:

$R_X\ (V_X)$:	Realer effektiver Wechselkurs der X-Währung bezogen auf die Währungsstruktur des internationalen Handels (der externen Verschuldung) des Landes X
$\Pi_{XUSD}\ (\Pi_{XE,}\Pi_{XY})$:	Realer Wechselkurs der X-Währung gegenüber dem USD (dem Euro, der Y-Währung)
$b_{USD}\ (b_E)$:	Gewicht des USD (des Euro) im Außenhandel des Landes
$c_{USD}\ (c_E)$:	Gewicht des USD (des Euro) in der externen Verschuldung des Landes

Wir gehen aus Vereinfachungsgründen davon aus, daß beide Länder strukturell identisch sind, so daß (10) und (11) auch für Land Y zutreffen.

Da gilt: $\Pi_{ij} = \Pi_{iUSD} - \Pi_{jUSD}$, können wir für (10) und (11) auch schreiben:

$$(12)\quad R_X = \Pi_{XUSD} - b_E\,\Pi_{EUSD} - \left(1 - b_{USD} - b_E\right)\Pi_{YUSD}$$

$$(13)\quad V_X = \Pi_{XUSD} - c_E\,\Pi_{EUSD} - \left(1 - c_{USD} - c_E\right)\Pi_{YUSD}$$

Wenn nun beide Länder ihre Verlustfunktion minimieren unter der Annahme, daß sie die Reaktion des jeweils anderen Landes nicht berücksichtigen (nicht-kooperatives Spiel), dann gilt:

$$(14)\quad \frac{dL_i}{d\Pi_{iUSD}} = \frac{dR_i}{d\Pi_{iUSD}} + \frac{dV_i}{d\Pi_{iUSD}} = 0,$$

woraus folgt:

$$(15)\quad \Pi_{XUSD} = \Pi_{YUSD} = \frac{b_E + ac_E}{(b_{USD} + b_E) + a\,(c_{USD} + c_E)}\,\Pi_{EUSD}.$$

Gleichung (15) repräsentiert ein nicht-kooperatives Nash-Gleichgewicht. Im kooperativen Spiel modifiziert sich das Ergebnis für den Fall, daß beide Länder sich auf die gemeinsame Strategie

$$(16)\quad L = L_X + L_Y \rightarrow \min!$$

einigen, entsprechend wie folgt:

$$(17)\qquad \Pi_{XUSD} = \Pi_{YUSD} = \frac{(b_{USD} + b_E)\,b_E + a\,(c_{USD} + c_E)\,c_E}{(b_{USD} + b_E)^2 + a\,(c_{USD} + c_E)^2}\,\Pi_{EUSD}$$

Gleichungen (15) und (17) implizieren damit die optimale Wechselkursreaktion beider Länder gegenüber dem USD, wenn der Euro/USD-Wechselkurs sich verändert.

Ein Blick auf die Parameter in (15) und (17) zeigt, daß die Ergebnisse des nicht-kooperativen und kooperativen Spiels für $a = o, a \rightarrow \infty$ bzw. $b_{USD} = b_E = c_{USD} = c_E = 0{,}5$ übereinstimmen.[7]

$a = o\ (a \rightarrow \infty)$ impliziert die Stabilisierung des effektiven Realkurses allein auf außenhandelsorientierter (verschuldungsorientierter) Gewichtungsbasis. Für alle Werte $o < a < \infty$ existiert ein Trade-off zwischen der Stabilisierung auf Basis beider alternativer Gewichtungen, wobei $a < 1\ (a > 1)$ bedeutet, daß die Stabilisierung von R (V) größere Bedeutung hat als die von V (R).

---

[7] Man wird für die MOEL davon ausgehen können, daß die beiden Ergebnisse sich empirisch tatsächlich kaum unterscheiden, weil der Intra-MOEL-Handel wenig ausgeprägt ist (mit Ausnahme von Tschechien und der Slowakei).

$b_{USD} = b_E = c_{USD} = c_E = 0{,}5$ impliziert, daß der reale effektive Wechselkurs sowohl in bezug auf die außenhandelsorientierte als auch verschuldungsorientierte Gewichtung konstant bleibt:

$$(18) \qquad \frac{dR_i}{d\Pi_{EUSD}} = \frac{dV_i}{d\Pi_{EUSD}} = \frac{d\Pi_{XUSD}}{d\Pi_{EUSD}} - 0{,}5 = 0$$

In diesem Fall werden ja alle Außenhandels- und Kapitaltransaktionen zu gleichen Teilen in Euro (bzw. mit dem Euro-Währungsraum) und in USD (bzw. mit den USA) abgewickelt.

5. Fazit

Für diejenigen MOEL, die die Mitgliedschaft in der EWU anstreben, ist gezeigt worden, daß u. a. Protektionsabbau und Integration in den EU-Binnenmarkt notwendige Bedingungen dafür sind, daß sie einen Nominalpeg im Rahmen des WKM2 durchhalten und schließlich den Euro übernehmen können. Unter Berücksichtigung externer Finanzierungsschranken ist für die Peg-Entscheidung eines MOEL nicht nur die Währungsstruktur des Außenhandels, sondern auch die der Verschuldung von Bedeutung, so daß ein realer effektiver Wechselkurs im Sinne eines FEER als Peg in Betracht kommt. Stärkere EU-Marktintegration bedeutet nun, daß sich der EU-Anteil und damit die Euro-Fakturierung im MOEL-Außenhandel erhöht, d. h. der Modellparameter b_E steigt. Das Gewicht des Euro in einem außenhandelsorientierten FEER-Peg nimmt zu. Mit steigendem integrationsbedingten Offenheitsgrad wird für die MOEL die Bedeutung eines außenhandelsorientierten gegenüber einem finanzierungsorientierten FEER-Peg relativ größer, d. h. der Modellparameter a wird sinken.[8] Zudem erscheint es sinnvoll und notwendig, daß die MOEL die Währungsstrukturen in ihren Außenhandels- und externen Finanzbeziehungen angleichen, d. h. den Euro-Anteil – Modellparameter c_E –

---

[8] Unter spezifischen Annahmen könnte man „optimale" a-Werte ermitteln.

in ihrer Verschuldungsstruktur entsprechend dem steigenden Euro-Anteil in der Außenhandelsstruktur erhöhen. Damit wird deutlich, daß der Euro auch außerhalb des Euro-Währungsraumes zunehmend die Funktionen des internationalen Tausch- und Wertaufbewahrungsmittels im internationalen Handels- und Kapitalverkehr übernehmen wird.

Literatur

Bénassy-Quéré, A. (1996), Potentialities and Opportunities of the Euro as an International Currency, CEPII, Document de travail N° 96-09, Paris.
Bénassy-Quéré, A. and A.Lahrèche-Révil (1998), Pegging the CEEC's Currencies to the Euro, CEPII, Document de travail N° 98-04, Paris.
Jarchow, H.-J. (1998), Zur Diskussion über die Europäische Währungsunion und ihre Realisierung, in: Hasse, R. H. und W. Schäfer (Hrsg.), Die ökonomischen Außenbeziehungen der EWU. Währungs- und handelspolitische Aspekte, Göttingen, S. 5 – 25.
Jarchow, H.-J. und P. Rühmann (1994), Monetäre Außenwirtschaft. Bd. I: Monetäre Außenwirtschaftstheorie, 4. Auflage, Göttingen.
Jarchow, H.-J. und P. Rühmann (1997), Monetäre Außenwirtschaft. Bd. II: Internationale Währungspolitik, 4. Auflage, Göttingen.
Ohr, R. (1996), Exchange Rate Policy in Eastern Europe, in: Lang, F. P. and R. Ohr (Eds.), Openness and Development, Heidelberg, S. 217 – 242.
Schäfer, W. (1980), Schattenwechselkurse in Projektevaluierungen, Tübingen.
Schäfer, W. (1998), Zur monetären Integration mittel- und osteuropäischer Länder in die Europäische Union, in: Zohlnhöfer, W. (Hrsg.): Perspektiven der Osterweiterung und Reformbedarf der Europäischen Union, Berlin, S. 163 – 176.
Williamson, J. (1983), The Exchange Rate System, Washington, D. C.
Williamson, J. (1994), Estimating Equilibrium Exchange Rates, Washington, D. C.

Risikocontrolling und Risikomanagement auf internationalen Finanzmärkten

Manfred Timmermann

1. Einführung

1.1 Veränderte Rahmenbedingungen im internationalen Markt für Finanzdienstleistungen

Bankgeschäfte sind seit jeher mit dem Eingehen von Risiken verbunden. Insofern sollten Überlegungen zu bankbetrieblichem Risikomanagement nicht überraschen. Es muß allerdings Gründe für die intensive Entwicklungsarbeit geben, mit der Kreditinstitute weltweit den Ausbau eben dieses Instrumentariums vorantreiben. Außerdem drängt sich dabei auch die Überlegung auf, das traditionelle Arsenal, auf das Banken beim Umgang mit Risiken zurückgreifen, sei den erwarteten Herausforderungen nicht mehr in vollem Umfang gewachsen. Warum?

Der internationale Markt für Finanzdienstleistungen hat sich in den vergangenen Jahren durch drei wesentliche Veränderungen in den Rahmenbedingungen ausgezeichnet:

1. Die als Globalisierung bezeichnete Kombination aus Marktöffnung für internationale Wettbewerber und die zunehmende internationale Verflechtung der Kapitalmärkte.
2. Technologische Innovationen, die zu sinkenden Transaktionskosten bei einem breiten Spektrum von Bankdienstleistungen geführt haben.
3. Entwicklung maßgeschneiderter Produkte (Derivate) zur Befriedigung der Kundenbedürfnisse, deren Bewertung erst durch die Anwendung neuer wissenschaftlicher Erkenntnisse möglich wurde.

Vor allem als Folge der ersten beiden Punkte ist eine zunehmende Emanzipation der Kunden in ihrem Verhältnis zu den Banken festzustellen.

Diese Faktoren bedeuten zunächst eine deutliche Steigerung des Wettbewerbsdruckes im Bankensektor. Dieser trifft die Banken als Finanzintermediäre an zwei Fronten: Zum einen auf ihren Absatzmärkten, zum anderen auf dem „Beschaffungsmarkt" für Kapital. Die Erscheinungen, an denen die Folgen dieser Feststellung deutlich werden, wie z. B. abnehmende Kundenbindung, Verbriefung, nachlassende Bedeutung des „Relationship Banking" im Firmenkundengeschäft etc., sind wohlbekannt und brauchen hier nicht weiter erläutert zu werden. Auch die verstärkte Orientierung der Unternehmen am Shareholder Value-Ansatz spiegelt nichts anderes wider als den schärfer gewordenen Wettbewerb um die knappe Ressource Kapital. Insbesondere als Folge des transaktionskostensenkenden technologischen Fortschritts müssen die Banken ihre Aufgaben auf den Finanzmärkten von Grund auf überdenken.

Die davon ausgelösten Anpassungsprozesse schlagen sich nicht nur in einer Konsolidierungswelle nieder, sondern in strategischen Neuausrichtungen zahlreicher Banken. Neben der in unserem hier zu besprechenden Zusammenhang weniger bedeutsamen Hinwendung zum wertschöpfungsintensiven Dienstleistungsgeschäft[1] (z.B. Beratung, Vermögensverwaltung, „klassisches" Investment Banking wie Börseneinführungen, Mergers and Acquisitions) ist die Konzentration auf die Kernkompetenz Risikotransformation zu nennen.

Die sinkende Rentabilität im Geschäft mit Großkunden guter Bonität sowie der zunehmende Druck, den Einsatz insbesondere des von den Aktionären bereitgestellten Risikokapitals zu optimieren, zwingen zu optimaler Ausschöpfung der über das Angebot der Leistung Risikotransformation erschließbaren Ertragsquellen und damit zu einer anhaltenden Effizienzsteigerung des Risikomanagements[2]. Folgende Aspekte sind dabei hervorzuheben:

---

[1] Weniger bedeutsam heißt natürlich nicht „zusammenhanglos". Selbstverständlich bauen viele Finanzdienstleister das relativ risikoarme, daher nur wenig Eigenkapital bindende Vermögensverwaltungsgeschäft mit seinen stabilen Erträgen zu einem Gegengewicht zu den stark schwankenden Einkünften z.B. aus den Handelsbereichen aus.

[2] Ob dagegen die auch in Aufsichtskreisen vertretene Ansicht zutrifft, die genannten Entwicklungen trügen ebenfalls zu einer stärkeren Gefährdung des (Welt-)Finanzsystems insgesamt bei, ist eine ganz andere Frage. Zum einen trägt die Globalisierung zu verbesserten Diversifikationsmöglichkeiten bei, zum anderen verteilen sich die übernommenen Risiken durch die zu beobachtenden Disintermediati-

1. Optimale Ausnutzung aller risikomindernden Instrumente (wie z.B. Netting, Sicherheiten).
2. Erhöhung der Risikotragfähigkeit der Bank durch einen globalen Risikomanagement-Ansatz, der die Ausschöpfung aller Diversifikationseffekte ermöglicht.
3. Erschließung neuer ertragreicher, aber auch riskanter Geschäftsfelder (z.B. Emerging Markets, Eigenhandel, Kredit- und Kreditrisikohandel).

Risikomanagement hat sich so zu einer Kernkompetenz einer Bank entwickelt.

1.2 Inhalt des vorliegenden Beitrags

Es ist der Gegenstand dieses Aufsatzes darzulegen, wie ein derartiges System in der Praxis ausgestaltet ist. Dabei ist in dem vorgegebenen Rahmen eine Beschränkung auf die wichtigsten Aspekte unvermeidlich. Obwohl die Ausführungen grundsätzlich für alle typischerweise unterschiedenen Risikokategorien zutreffen, also für Kredit-, Markt-, Liquiditäts- und operative Risiken[3], liegt der Schwerpunkt unserer Betrachtung auf den Kredit- und Marktrisiken. Angesichts der weitreichenden staatlichen Interventionen in den Bankensektor[4], die doch über eine bloße „Aufsicht" hinausgehen, liegt es nahe, auch auf Anforderungen an die aufsichtsrechtlichen Rahmenbedingungen einzugehen, um deren Verträglichkeit mit einem modernen, effizienten bankbetrieblichen Risikomanagement zu gewährleisten.

Die hier vorgestellten Überlegungen sind insbesondere auf große, international tätige Universalbanken zugeschnitten. Sie beschreiben im nächsten Abschnitt die wesentlichen Bausteine eines konsistenten, bankweit und damit international anwendbaren

---

onsprozesse auf mehr Risikoträger. Selbst einzelne Bankenzusammenbrüche und –übernahmen sind daher nicht ohne weiteres als Zeichen verringerter Stabilität des Gesamtsystems anzusehen.

3 Es ließe sich eine Vielzahl weiterer Risiken anführen, etwa Reputationsrisiken (z.B. bei steuereffizient strukturierten Produkten) oder Rechtsrisiken. Diese sind nicht Gegenstand unserer Betrachtung.

4 Um nur einige wichtige Punkte zu nennen: Das Betreiben von Bankgeschäften setzt eine staatliche Erlaubnis voraus, also ist die Gewerbefreiheit hier aufgehoben; die Bankaufsicht beurteilt die fachliche Eignung der Geschäftsleiter; spezielle Melde- und Geschäftsbegrenzungsvorschriften (Eigenmittel und Liquiditätsvorschriften); Verbot bestimmter Bankgeschäfte; Prüfungs- und Eingriffsbefugnisse der Bankaufsicht; für Details vgl. Gesetz über das Kreditwesen (1998) und Grundsatz I (Bundesaufsichtsamt für das Kreditwesen 1997).

Risikomanagementsystems. Die anschließenden Abschnitte erläutern diese Elemente näher. Ein weiterer Abschnitt ist den aufsichtsrechtlichen Rahmenbedingungen gewidmet.

1.3 Konzeption eines globalen Risikomanagementsystems

1.3.1 Der Risikoprozeß

Wir benutzen eine weitgefaßte Definition des Begriffes Risikomanagement (im weiteren Sinne) und wollen darunter die Gesamtheit aller aufbau- und ablauforganisatorischen Maßnahmen verstehen, die der Identifikation, Erfassung, Messung und Steuerung aller Risiken dienen, denen die Geschäftstätigkeit der Bank ausgesetzt ist. Diese Definition schließt Risikocontrolling mit ein. Das alle Unternehmensbereiche der Bank umspannende Netz von Überwachungsfunktionen, die die Geschäftsleitung in die Lage versetzen, kontrolliert Risiken einzugehen in der Zielsetzung der Optimierung des Risiko-Ertragsverhältnisses, bezeichnen wir auch als Risikoprozeß. Der letzte Punkt ist wichtig: Risikomanagement hat nicht nur über das Ausmaß der eingegangenen Risiken zu informieren, sondern diese auch den damit erzielten Erträgen gegenüberzustellen und daraus Entscheidungshilfen zur Allokation des knappen Risikokapitals auf die verschiedenen Geschäftsfelder einer Bank abzuleiten.

Innerhalb des Risikoprozesses unterscheidet man zweckmäßigerweise folgende Teilfunktionen, die in den nachfolgenden Abschnitten näher erläutert werden:

1) Risikomessung und Reporting
2) Limitsetzung
3) Risikoübernahme
4) Risikoüberwachung[5]
5) Qualitätssicherung

---

[5] Limitsetzung und Risikoüberwachung stellen zusammen das Risikomanagement im engeren Sinne dar.

Die vier „überwachenden" und steuernden Teilfunktionen sind organisatorisch und funktional von den zur Übernahme von Risiken autorisierten Bereichen zu trennen. Andernfalls ließen sich Interessenkonflikte nicht ausschalten und die zur strategischen Steuerung der Unternehmensbereiche und der Gesamtbank erforderliche Transparenz nicht sicherstellen[6]. Anders ausgedrückt: Die Geschäftsleitung wird ihrer strategischen Gesamtverantwortung nur gerecht, wenn sie über ein Kontroll- und Steuerungssystem verfügt, das ihr unabhängig von den Unternehmensbereichen aktuelle, vollständige und korrekte Informationen über Ausmaß und Struktur der eingegangenen Risiken zur Verfügung stellt.

1.3.2 Meßmethoden und Steuerungsgrößen

Offensichtlich ist es mit der Definition von Teilaufgaben des Risikoprozesses nicht getan. Die erfaßten Informationen müssen zu aussagekräftigen Kennzahlen aufbereitet werden können. Die Beherrschung des zur Entwicklung eines derartigen Steuerungswerkes erforderlichen Fachwissens und insbesondere die Fähigkeit, dieses Wissen auf die vielfältigen praktischen Anforderungen anzuwenden, stellen entscheidende Faktoren in der Wettbewerbsfähigkeit einer Bank dar. Die Implementierung eines solchen Systems ist jedoch nur dann gerechtfertigt, wenn es auch zur täglichen Risikosteuerung in der Bank eingesetzt wird. Dies setzt voraus, daß alle an der Produktion und Nutzung dieser Information Beteiligten sowohl mit der Aussagekraft dieser Größen als auch mit ihren Grenzen vertraut sind.

Folgende Anforderungen muß ein solches Kennzahlensystem erfüllen:

1) Erfassung aller Risikokategorien.
2) Vergleichbarkeit und Aggregierbarkeit, sowohl über Risikokategorien als auch über Unternehmensbereiche, Produktgruppen und idealerweise Kunden (-gruppen).

---

6 Zusätzlich zwingen auch bankaufsichtsrechtliche Vorschriften insbesondere zu unabhängiger Risikomessung und –reporting; vgl. Bundesaufsichtsamt für das Kreditwesen (1995).

3) Abbildung von Portfolioeffekten, also die Berücksichtigung von Diversifikationseffekten.
4) Verknüpfung mit dem Rentabilitätsmeßsystem der Bank, so daß Risiko und Ertrag im Managementinformationssystem nicht unverbunden nebeneinander stehen.

1.3.3 Die Implementierung und Optimierung des Datenflußprozesses[7]

Die Funktionsfähigkeit und der Wert des Risikoprozeß-Konzeptes sowie der Meßgrößen hängen entscheidend von der Datengrundlage ab, die zur Berechnung der Kennzahlen herangezogen wird. Diese sind ja im Rahmen eines standardisierten Berichtswesen regelmäßig und zeitnah zu produzieren. Angesichts der gewissermaßen historisch gewachsenen Infrastruktur zur Informationsverarbeitung und der immer wieder bestehenden Notwendigkeit, kurzfristig Probleme mit Ad-hoc-Lösungen zu meistern, ist es von entscheidender Bedeutung, diese Vielfalt an Datenquellen, -sammelstellen und -flußprozessen zu überarbeiten und in ein einheitliches Konzept zu überführen. Aufgrund der bei den international tätigen Universalbanken anzutreffenden Produkt- und Systemvielfalt handelt es sich dabei um kein triviales Problem.

Der effizienten Gestaltung des Datenflusses und der Prozeßimplementierung kommt daher ein herausragender Stellenwert zu. Dabei sind nicht nur die wichtigen Aspekte Vollständigkeit, Richtigkeit und Aktualität der Informationen zu berücksichtigen, sondern insbesondere konzernweit einheitliche Verfahren und die konsistente Datenbereitstellung aus einer Quelle für die unterschiedlichen Analysen. Dies vermeidet unnötigen Abstimmungsaufwand und erhöht die Akzeptanz der gelieferten Informationen und Auswertungen beträchtlich.

Ein Ansatzpunkt besteht darin, den Verarbeitungsprozeß von der Entstehung der Information zum Beispiel im Erfassungssystem eines Händlers bis zum veröffentlichten Bericht als industriellen Fertigungsprozeß aufzufassen und in entsprechende, aufeinan-

[7] Da Brockmann u.a. (2000) zu dieser Thematik in Kürze eine sehr gute Darstellung veröffentlichen, ist es nicht erforderlich, im weiteren Verlauf dieses Aufsatzes näher darauf einzugehen.

der abgestimmter Teilprozesse zu zerlegen[8]. Beschaffung der Produktionsfaktoren, Produktion, Qualitätskontrolle und Absatz des Endproduktes sind die zu unterscheidenden Phasen. Parallel dazu ist Forschung- und Entwicklungsarbeit für jeden dieser Teilprozesse zu leisten. Diese sind durch geeignete Rückkopplungsmechanismen laufend aufeinander abzustimmen.

2. Der Risikoprozeß

2.1 Vorbemerkung

Unter den oben vorgestellten Teilfunktionen des Risikoprozesses sollte man sich eher die konzeptionelle Zerlegung der Gesamtaufgabe „Risikomanagement" vorstellen, als eine zeitlich bestimmte Folge von Prozeßschritten. Sie überlagern die gesamte Geschäftstätigkeit der Bank und stehen durch vielfältige Informationsflüsse und Rückkoppelungsmechanismen untereinander in Beziehung. Auf die Bedeutung der Unabhängigkeit der mit der Wahrnehmung der einzelnen Teilfunktionen betrauten Einheiten von den risikoübernehmenden Unternehmensbereichen wurde schon hingewiesen. Von diesen Prinzipien abgesehen, gibt es keine objektiv richtige Lösung, wo im Organisationsgefüge der Bank diese Funktionen anzusiedeln sind. Die unten genannten Vorschläge beanspruchen daher weniger Allgemeingültigkeit, sondern sind als sinnvolle, in der Praxis anzutreffende Beispiele anzusehen[9].

2.2 Risikomessung und Reporting

Die regelmäßige Bereitstellung qualitätsgesicherter und zeitnaher Informationen über das gesamte Risikoprofil des Konzerns stellt die entscheidende Voraussetzung für ein funktionsfähiges Risikomanagement dar. Neben der Beschreibung und Analyse der ein-

---

8 Vergleiche insbesondere dazu Brockmann u.a. (2000).

9 Angesichts des beruflichen Hintergrundes des Verfassers überrascht es kaum, daß die Deutsche Bank dabei als Vorbild dient.

gegangenen Risiken gilt es, die von der Geschäftsleitung eingehaltenen Limite zu überwachen und, im Fall einer Überschreitung, entsprechende Meldungen zu veranlassen.

Die Funktion umfaßt neben dem Sammeln und Zusammenführen der Daten deren Aggregation, Auswertung und Veröffentlichung in einem standardisierten Berichtssystem. Die ideale Ausgestaltung eines solchen Systems würde nicht nur die Produktion vordefinierter Berichte, die nach allen für Management- und Bankaufsichtszwecke interessanten Rastern aufbereitet wurden[10], zulassen, sondern auch das Einstellen der Daten in ein flexibles Analysewerkzeug, das die beliebige Auswertung nach nutzerdefinierten Kriterien unter Einbezug – falls erforderlich – von Vergangenheitsdaten erlaubt. Insbesondere die beliebige Kombination von Auswertungskriterien und die Analyse des Zustandekommens aggregierter Ergebnisse (Drill-down Funktionalität) stellen Herausforderungen dar, an deren Bewältigung noch gearbeitet wird.

Die Gesamtverantwortung für diese Aufgaben obliegt typischerweise einem unabhängigen zentralen Risikocontrolling, während einzelne Teilaufgaben durchaus in der Verantwortung anderer Controllingbereiche liegen können.

2.3 Limitsetzung

Letztendlich ist es Aufgabe der Geschäftsleitung, das gesamte Ausmaß der eingegangenen Risiken sinnvoll zu begrenzen, d.h. die Risikoneigung der Bank festzulegen. Unter der Annahme, alle Risiken ließen sich hinreichend genau quantifizieren, läuft das auf die Bestimmung der Ausfallwahrscheinlichkeit der Bank (in einer gegebenen Periode) hinaus.

Ausgehend von der Risikotragfähigkeit der Bank und dem festgesetzten Ausmaß des Gesamtrisikos, bedarf es eines konsistenten Systems von Limiten, um den einzelnen Unternehmensbereichen den ihnen zugestandenen Anteil zuzuweisen. Neben der reinen Begrenzung muß das Limitsystem den Vorstand auch in die Lage versetzen, insbeson-

---

[10] Das sind vor allem Unternehmensbereiche, Produkte und Produktlinien, Regionen, Risikokategorien, wenn möglich Kunden(-gruppen) und insbesondere für Aufsichtszwecke rechtliche Einheiten eines Konzernverbundes.

dere bei Markt- und Kreditrisiken die Zusammensetzung der eingegangenen Risiken zu überwachen und zu steuern.

Unternehmensbereichsunabhängige Risikomanagementeinheiten sollten den Vorstand bei diesen Aufgaben unterstützen. Dabei ist vor allem auf die Einheitlichkeit und Konsistenz der Methoden zu achten, mittels derer die Risikosteuerungsgrößen und die dadurch ausgedrückten Limite abgeleitet werden. Es ist Aufgabe der einzelnen Unternehmensbereiche, die ihnen zugestandenen Limite weiter herunterzubrechen und zu verteilen (z.B. auf einzelne Produktlinien oder Regionen). Sie werden dabei von bereichsinternen Risikomanagern unterstützt.

Die von der Geschäftsleitung festgesetzten Limite zur strategischen Steuerung – insbesondere der Marktrisiken – eines Konzerns reichen auf der operativen Ebene für Steuerungszwecke nicht aus. Daher sollten die Handelsbereiche zusätzliche Limite vorgeben, die auch unter Einbeziehung von Sensitivitätsgrößen eine genauere Steuerung der Risikostruktur ermöglichen.

2.4 Risikoübernahme

Im Rahmen ihrer Geschäftstätigkeit, gehen vor allem die das Kredit- und Handelsgeschäft betreibenden Unternehmensbereiche sowie die mit der Aktiv-Passiv-Steuerung betrauten Einheiten gezielt Risiken ein mit der Zielsetzung, das Risiko-Ertragsverhältnis zu optimieren. Operatives Risikomanagement setzt auf dieser Ebene an. Im Rahmen der ihnen vorgegebenen Limite entscheiden die Handelsbereiche über die Anpassung ihrer Positions- und Portfoliostruktur und das Ausmaß an Hedging über ihre Risiken. Als wesentliche Parameter im Kreditgeschäft sowie im Kreditrisikomanagement der Handelsbereiche wären die Zusagen, eingeräumte Kreditlinien, Sicherheiten und neuerdings Instrumente des Kreditportfoliomanagements, wie z. B. Kreditderivate und ABS-Transaktionen, zu nennen.

Die Handelsbereiche einer Bank (bis hin zum einzelnen Händler) bedürfen laufender tiefgehender Information über Ausmaß und Struktur der jeweiligen Risiken. Die nach aufwendigen Qualitätssicherungsprozessen aufbereiteten Controllingberichte sind für diesen Zweck weniger geeignet. Sie stellen aus Sicht eines Chefhändlers zusätzliche externe und damit neutrale Kontrollinformationen dar, die er aber für das Tagesgeschäft nicht einsetzen kann. Er ist auf eine leistungsfähige Systemlandschaft angewiesen, die ihn ständig über die ihn interessierenden Risiko- und Performancekennzahlen unterrichtet. Bei der Auswertung der gesamten Palette von Risikoinformationen unterstützen bereichsinterne Risikomanager die Händler und das Management.

2.5 Risikoüberwachung

Die Überwachung der Einhaltung der vergebenen strategischen Limite stellt eine weitere Aufgabe im Risikoprozeß dar. Wünschenswert wäre eine Entscheidung über Überschreitungen schon bevor diese überhaupt eintreten. Dies ist z.B. dann möglich, wenn bei der Ausführung eines Kundenauftrages kurzfristig größere Positionen aufgebaut werden müssen oder ein Produktbereich im Verlaufe eines vom Kundengeschäft getriebenen Wachstums, begleitet von entsprechend steigenden Erträgen, häufiger an seine Limite stößt. In diesen Fällen steht die Entscheidung an, ob diesen Bereichen zeitweilig oder dauerhaft die Übernahme größerer Risiken erlaubt wird.

Es ist weiterhin die Aufgabe dieser Teilfunktion des Risikoprozesses, Limitüberschreitungen zu analysieren und im Hinblick auf ihre Vereinbarkeit mit den von der Geschäftsleitung vorgegebenen Zielen zu überprüfen. Dabei sind sowohl die Ursachen der Überschreitung zu ermitteln als auch Vorschläge für mögliche Maßnahmen zu erarbeiten. Diese Maßnahmen können durchaus in einer befristeten Genehmigung der Limitüberschreitung bestehen.

Bei der Abwägung zwischen Limitanpassungen und Genehmigung einer Überschreitung spielt auch die Überlegung eine Rolle, daß jede Limitüberschreitung (ex ante oder ex post) einen aufwendigen Melde- und Genehmigungsprozeß durchläuft, der in jedem Fall eine gewisse disziplinierende Wirkung ausübt. Die Risikoüberwachungsbereiche beraten und unterstützen den Vorstand bei der Entscheidung über Limitanpassungen. Ferner werten sie die von Controlling gelieferten Berichte aus und unterstützen die Geschäftsbereiche bei der Analyse der Portfoliostruktur sowie erforderlichenfalls mit Vorschlägen für risikoreduzierende Maßnahmen.

2.6 Qualitätssicherung

Da die wichtigsten Risikokennzahlen auf statistischen Prognosetechniken beruhen, ist eine laufende empirische Überprüfung der Prognosegüte, z.B. durch Vergleich der Prognosen mit der tatsächlich eingetretenen Entwicklung, notwendig (Backtesting)[11]. Sollte es tatsächlich zu einer systematischen Unterschätzung der eingetretenen Risiken kommen, ist kurzfristig über Zuschläge zu den Prognosewerten zu entscheiden, um den Fehler abzufangen. Langfristig kommt man wohl in solchen Fällen kaum über eine grundsätzliche Überarbeitung der benutzten Modelle und Methoden herum.

Neben der Aussagekraft der Kennzahlen muß der gesamte Risikoprozeß laufend daraufhin überprüft werden, ob er die gestellten Anforderungen erfüllt. Angesichts des in vielen Kreditinstituten zu beobachtenden Wildwuchses an unterschiedlichen, jeweils für spezielle Zwecke eingerichteten Datenbanken, die einen enormen Abstimmungsaufwand verursachen und dennoch zu einer erhöhten Fehleranfälligkeit beitragen, ist dies durchaus nicht mehr ohne jede Einschränkung gegeben.

Sinnvollerweise wird die Verantwortung für diese Qualitätssicherung der Stelle übertragen, die auch für das Endprodukt, die Berichte, geradestehen muß, also der Abteilung (Risiko-)Controlling, gegebenenfalls unterstützt von den Risikomanagementbereichen als Nutzer der Informationen.

[11] Das Konzept des Backtesting entstammt dem Marktrisikomanagement. Ob und gegebenenfalls wann vergleichbar ausgereifte Verfahren für Kreditrisiken zur Verfügung stehen, läßt sich derzeit noch nicht sagen.

2.7 Zusammenfassung

Die folgende Übersicht faßt die Darstellung des Risikoprozesses noch einmal im Überblick zusammen. Sie verdeutlicht in besonders anschaulicher Weise die drei Niveaus des Risikoprozesses bzw. die doppelte Umklammerung der Unternehmensbereiche durch Risikomanagement und Controlling. Bereits auf der Ebene der Geschäftsbereiche, die Risiken eingehen, erfolgt ein aktives operatives Risikomanagement. Limitsetzung und Risikoüberwachung erarbeiten unternehmensbereichsexterne und damit neutrale Analysen der Risikoposition und sichern die Ausrichtung der Geschäftsbereiche an den strategischen Zielen des Konzerns. Die zweite Klammer, Controlling, liefert unabhängige Risikomessungen und sichert die Qualität der Steuerungsgrößen und Prozesse. Gemeinsam dienen diese Teilfunktionen den vom Vorstand definierten Zielen. Dieser wird dabei von einem oder mehreren – zum Teil spezialisierten – Risikomanagement-Komitees unterstützt und beraten.

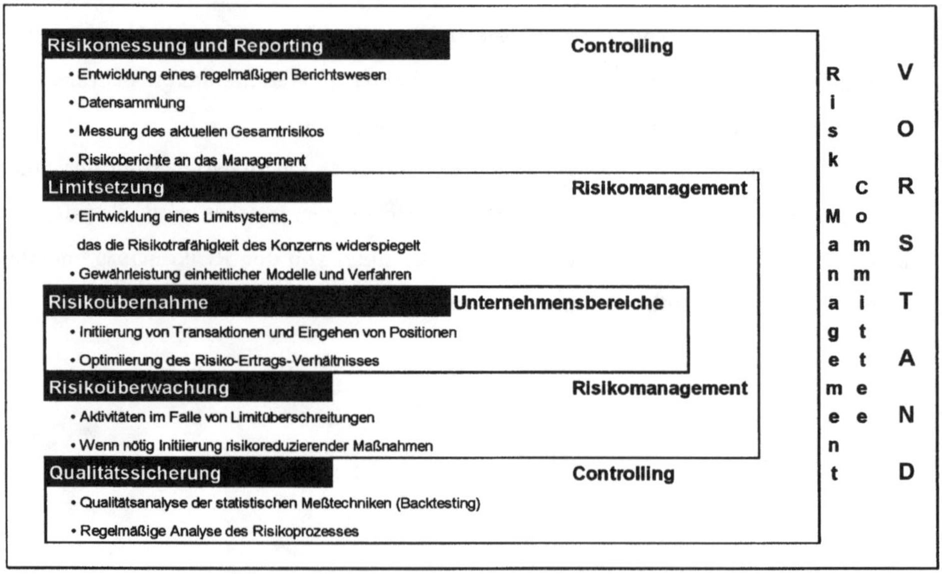

2.8 Das Beispiel der Deutschen Bank

Beispielhaft sei die Implementierung dieses Risikoprozesses für Marktrisiken der Handelsbereiche Global Markets und Global Equities des Unternehmensbereichs Globale Unternehmen und Institutionen in der Deutschen Bank anhand des folgenden Schaubildes illustriert:

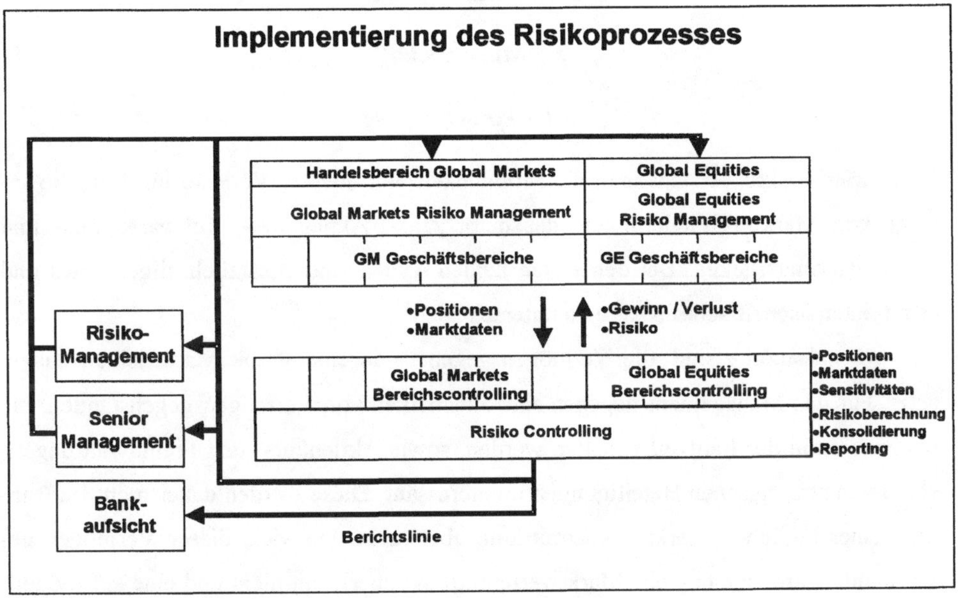

Unternehmensbereichsnahe, aber gleichwohl unabhängige Bereichscontrollingeinheiten sind für die Bereitstellung abgestimmter Positionsdaten und korrekter Marktdaten verantwortlich, ebenso für die Berechnung von Sensitivitäten (s.u. 3.1.2) und der täglichen Handelsgewinne oder -verluste. Diese Daten werden Risiko Controlling als Input zur Risikoberechnung übermittelt. Risikocontrolling nimmt weiterhin die notwendigen Aggregationen und das Reporting vor. Adressaten sind – neben der Bankaufsicht – das Unternehmensbereichsmanagement, das Konzernmanagement sowie das Risikomanagement des Konzerns und der Unternehmensbereiche. Auf der Basis dieser Informationen greift das Management beratend oder entscheidend in die Bereiche ein. So schließt sich der Rückkoppelungsmechanismus. Zusätzlich werden von den Bereichscontrollern die Gewinn- und Verlustzahlen sowie die Sensitivitätsanalysen den Geschäftsbereichen zur Verfügung gestellt.

3. Risikomeßgrößen

3.1 Marktrisiko[12]

3.1.1 Vorbemerkung

Unter Marktrisiko versteht man die Möglichkeit eintretender Verluste im Portfolio infolge von Marktpreisänderungen, das heißt Zins-, Aktienkurs-, Rohwarenpreis- und Fremdwährungsrisiken. Bei den ersten beiden Typen sind zusätzlich allgemeines und (emittenten-)spezifisches Risiko zu unterscheiden[13].

Grundsätzlich sind alle Vermögensgegenstände einer Bank Marktrisiken ausgesetzt. Für das Management dagegen sind Zinsrisiken von Vermögensgegenständen, die bis zum Ende der Laufzeit gehalten werden, sowie Aktienkurs- und Fremdwährungsrisiken von strategischen Beteiligungen uninteressant. Diese werden daher nicht im Rahmen einer täglichen Marktrisikoermittlung überwacht. Für viele dieser Vermögensgegenstände wäre eine tägliche Marktwertermittlung überhaupt nicht und eine auf modellgestützte „Fair Value"-Bewertung nur mit unverhältnismäßigem Aufwand möglich.

Dagegen sind das Handelsportfolio und die Aktiv-Passiv-Steuerung einer Bank Gegenstand einer täglichen Risikoanalyse. Diese auf rein theoretisch-ökonomischer Basis nicht zu rechtfertigende „Diskriminierung" von Vermögensgegenständen nach dem Kriterium der Absicht, mit der sie von der Bank gehalten werden, erklärt auch die

---

[12] Vgl. zum gesamten Abschnitt auch Krumnow (1998), S. 847 ff.

[13] Allgemeines Zinsrisiko resultiert aus Veränderungen des Zinssatzes für risikolose Anleihen, z.B. Bundeswertpapiere, allgemeines Aktienkursrisiko aus Schwankungen des gesamten Marktportfolios. Spezifische Risiken drücken sich in den Risikozuschlägen für einzelne Kreditnehmer bzw. Kapitalnachfrager(-gruppen) aus. Für eine genauere Diskussion vgl. Gaumert (1999), S 71 ff.

aufsichtsrechtlich übernommene Unterscheidung zwischen Handels- und Anlagebuch. Für letzteres sind nur Fremdwährungs- und Rohwarenpreisrisiken zu ermitteln[14].

3.1.2 Sensitivitäten

Ausgangsbasis jeder Risikomessung sind Angaben darüber, wie der Wert der betrachteten Positionen auf Änderungen in den ihn bestimmenden Marktpreisen reagiert. Der Zusammenhang zwischen dem Barwert von Zahlungsströmen und Veränderungen der zur Diskontierung benutzen Zinskurven erfaßt man mit dem „Present Value of a Basis Point" (PVBP oder PV01), also der Barwertänderung bei einem Zinsanstieg um einen Basispunkt für ein gegebenes Laufzeitintervall (d.h. an einer bestimmten Stelle der Zinskurve). Dabei interessieren sowohl die Auswirkung eines allgemeinen Zinsanstiegs, d.h. einer Parallelverschiebung aller Zinskurven, als auch einer Erhöhung der Zinsdifferenz zwischen (fast) risikolosen Regierungsanleihen und anderen Anleihen. Zusätzlich werden die Sensitivitäten im Hinblick auf Drehungen der Zinskurven betrachtet. Die Reaktion von Aktien auf allgemeine Marktbewegungen können beispielsweise durch ein β-Modell abgebildet werden.

Bei Finanzinstrumenten mit Optionscharakter ermittelt man die im Bankenjargon als „Greeks" bezeichneten Delta-, Gamma-, Vega- und Rhorisiken sowie das Theta.

Moderne Handelssysteme enthalten bereits Funktionalitäten, die den Händlern jederzeit einen genauen Überblick bieten über die Sensitivitäten ihrer Positionen und ihres Portfolios.

3.1.3 Value at Risk

Untersucht man Zeitreihen von Marktdaten lassen sich daraus Rückschlüsse auf deren statistische Eigenschaften ziehen. Diese Erkenntnisse nutzt man aus, um mögliche

[14] Auch bei Fremdwährungsrisiken sind Ausnahmen möglich; vgl. Bundesaufsichtsamt für das Kreditwesen (1997), § 5 (1) Satz 2.

Marktpreisänderungen für eine gegebene Periode entweder auszurechnen oder zu simulieren. Verknüpft mit dem zu betrachtenden Portfolio ermittelt man daraus mögliche Änderungen des Portfoliowertes. Bei der Verknüpfung des Portfolios mit den statistisch vordefinierten Marktpreisänderungen kann man Approximationen der Portfoliowertänderung oder eine vollständige Neubewertung des Portfolios verwenden. Allgemein haben sich aufgrund des extrem hohen Rechenaufwandes bei Neubewertungen die Approximationtechniken durchgesetzt.

Der Value at Risk bezeichnet dann den Verlust, der innerhalb der betrachteten Periode (meist 1 Tag oder 10 Tage Haltedauer) mit einer bestimmten Wahrscheinlichkeit - im Einklang mit aufsichtsrechtlichen Anforderungen meist 99% - nicht überschritten wird.

Sensitivitäten und der Value at Risk werden täglich ermittelt.

Das Value at Risk-Konzept unterstellt also die Liquidierbarkeit oder den Aufbau einer Sicherungsstrategie (Hedging) eines Portfolios innerhalb einer recht kurzen Frist. Die aus der Analyse von Vergangenheitsdaten abgeleiteten Verteilungsannahmen erfassen nicht unbedingt das Eintreten extremer Ereignisse, die dazu führen, daß die dem Value at Risk-Modell zugrundeliegenden Annahmen nicht mehr gelten. Außerdem liefert der Value at Risk keine Aussage über die Höhe der Verluste, die auftreten können, wenn der tatsächliche Verlust den Value at Risk übersteigt. Daher verläßt sich das Risikomanagement einer Bank nicht ausschließlich auf diese Kennzahl. Es bedarf zusätzlicher Werkzeuge, um abzuschätzen, in welchem Ausmaß das Handelsportfolio der Bank von Krisen und extremen Marktpreiskonstellationen betroffen wird.

3.1.4 Streßtests und Szenarioanalysen

Die Analyse der Auswirkungen „konstruierter" Szenarien von Marktpreisentwicklungen auf das Handelsportfolio der Bank ergänzt das Steuerungsinstrumentarium. Die Szenarien bestehen aus verschiedenen vorgegebenen Kombinationen von Zinsen, Aktien- und Wechselkursen sowie Rohwarenpreisen, um zu ermitteln, gegen welche Änderungen das Porfolio besonders anfällig ist. Die Zweckmäßigkeit bestimmter Szenarien hängt daher von der Zusammensetzung des Portfolios einer Bank ab. Außerdem können historische Krisenszenarien nachgebildet werden. Da Krisen im allgemeinen nicht mehrmals auftreten, sind diese Szenarien allerdings nur von begrenztem Nutzen. Streßtests ermitteln die Folgen extremer Änderungen von Marktpreisen auf den Wert des Portfolios.

Aufgrund der Erfahrungen der Vergangenheit wird den Entwicklungen in einzelnen Ländern besondere Aufmerksamkeit gewidmet. Beispielsweise leitet die Deutsche Bank aus als entscheidend identifizierten Geld- und Kapitalmarktdaten Ratings für eine große Zahl von Ländern ab. Jedes Land wird auf der Basis dieser Analysen einer von zehn Ratingklassen zugeordnet. Die Ratingklassen geben grob die Wahrscheinlichkeit für ungünstige Entwicklungen auf den Finanzmärkten in diesen Ländern an. Daraus werden Szenarien abgeleitet, um die Auswirkungen dieser Finanzmarktentwicklungen für jedes betrachtete Land auf das Portfolio der Bank zu untersuchen. Zusätzlich werden für besonders krisenanfällige Länder extremere Streß-Szenarien ausgewertet.

Die Deutsche Bank führt diese „Event risk"-Szenarien wöchentlich durch.

3.2 Kreditrisiko

3.2.1 Vorbemerkung

Das Kreditrisiko besteht vor allem aus dem Ausfallrisiko. Es wird schlagend, wenn eine Vertragspartei ihre Zahlungsverpflichtungen nicht erfüllt. Dazu kommt das Länderrisiko, daß ein - eigentlich zahlungsfähiger - ausländischer Vertragspartner aufgrund politischer oder wirtschaftlicher Entwicklungen in seinem Land ganz oder teilweise zahlungsunfähig wird. Auf weitere Erscheinungsformen wie z.B. Abwicklungs- und Vorleistungsrisiken soll hier nicht eingegangen werden.

3.2.2 Standardrisikokosten

Bei der Messung des Kreditrisikos ist zu fragen, welchen Betrag die Bank im Durchschnitt in einer gegebenen Periode an Zahlungsausfällen zu erwarten hat.

Dazu ist zunächst jedes einzelne Kreditengagement zu ermitteln. Im „klassischen" Kreditgeschäft sind das die ausstehenden Forderungen. Bei Derivaten der Marktwert plus potentielle Wertsteigerungen in der betrachteten Periode. Dieser potentiell zurückzuzahlende Betrag ergibt gewichtet mit der Ausfallwahrscheinlichkeit[15] des Kunden und der Verlustquote, die den Einfluß risikomildernder Faktoren (Sicherheiten, Rang der Forderungen etc.) abbildet, den erwarteten Verlust pro Engagement[16]. Er wird als Standardrisikokosten bezeichnet.

Die Standardrisikokosten können nach beliebigen Kriterien aggregiert werden.

3.2.3 Ökonomisches Kapital aus Kreditrisiken

Diese Größe gibt den die Standardrisikokosten übersteigenden (und damit unerwarteten) Verlust an, der mit einer gegebenen Wahrscheinlichkeit in der betrachteten Periode nicht überschritten wird.

Die Ermittlung des ökonomischen Kapital berücksichtigt Diversifikationseffekte und setzt daher ein internes Kreditrisikomodell voraus, das Portfolioeffekte abbildet.

3.2.4 Weitere Darstellungen des Kreditrisikos

Insbesondere wenn fortgeschrittene interne Ratingverfahren und Kreditrisikokomodelle nicht zur Verfügung stehen, geben verschieden Aufrisse des Kreditvolumens, z.B. nach Ländern, Branchen und Kreditnehmergruppen wertvolle Hinweise über die Risikostruktur der Kreditengagements. Ergänzend werden Auswertungen von Wertberichtigungen und Rückstellungen hinzugezogen.

Während das oben besprochene Länderrating zur Ableitung von „Event risk"-Szenarien dient, die den Geld- und Kapitalmarkt eines Landes beschreiben, besteht bei den inter-

---

[15] Es ist hier nicht der Platz, auf die Bestimmung von Ausfallwahrscheinlichkeiten näher einzugehen. Einen Überblick liefern Kassberger und Wentges (1999), S. 23 - 50.

[16] Eine wesentlich ausführlichere Beschreibung sowohl zu Standardrisikokosten als auch zum Konzept des ökonomischen Kapitals findet man in Zink (1999), S. 9 ff.

national ausgerichteten Kreditinstituten auch ein Ratingsystem zur Bewertung des Länderrisikos. Basis dieses Systems sind bei der Deutschen Bank vorwiegend makroökonomische Daten, aus denen sich die fundamentale Kreditwürdigkeit eines Landes abschätzen läßt. Zusätzlich fließen noch „weiche Faktoren", die die politische Stabilität einschätzen sollen, in die Zuordnung eines Landes zu einer von zehn Klassen ein.

3.3 Liquiditätsrisiko

3.3.1 Vorbemerkungen

Unter Liquiditätsrisiko versteht man das Risiko möglicher Verluste oder höherer Refinanzierungskosten aufgrund der Situation, anfallende Cash-Outflows nicht termingerecht oder nicht in voller Höhe begleichen zu können. Häufig wird das Liquiditätsrisiko mit dem Begriff der Illiquidität in Verbindung gebracht, welches zweifellos den worst-case darstellt. Im Rahmen der fortlaufenden Geschäftstätigkeit zielt die Steuerung des Liquiditätsrisikos auf die Optimierung der Cash-Flow-Position unter Minimierung der damit verbundenen Kosten ab. Unberücksichtigt bleibt in solchen Modellen der Aspekt der Marktliquidität.

3.3.2 GAP-Analyse und Maximum-Cash-Outflow (MCO)

Die Basis einer jeden Liquiditätsrisikomessung ist die Gegenüberstellung von Cash-Inflows und Cash-Outflows unter Berücksichtigung deren Fälligkeit. Eine zweckmäßige Risikosteuerung setzt eine Cash-Flow-Position voraus, die sämtliche Cash-Flows aus bilanziellen und außerbilanziellen Handels- und Nichthandelsgeschäften umfaßt. Die Kumulierung der je Fälligkeitstermin resultierenden Netto-positionen über eine Zeitperiode führt zu sogenannten GAP-Analysen. Auf dieser Basis begrenzen MCO-Limite den maximalen Net-Cash-Outflow.

3.3.3 Liquiditätsrisiko und Value at Risk

Bezieht man in solche Modelle Unsicherheiten hinsichtlich der betraglichen Höhe von Cash-Flows ein, die z.B. aus Ausfallrisiken resultieren, führen diese Modelle zu erwarteten Cash-Flows. Die Unsicherheiten werden in Form von Zu- oder Abschlägen auf die Cash-Flow-Beträge abgebildet. Der Übergang zu einem Cash-Flow-Risikobetrag gelingt durch die Beschreibung des erwarteten Cash-Flows mittels einer Verteilungsannahme. Solche Risk-Adjusted-Cash-Flows orientieren sich an der Methodik des Value at Risk und stellen einen ersten Schritt zur Integration des Liquiditätsrisikos in eine Gesamtrisikozahl der Bank dar.

3.4 Aggregierte Risikoposition eines Konzerns

3.4.1 Aggregation der internen Steuerungsgrößen

Das Vorhandensein entsprechender Modelle vorausgesetzt, läßt sich das Konzept des ökonomischen Kapitals auf weitere Risikotypen, z.B. operative Risiken übertragen. Der Value at Risk für Marktrisiken ist eine spezielle Anwendung unter einer Normalverteilungsannahme. Er läßt sich ohne weiteres für einen Einjahres-Horizont und ein anderes Konfidenzniveau ermitteln.

Das ökonomische Kapital informiert also über die gesamte Risikoposition eines Konzerns auf der Basis einer über alle erfaßten Risikobereiche und Geschäftsfelder hinweg konsistenten Aggregation. In der Deutschen Bank-Gruppe belief sich das ökonomische Kapital per Ende Juni 1999 auf 17,5 Mrd Euro[17]. Fast 75% davon entfallen auf Kreditrisiken, knapp 3% auf Marktrisiken[18].

Wird der Ertrag nach Kosten und Standardrisikokosten in Beziehung zum ökonomischen Kapital gesetzt, erhält man die risikoadjustierte Rendite auf das ökonomische Kapital (RAROC, risk-adjusted return on economic capital) und damit die Verknüpfung

---

[17] Berechnet für ein Jahr und ein Konfidenzniveau von 99,98% durch Addition des ökonomischen Kapitals für Kredit-, Markt- und operative Geschäftsrisiken, ohne Länder-, Liquiditäts- und operative Ereignisrisiken.

[18] Für weitere Zahlenangaben vgl. den Risikobericht in Deutsche Bank (1999), S. 39 ff.

der eingegangenen Risiken mit einer Renditezielgröße zur Steigerung des Unternehmenswertes.

3.4.2 Aufsichtsrechtliche Größen

Für bankaufsichtliche Zwecke haben Kreditinstitute für Ausfallrisiken die risikogewichteten Aktiva sowie eine äquivalente Größe für die Zins- und Aktienkursrisiken der Handelsbereiche sowie die Fremdwährungs- und Rohwarenpreisrisiken insgesamt zu ermitteln. Diese sind mit Eigenmitteln zu unterlegen, deren Definition ebenfalls vom Aufsichtsrecht vorgegeben ist[19].

Zur Ermittlung der Marktrisiken setzen international tätige Großbanken auch für Aufsichtszwecke meist die internen Modelle ein[20]. Dagegen weicht die Ermittlung der Risikoaktiva von den internen Methoden zur Messung der Kreditrisiken beträchtlich ab. Die aufsichtsrechtlich vorgeschriebenen Methoden berücksichtigen beispielsweise Unterschiede in der Kreditwürdigkeit der Schuldner sowie risikoreduzierende Maßnahmen, wie die Hereinnahme von Sicherheiten und Nettingvereinbarungen, nur in derart eingeschränktem Umfang, daß von einer Berücksichtigung im ökonomischen Sinne eigentlich gar nicht gesprochen werden kann. Risikokompensierende Diversifikationseffekte bleiben aufsichtsrechtlich ebenfalls außer Ansatz.

Obwohl daher die nach bankaufsichtsrechtlichen Vorschriften ermittelten Größen für Steuerungszwecke weitgehend ungeeignet sind, spielen sie doch eine bedeutsame Rolle in einem konzernweit integrierten Risikomanagement. Schließlich erwachsen daraus Kapitalanforderungen, deren Einhaltung eine strenge Nebenbedingung für alle anderen geschäftspolitischen Entscheidungen darstellt. Übersteigen das aus aufsichtsrechtlichen Gründen vorzuhaltende bzw. das tatsächlich vorhandene Eigenkapital das ökonomische Kapital, so ist dies bei der Festlegung eines Zielwertes für den RAROC zu be-

---

[19] Für die Details sei auf die einschlägigen Regelungen, insbesondere das Gesetz über das Kreditwesen (1998) und den Grundsatz I (Bundesaufsichtsamt für das Kreditwesen 1997) verwiesen.

[20] Dies setzt eine Prüfung der Marktrisikomodelle und die Zustimmung der zuständigen Aufsichtsbehörde voraus; vgl. Bundesaufsichtsamt für das Kreditwesen (1997), § 32 (1).

rücksichtigen, da sich die Renditeanforderung der Aktionäre auf das tatsächlich bereitgestellte Eigenkapital bezieht.

3.5 Der Zusammenhang mit dem Limitsystem

Die vorhergehenden Abschnitte behandelten ausgewählte Risikomeß- und Steuerungsgrößen, die insbesondere bei international tätigen Banken eingesetzt werden. Diese Größen müssen auch Grundlage der vergebenen Limite sein.

Bei Kennzahlen, die auf statistischen Portfoliomodellen beruhen, ist dann zu entscheiden, wie und wo Diversifikationseffekte bei der Vergabe von Limiten berücksichtigt werden. Die Summe der Teillimite innerhalb eines Geschäftsbereiches übersteigt daher dessen Gesamtlimit, wenn davon ausgegangen wird, daß zwischen den Bereichen Diversifikationseffekte auftreten. Aus Sicht der einzelnen Teilbereiche bestehen dann allerdings externe Effekte, da sich über die Korrelationszusammenhänge auch die Limit–Inanspruchnahmen der Teilbereiche gegenseitig beeinflussen. Außerdem ist zu fragen, wer für die Ausnutzung dieser Risikostreuung verantwortlich sein soll, da die einzelnen Teilbereiche im Rahmen ihrer Ergebnisverantwortung ihre Geschäfte unabhängig steuern.

In vielen Fällen ist es daher zweckmäßig, bei der Ermittlung der Risikomeßgrößen für einzelne Einheiten beide Aspekte zu berücksichtigen und diese sowohl für sich genommen zu betrachten als auch im bereichsübergreifenden Portfoliozusammenhang. Die internen Risikoberichte der Deutschen Bank zum ökonomischen Kapital der Unternehmensbereiche umfassen daher sowohl „Stand alone"-Werte als auch das „contributory" ökonomische Kapital im Konzernverbund.

4. Risikomanagement und Bankaufsicht

4.1 Zur Reform der Eigenmittelvorschriften

Kaum eine Branche ist derart weitgehenden staatlichen Aufsichts- und Eingriffsbefugnissen unterworfen wie die Kreditinstitute. Dies betrifft in besonderem Maße den gesamten Risikoprozeß. Es wurde bereits angedeutet, daß die Vorschriften für das Marktrisikomanagement im großen und ganzen im Einklang stehen mit der fortschrittlichen Praxis internationaler Banken. Insbesondere erlauben die Regelungen zur Marktrisikomessung die Berücksichtigung aller ökonomisch bedeutsamen Zusammenhänge.

Für die Kreditrisikomessung kann man das nicht gerade behaupten. Die groben und pauschalierenden aufsichtsrechtlichen Vorschriften weichen in erheblichem Maße von den internen Methoden der Banken ab, die um eine ökonomisch korrekte Messung der Kreditrisiken bemüht sind. Dies führt unter anderem zu einer Verzerrung der geschäftspolitischen Entscheidungen der Banken. Es werden Anreize gesetzt, zwischen den relativ vorteilhaften Regelungen für Marktrisiken und den Vorschriften für Kreditrisiken „Regulierungsarbitrage" zu betreiben. Außerdem gehen von den Aufsichtsbehörden nicht gerade Anreize zu der Entwicklung fortschrittlicher Kreditrisikomanagement-Methoden aus (von den Marktkräften natürlich schon).

Daher ist eine rasche Umsetzung der jüngsten Baseler Vorschläge zur Eigenmittelunterlegung von Kreditrisiken notwendig[21]. Die ökonomisch gerechtfertigte Anerkennung risikoreduzierender Instrumente wie Sicherheiten, Netting-Vereinbarungen, Garantien usw., die Verwendung interner und externer Ratings sowie die Zulassung der Kreditrisikomeßmodelle der Banken würde die aufsichtsrechtlichen Vorschriften wieder in Übereinstimmung mit der Praxis eines vernünftigen und sicheren Bankmangements bringen und die für die Stabilität der Finanzmärkte ungünstigen Verzerrungen beseitigen.

Obwohl die Grundlagen der verschiedenen nationalen bankaufsichtlichen Vorschriften für die Staaten, die den Empfehlungen des Baseler Ausschusses für Bankenaufsicht folgen, gleich sind, weist die jeweilige Aufsichtspraxis doch in vielfacher Hin-

[21] Vgl. Basel Committee on Banking Supervison (1999), S. 12 und 26 ff.

sicht nationale Besonderheiten auf. Abgesehen von dem Aufwand, der damit verbunden ist, die Anforderungen verschiedener nationaler Behörden zu erfüllen, ergibt sich für internationale Banken dann ein ernsthaftes Problem, wenn die Auflagen stark voneinander abweichen oder sich gar widersprechen[22]. Aus Sicht der Kreditwirtschaft spricht daher viel dafür, daß die verschiedenen nationalen Behörden die Entscheidungen der Aufsichtsbehörde des Sitzlandes eines Konzernes anerkennen.

4.2 Regelung der bankaufsichtlichen Eingriffsbefugnisse

Der Wunsch der Kreditwirtschaft nach einer Anerkennung der intern angewendeten Verfahren, seien es nun Riskmitigation-Verfahren, Ratingsysteme oder Risikomodelle, setzt unbestreitbar eine stärkere Betonung der qualitativen Aufsicht voraus. Schließlich ist es mit einer Überprüfung der theoretischen und empirischen Fundierung eines Modells nicht getan. Es bedarf notwendigerweise auch einer Einbettung dieser Verfahren in einen in der täglichen Praxis funktionierenden Risikoprozeß.

Gleichwohl werfen die schon heute sehr umfangreichen Befugnisse der Aufsichtsbehörden einige grundsätzliche Fragen im Zusammenhang mit der Ausgestaltung des Risikomanagements eines Bankkonzerns auf. Dies gilt um so mehr, wenn man sich die Baseler Bestrebungen vor Augen hält, diese Eingriffsbefugnisse auszuweiten[23]. Zwei Aspekte sollen hier erwähnt werden.

Erstens weichen die Anreize grundsätzlich voneinander ab, denen die Mitarbeiter der Bankaufsicht einerseits und das Management einer Bank andererseits ausgesetzt sind. Während die Bankaufsicht primär auf Risikovermeidung ausgelegt ist, strebt das Bankmanagement die Optimierung des Risiko-Ertrags-Verhältnisses an. Das sind unterschiedliche Zielsetzungen, die vom Risikomanagement einer Bank nicht gleichzeitig verfolgt werden können. Deshalb muß aus den Regulierungen klar hervorgehen, welche Zielsetzung letzten Endes für das Management einer Bank maßgeblich sein soll.

---

[22] Im Bankenjargon sprechen wir von einem „regulatory squeeze".

[23] Vgl. die sogenannte zweite Säule in Basel Committee on Banking Supervison (1999), S. 16 und 53 ff.

Marktwirtschaftliche Grundsätze und das Interesse an gesamtwirtschaftlicher Effizienz legen die Schlußfolgerung nahe, daß das nur eine Risiko-Ertrags-Optimierung sein kann.

Zweitens ist auf lange Sicht auch die Frage zu stellen, wie die Qualität der Bankaufsicht sichergestellt wird. Wie alle Unternehmen sind Kreditinstitute der disziplinierenden Wirkung des Wettbewerbs ausgesetzt und daher gezwungen, sich am Interesse ihrer Kunden zu orientieren. Ähnliche Mechanismen existieren für staatliche Aufsichtsorgane nicht. Bei international vereinheitlichten Aufsichtsregeln besteht auch keine Möglichkeit, durch Vergleiche mit anderen Ländern Verbesserungsmöglichkeiten zu finden. Daher ist zu überlegen, ob die vom Baseler Ausschuß als dritte Säule bezeichnete Marktdisziplin nicht komplementär zu, sondern zum Teil als Ersatz zu weitgehender diskretionärer Handlungsspielräume der Aufsicht genutzt werden kann. Durch sinnvolle Vorschriften könnten Banken verpflichtet werden, ein genaues Bild ihrer Risikosituation zu veröffentlichen. Es wäre dann den Marktteilnehmern überlassen, durch ihr Verhalten als Kunden oder Aktionäre ihre Einschätzung der Bank kund zu tun und entsprechende Anreize zu setzen.

Literatur

Basel Committee on Banking Supervision (1999), A New Capital Adequacy Framework, Basel.

Brockmann, M., R. Danschke und Th. Dewner (2000), Implementierung eines Risikomanagementsystems in Kreditinstituten, erscheint in: Rudolf, B. und L. Johanning (Hrsg.), Handbuch Risikomanagement, Bad Soden.

Bundesaufsichtsamt für das Kreditwesen (1995), Mindestanforderungen an das Betreiben von Handelsgeschäften der Kreditinstitute, Berlin.

Bundesaufsichtsamt für das Kreditwesen (1997), Grundsätze über die Eigenmittel und die Liquidität der Institute, Grundsatz I, Berlin.

Deutsche Bank (1999), Zwischenbericht 30. Juni 1999, Frankfurt.

Eller, R., W. Gruber und M. Reif (Hrsg.) (1999), Handbuch Kreditrisikomodelle und Kreditderivate, Stuttgart.

Gaumert, U. (1999), Zur Diskussion um die Modellierung besonderer Kursrisiken in VaR-Modellen, in: Eller, R., W. Gruber und M. Reif (1999), S. 71 – 101.

Gesetz über das Kreditwesen (1998).
Kassberger, S. und P. Wentges (1999), Die Schätzung der Ausfallwahrscheinlichkeiten von Unternehmen, in: Eller, R., W. Gruber und M. Reif (1999), S. 23 – 50.
Krumnow; J. (1998), Die Absicherung von Zins- und Währungsrisiken bei Kreditinstituten, in: Lutter, M., E. Scheffler und U. Schneider (Hrsg.), Handbuch der Konzernfinanzierung, Köln, S. 833 - 870.
Zink, H. (1999), Länderrisikomanagement, unveröffentlichtes Manuskript, Frankfurt.

Anhang

Veröffentlichungen von Hans-Joachim Jarchow

Monographien

Probleme der internationalen Währungsordnung im Lichte der gegenwärtigen Diskussion. Kiel 1965.

Theoretische Studien zum Liquiditätsproblem. "Kieler Studien", Bd. 75, Tübingen 1966.

Theorie und Politik des Geldes. Band I. Geldtheorie. Göttingen 1973.- 10. überarb. und wesentl. erw. Auflage. Göttingen 1998.

Theorie und Politik des Geldes. Band II. Geldpolitik. Göttingen 1974.- 7., neubearb. und erw. Auflage. Göttingen 1995.

Mit P. Rühmann: Monetäre Außenwirtschaft. Band I. Monetäre Außenwirtschaftstheorie. Göttingen 1982.- 5., neubearb. und erw. Auflage. Göttingen 2000.

Mit P. Rühmann: Monetäre Außenwirtschaft. Band II. Internationale Währungspolitik. Göttingen 1984.- 4., überarb. und erw. Auflage. Göttingen 1997.

Arbeitsbuch Geld, Makroökonomik, Monetäre Außenwirtschaft. Göttingen 1991.

Beiträge in Sammelwerken, Handwörterbüchern u.ä.

Die Problematik der gegenwärtigen, internationalen Währungsordnung und die Möglichkeiten einer Umgestaltung. In: Die internationalen Währungsprobleme in der Weltwirtschaft der Gegenwart. Beihefte der Konjunkturpolitik, Heft 14 (1967), S. 35-54.

Zur Problematik von Zielkonflikten - Bemerkungen zu einem Beitrag von E. Helmstädter -. In: Beiträge zur Theorie der Außenwirtschaft von B. Fritsch, E. Helmstädter, H.-J. Jarchow, K. Rose, E. Sohmen. (Hrsg. v. G. Bombach). Berlin 1970, S. 67-69.

Der kombinierte Einsatz budget- und zinspolitischer Maßnahmen zur gleichzeitigen Erreichung binnen- und außenwirtschaftlicher Ziele. In: Beiträge zur Theorie der Außenwirtschaft v. B. Fritsch, E. Helmstädter, H.-J. Jarchow, K. Rose, E. Sohmen. (Hrsg. v. G. Bombach). Berlin 1970, S. 35-58. Wieder abgedruckt in: Theorie der Außenwirtschaftspolitik. (Hrsg. v. H. Luckenbach). Berlin, Heidelberg, New York 1979, S. 143-167.

Der Hopfenzyklus in der Bundesrepublik (1950 - 1970) und das Spinngewebetheorem. In: Arbeitsbuch angewandte Mikroökonomik. (Hrsg. v. H. Hesse). Tübingen 1980, S. 81-89.

Geldpolitik in einer offenen Volkswirtschaft - Eine Mehrperiodenanalyse -. In: Probleme der Währungspolitik. (Hrsg. v. W. Ehrlicher und R. Richter). (Schriften des Vereins für Socialpolitik, Neue Folge, Bd. 120). Berlin 1981, S. 113-149.

Mit H. Möller: Kreditangebot, Kreditnachfrage und exogene Geldbasis. Eine theoretische und ökonometrische Studie für die Bundesrepublik. In: Beihefte zu Kredit und Kapital, Heft 7. Geld- und Währungspolitik in der Bundesrepublik Deutschland. (Hrsg. v. W. Ehrlicher und D.B. Simmert). Berlin 1982, S. 207-229.

Zahlungsbilanz I: Theorie und Politik. In: Handwörterbuch der Wirtschaftswissenschaft. (HdWW). Zugleich Neuauflage des Handwörterbuchs der Sozialwissenschaften. Neunter Band. Wirtschaft und Politik bis Zölle, Nachtrag. Stuttgart 1982, S. 539-562.

Devisenmarkteinflüsse auf Geldmenge, Zins und Wechselkurs. In: Geldpolitische Regelbindung: Theoretische Entwicklungen und empirische Befunde. (Hrsg. v. A. Gutowski). Berlin 1987, S. 133-162.

Der Übergang zu größerer Wechselkursflexibilität - Erwartungen und Erfahrungen. In: 200 Jahre Geld und Brief. Herausforderungen an die Kapitalmärkte. Festgabe an die Niedersächsische Börse zu Hannover aus Anlaß ihres 200jährigen Bestehens. (Hrsg. v. C.P. Claussen, L. Hübl und H.-P. Schneider). Hannover 1987, S. 131-148.

Mit H. Möller und H. Bernhöft: Eine empirische Geldangebots/Geldnachfrage-Analyse für die Bundesrepublik Deutschland vor und nach 1973. In: Herausforderungen der Wirtschaftspolitik. Festschrift zum 60. Geburtstag von C. Köhler. (Hrsg. v. W. Filc, L. Hübl und R. Pohl). Berlin 1988, S. 59-79.

El Deutsche Bundesbank como agente de la politica monetaria. In: La Politica Monetaria la Economia Social de Mercado. Buenos Aires 1989.

Währungssystem, internationales. In: Handwörterbuch Export und internationale Unternehmung. Stuttgart 1989.

Geldpolitik, externe Störungen und Wechselkursdynamik. In: Geldwertsicherung und Wirtschaftsstabilität. Festschrift für H. Schlesinger zum 65. Geburtstag. (Hrsg. v. N. Bub, D. Duwendag und R. Richter). Frankfurt a. M. 1989, S.101-121.

Die währungspolitischen Beschlüsse von Maastricht. In: Wirtschaftspolitik in offenen Volkswirtschaften. Festschrift für H. Hesse zum 60. Geburtstag. (Hrsg. v. H. Sautter). Göttingen 1994, S. 73-91.

Transaktionskasse, Vorsichtskasse (Art.). In: Lexikon der Volkswirtschaftslehre. (Hrsg. v. F. Geigant u.a.). 6., neubearb. u. erw. Auflage. Landsberg 1994, S. 908f., 989.

Phasen deutscher Geldpolitik, Gastvorträge am Institut für Theoretische Volkswirtschaftslehre an der Christian-Albrechts-Universität zu Kiel, Erich Schneider Gedächtnisvorlesung 1995. Kiel 1996.

Zur Diskussion über die Europäische Währungsunion und ihre Realisierung. In: Die ökonomischen Außenbeziehungen der EWU. (Hrsg. v. R. H. Hasse und W. Schäfer.). Göttingen 1997, S. 5-25.

Von der Deutschen Bundesbank zur Europäischen Zentralbank. In: Quantitative Wirtschaftspolitik in offenen Volkswirtschaften: Theoretische Ansätze und aktuelle Entwicklungen. Festschrift zum 65. Geburtstag von H. Kuhn. (Hrsg. v. K. Farmer und H.-W. Wohltmann.). Münster 1998, S. 23-42.

Aufsätze in Fachzeitschriften

Multiplikatoreffekte bei Konsumentenkrediten. "Weltwirtschaftliches Archiv", Bd. 92 (1964 I), S. 369-391.

Der Devisenterminmarkt als Ansatzpunkt für Zentralbankinterventionen. "Weltwirtschaftliches Archiv", Bd. 95 (1965 II), S. 202-222.

Die gegenwärtige währungspolitische Situation im Lichte der Diskussionen von Bretton Woods. "Kredit und Kapital", 1. Jg. (1968), S. 152-174.

Von Keynes zur portfolio selection. "Der Volkswirt", 23. Jg. (1969), Nr. 6, S. 36-38.

Der Bankkredit in einer Theorie der "Portfolio Selection". "Weltwirtschaftliches Archiv", Bd. 104 (1970 I), S. 189-210.

Mit P. Rühmann und G. Engel: Geldmenge, Zinssatz, Bankenverhalten und Zentralbankpolitik. "Weltwirtschaftliches Archiv", Bd. 105 (1970 II), S. 304-333.

Wechselkursarithmetik, Wechselkursgestaltung und Interventionspolitik (I), (II). "wisu – das wirtschaftsstudium", 3. Jg. (1974), S. 19-23, S. 68-70.

Die Kursbildung auf dem Devisenkassa- und Devisenterminmarkt. "WiSt Wirtschaftswissenschaftliches Studium", 5. Jg. (1976), S. 297-304.

Mit H. Möller: Geldbasiskonzepte und Geldmenge. Erster Teil: Theoretische Zusammenhänge. "Kredit und Kapital", 9. Jg. (1976), S. 177-200, Geldbasiskonzepte und

Geldmenge. Zweiter Teil: Empirische Zusammenhänge. "Kredit und Kapital", 9. Jg. (1976), S. 317-346.

Inflationsgefahr für die Bundesrepublik. "Wirtschaftsdienst", 58. Jg. (1978), S. 541-544.

Zahlungsbilanzinduzierte Beschäftigungseffekte bei flexiblen Wechselkursen. "Zeitschrift für die gesamte Staatswissenschaft", Bd. 134 (1978), S. 327-336.

Mit H. Möller: Bestimmungsgründe der Zentralbankgeldmenge und Steuerungsmöglichkeiten: Eine theoretische und ökonometrische Analyse für die Bundesrepublik. "Jahrbücher für Nationalökonomie und Statistik", Bd. 193 (1978), S. 308-327.

Mit G. Engel: Fiskal- und geldpolitische Impact-Effekte im Vergleich von diskreter und stetiger Analyse. "Zeitschrift für die gesamte Staatswissenschaft", Bd. 137 (1981), S. 128-133.

Der Keynesianismus. "WiSt Wirtschaftswissenschaftliches Studium", 12. Jg. (1983), S. 463-469. Wieder abgedruckt in: Geschichte der Nationalökonomie. (Hrsg. v. O. Issing). 3., überarb. und erg. Aufl. München 1994. S. 193-213. (Persische Übersetzung 1996).

Devisenmarktinterventionen und Liquiditätswirkungen. "Außenwirtschaft". Schweizerische Zeitschrift für internationale Wirtschaftsbeziehungen, 39. Jg. (1984), S. 299-321.

Konjunkturautonomie bei flexiblen Wechselkursen (I), (II). "wisu - das wirtschaftsstudium", 15. Jg. (1986), S. 196-201, S. 250-254.

Ein Geldangebots/Geldnachfrage-Modell für flexible Wechselkurse und Zentralbankpolitik. "Kredit und Kapital", 19. Jg. (1986), S. 1-24.

Geld- und Fiskalpolitik bei Wechselkursflexibilität. Ein vereinfachtes neoklassisches Makro-Modell. "WiSt Wirtschaftswissenschaftliches Studium", 16. Jg. (1987), S. 441-445.

Mindestreserveeffekte, Multiplikator und Geldbasis. "Weltwirtschaftliches Archiv", Bd. 124 (1988), S. 576-578.

Anmerkungen zur Berechnung der erweiterten Geldbasis. "Weltwirtschaftliches Archiv", Bd. 124 (1988), S. 178-181.

Mit H. Möller: Demand and Supply Functions for West German Exports. "Jahrbücher für Nationalökonomie und Statistik", Bd. 207/6 (1990), S. 529-538.

Fiskalpolitik, Angebotsbedingungen und Wechselkursdynamik. "Zeitschrift für Wirtschafts- und Sozialwissenschaften", Jg. 110 (1990), S. 21-35.

Monetäre Außenwirtschaftstheorie. "WiSt Wirtschaftswissenschaftliches Studium", 21. Jg. (1992), S. 231-240, wiederabgedruckt in: Allgemeine Wirtschaftstheorie (Hrsg. v. N. Berthold). München 1995, S. 267-289.

Auslandspreise und Inlandskonjunktur bei Wechselkursflexibilität. "Zeitschrift für Wirtschafts- und Sozialwissenschaften", 112. Jg. (1992), S. 1-23.

Fiskalpolitik in einer Währungsunion. "Finanzarchiv", Bd. 50 (1993), S. 187-203.

Diskretionäre Geldpolitik, Zeitinkonsistenz und Politikglaubwürdigkeit. "wisu – das wirtschaftsstudium", H. 2 (1993), S. 145-151, 156.

Europäische Zentralbank, EU-Währung und Kaufkraftstabilität. "Akademie. Zeitschrift für Führungskräfte in Verwaltung und Wirtschaft". 39. Jg. (1994), H. 3, S. 66-69.

Eine asymmetrische Währungsunion im Dornbusch-Modell. "ifo Studien, Zeitschrift für empirische Wirtschaftsforschung", 40. Jg. (1994), S. 205-226.

Zur Strategie und zum Instrumentarium der Europäischen Zentralbank. "Aussenwirtschaft", Schweizerische Zeitschrift für internationale Wirtschaftsbeziehungen, 50. Jahrgang (1995), Heft III, S. 423-442.

Zum Einfluß von Auslandstransaktionen auf Bankenliquidität, Geldmenge und Bankkredite. "Kredit und Kapital", 28. Jg. (1995), S. 87-106.

Zum Post-EWS-System. "Wirtschaftsdienst", 76. Jg. (1996), S. 526-529.

Mit H. Möller: Zur Umlaufsgeschwindigkeit von M3. "Jahrbücher für Nationalökonomie und Statistik", Bd. 215 (1996), S. 308-327.

Zur Theorie und Realität internationaler Währungssysteme. Ein modellorientierter Überblick. "Zeitschrift für Wirtschafts- und Sozialwissenschaften (ZWS)", Nr. 117 (1997), S. 443-472.

Rationale Wechselkurserwartungen, Devisenmarkteffizienz und spekulative Blasen. "WiSt Wirtschaftswissenschaftliches Studium", 26. Jg. (1997), S. 509-516.

Stabilisierungspolitik und Lohnbildung in einer offenen Volkswirtschaft. "WiSt Wirtschaftswissenschaftliches Studium", 29. Jg. (2000), Heft 3, S. 143-150.

Autoren der Festschrift

Ernst Baltensperger
Prof. Dr., Volkswirtschaftliches Institut, Universität Bern.

Bernd Braasch
Diplom-Volkswirt, Bundesbankdirektor, Hannover.

Michael C. Burda
Prof. Ph. D., Institut für Wirtschaftstheorie, Humboldt-Universität zu Berlin.

Peter Cornelius
Dr., World Economic Forum, Genf.

Helmut Hesse
Prof. Dr. Dr. h.c., Landeszentralbankpräsident i.R., Bovenden bei Göttingen.

Jürg Niehans
Prof. Dr. Drs. h.c., Palo Alto.

Hans-Jürgen Ramser
Prof. Dr., Lehrstuhl für Volkswirtschaftslehre, Universität Konstanz.

Wolf Schäfer
Prof. Dr., Institut für Theoretische Volkswirtschaftslehre, Universität der Bundeswehr Hamburg.

Manfred Timmermann
Prof. Dr., Leiter Controlling bei der Deutschen Bank AG, Frankfurt am Main.

Jürgen von Hagen
Prof. Dr., Zentrum für Europäische Integrationsforschung, Rheinische Friedrich-Wilhelms-Universität Bonn.

Hans-Werner Wohltmann
Prof. Dr., Institut für Theoretische Volkswirtschaftslehre, Christian-Albrechts-Universität zu Kiel.

Zusammenfassungen der Beiträge

Geld- und Wirtschaftswachstum

Hans-Jürgen Ramser

Bekanntlich ist es nicht möglich bzw. bisher nicht gelungen, unter relativ allgemeinen Annahmen zu eindeutigen Aussagen über die Superneutralität von Geld in traditionellen neoklassischen Wachstumsmodellen zu gelangen. Mit der Entwicklung der neuen Wachstumstheorie drängt sich die Frage auf, ob u.U. die Richtung einer etwaigen Veränderung der langfristigen Wachstumsrate weniger kontrovers ist als der bisher nur thematisierte Einfluss auf das Niveau des Wachstumspfades. In diesem Beitrag wird gezeigt, dass bei Bezugnahme auf die Zahlungsmittelfunktion von Geld in verschiedenen Ansätzen der neuen Wachstumstheorie durchaus ein stimulierender Effekt auf die *steady state*-Wachstumsrate entstehen kann. Allerdings werden auch erhebliche Zweifel an der Relevanz der spezifischen Modellierung der Geldfunktion für die Erfassung tatsächlich stattfindender realer Prozesse geäußert und entsprechende Alternativen diskutiert.

Geldpolitik in einer asymetrischen Währungsunion: Ein dynamischer Ansatz

Hans-Werner Wohltmann

In diesem Beitrag werden im Rahmen eines dynamischen Modells für eine kleine, aus zwei Ländern bestehende Währungsunion, die auf der Angebotsseite durch ein asymmetrisches Lohnsetzungsverhalten der Gewerkschaften gekennzeichnet ist, die intertemporalen Wirkungen einer von der Zentralbank im voraus angekündigten Steigerung der Geldmengenzuwachsrate analysiert. Die Verhaltensasymmetrie bewirkt in einer ansonsten vollkommen symmetrischen Währungsunion, dass bereits in der Ankündigungsphase ein reales Konjunkturgefälle zwischen beiden Ländern auftritt, das zunächst zugunsten des Landes mit der flexibleren Lohnanpassung ausfällt. Da hiermit aus Sicht dieses Landes ein allmählicher Anstieg des innergemeinschaftlichen Preisverhältnisses und eine Verschlechterung seiner Wettbewerbsfähigkeit verbunden sind, kommt es im Zuge der Anpassung zu einer Umkehrung der relativen Wirksamkeit der Geldpolitik in beiden Ländern. Das in seiner Richtung wechselnde Konjunkturgefälle wird langfristig abgebaut, da dann die Outputvariablen wieder in ihre Normalniveaus zurückkehren.

Die Rolle des Geldes im Inflation Targeting

Ernst Baltensperger

Der Ansatz des Inflation Targeting, verstanden als allgemeiner gedanklicher Rahmen für die Analyse, Formulierung und Kommunikation der Geldpolitik, ist grundsätzlich überzeugend und konsistent mit traditionellen Sichtweisen von Geldtheorie und Geldpolitik. Trotzdem befremdet manches an der heutigen Diskussion um das Inflation Targeting, speziell die Behauptung wichtiger Vertreter dieses Ansatzes, dass Geldmenge und Geldnachfrage unter dieser Strategie zu geldpolitisch im wesentlichen irrelevanten Variablen werden. Diese Schlussfolgerung ist zwar im makroökonomischen Modelltypus, auf welchen diese Autoren ihre Analyse stützen, korrekt. Dieser Modelltyp ist aber in gewisser Hinsicht sehr speziell und kann durch andere, a priori ebenso plausible Modellformulierungen ersetzt werden, welche nicht dieses Ergebnis erzeugen

Dieser Beitrag betrachtet vier alternative Ansätze, einschliesslich a. eine explizite Unterscheidung zwischen Geldmarktzins und Kapitalmarktzins, b. eine alternative Inflationsbestimmungshypothese, c. Berücksichtigung eines gewissen Maßes an Simultanität in der Bestimmung von Zinssatz, Geldmenge und Güternachfrage und d. Berücksichtigung von Unsicherheit über den „natürlichen" Realzinssatz. Die Schlussfolgerung ist, dass das Geld auch innerhalb einer Strategie des Inflation Targeting eine potentiell wichtige Indikatorvariable der Geldpolitik bleibt.

Aktienkurse in geldpolitischer Sicht

Helmut Hesse und Bernd Braasch

Der stürmische Anstieg der Aktienkurse wirft grundsätzliche Fragen für die Geldpolitik auf. Obwohl nicht exakt bestimmt werden kann, wann eine „asset inflation" einsetzt, dürfen mögliche Übersteigerungen an den Aktienmärkten nicht aus dem Blickfeld der Geldpolitik geraten. Steigende Aktienkurse können den Konsum und die Investitionen kräftig stimulieren, und die Gefahr einer Überhitzung der Volkswirtschaft mit aufkommenden oder sich verstärkenden inflationären Tendenzen ist nicht auszuschließen. Mehr noch: Eine anhaltende Hausse an den Aktienmärkten kann zur Entstehung gravierender gesamtwirtschaftlicher Ungleichgewichte führen, wie das Beispiel der USA mit einer zunehmenden Ausweitung des Leistungsbilanzdefizits und einer Sparquote der privaten Haushalte von nahezu Null lehrt.

Welche Rolle die Aktienkurse bei der Gestaltung der Geldpolitik spielen sollen, lässt sich beim gegenwärtigen Stand der Forschung nicht sicher beantworten. Neben den Messproblemen ist ein wesentlicher Grund dafür, dass eine „asset inflation" häufig beginnt, wenn die Verbraucherpreise keinerlei Inflationsgefahren anzeigen. Gleichwohl lautet eine zentrale Schlussfolgerung dieses Beitrags, dass eine Notenbank eine „asset inflation" nicht erst dann bekämpfen soll, wenn sie bereits Eigendynamik entwickelt hat. Würden die Notenbanken ihre Zinssätze bei einem kräftigen Anstieg der Aktienkurse nicht erhöhen, aber bei einem Kurseinbruch die Zinsen senken, würde dies bei den Kapitalanlegern moral-hazard-Verhalten fördern. Darüber hinaus könnte eine Notenbank, die ihren geldpolitischen Kurs an einem Inflationsziel orientiert, in Zeiten mit geringem Auftrieb der Verbraucherpreise davon abgelenkt werden, die einsetzende „asset inflation" als Gefahr für die finanzielle Stabilität ihres Zuständigkeitsbereichs zu erkennen. Die Einfügung eines Aktienindex in eine „feedback rule" könnte die Volatiltät der Kurse verstärken. Vielmehr empfiehlt es sich, die „vermögensinduzierte" Geldnachfrage explizit bei der Ableitung des Geldmengenziels zu berücksichtigen.

EMU: Political Economic Issues and Challenges

Jürgen von Hagen

Nach dem Beginn der Europäischen Währungsunion steht die gemeinsame Geldpolitik vor zwei wichtigen Problemen. Erstens muss der EZB Rat, das Entscheidungsgremium über die Geldpolitik, eine für den Euroraum angemessene und konsistente Geldpolitik beschließen und durchführen. Dies ist angesichts von Unterschieden in den geldpolitischen Präferenzen der Mitglieder des Rates nicht einfach. Zweitens muss das Verhältnis zwischen Geld- und Fiskalpolitik im Euroraum und das Verhältnis der nationalen Fiskalpolitiken zueinander geklärt werden.

In diesem Beitrag wird ein Modell des EZB Rates betrachtet, und es werden die Effekte unterschiedlicher Abstimmungsverfahren angesichts nationaler Divergenzen bezüglich der gewünschten Ausrichtung der Geldpolitik analysiert. Es wird gezeigt, dass Abstimmungen mit einfacher Mehrheit im EZB Rat die Geldpolitik dem Einfluss länderspezifischer Schocks aussetzen. Darüberhinaus führt die Dominanz nationaler Zentralbankpräsidenten im Rat zu ineffizienter Stabilisierung EWU-weiter Schocks. Strengere Mehrheitsregeln können dieses Problem lösen.

Zweitens wird die Notwendigkeit fiskalpolitischer Koordination im Euroraum diskutiert. Derartige Koordination kann entgegen populären Ansichten die Qualität der Geldpolitik verbessern.

Einige Überlegungen über europäische Arbeitsmärkte und die Europäische Währungsunion

Michael C. Burda

Die verbreiteten Sorgen um die realen Konsequenzen der Währungsunion für Europa sind eher mit neukeynesianischen Konjunkturmodellen als mit dem Real-Business-Cycle Paradigma in Einklang zu bringen. Von einem Modell mit nominalen Friktionen ausgehend, werden in diesem Beitrag einige Überlegungen zur makroökonomischen

Entwicklung des Euro-Raums vorgetragen. Dabei wird die Auffassung vertreten, dass infolge der Währungsunion die (nominalen) Preisrigiditäten zunehmen, während die realen Rigiditäten eher abnehmen werden. Demzufolge entstünde ein neues makroökonomisches Regime, bei welchem sich die kurzfristige Wirksamkeit der Geldpolitik erhöht. Da die Arbeitsmärkte Europas einer Art „Zwangsdezentralisierung“ ausgesetzt sind, könnten Forderungen nach zusätzlicher Arbeitsmarktflexibilität überflüssig sein und vielleicht sogar provozierend wirken.

Makro-Märkte und Risikomanagement in der Europäischen Währungsunion

Peter Cornelius

Auch in Zukunft lässt sich nicht ausschließen, dass die Mitgliedsländer der Europäischen Währungsunion von asymmetrischen Schocks getroffen werden. Während bisher intra-europäische Wechselkurse halfen, solche Schocks abzufedern, müssen nun alternative Absorptionsmechnismen diese Aufgabe übernehmen. In der wirtschaftspolitischen Debatte standen bisher vor allem zwei Bereiche im Vordergrund: Zum einen Maßnahmen zur Flexibilisierung der europäischen Arbeitsmärkte und zum anderen fiskalische Versicherungsmechanismen.

Dieser Beitrag untersucht stattdessen, inwieweit private Versicherungsmärkte helfen könnten, länderspezifische Störungen im gemeinsamen Währungsraum zu dämpfen. Genauer geht es um die potentielle Rolle sogenannter Makromärkte, die es privaten Akteuren ermöglichen, gesamtwirtschaftlich bedingte Einkommensrisiken mit Hilfe von Swaps, Futures und Optionen zu hedgen. Solche Märkte waren bis vor kurzem noch weitgehend unbekannt, was in erster Linie auf psychologische Barrieren und das Fehlen eines adäquaten rechtlichen Rahmens zurückgeführt werden mag.

Wie der Beitrag näher diskutiert, sind jedoch in jüngerer Zeit verschiedene Versicherungsinnovationen entstanden, die Grundgedanken von Makromärkten bereits recht nahe kommen. In diesem Zusammenhang wird vor allem auf sogenannte „alternative Risikotransfers“ (ART) eingegangen, die in einer zunehmend breiten Produktpalette von Versicherungsunternehmen angeboten werden. Auch wenn auf absehbare Zeit das Volumen von ART-Produkten nicht ausreichen wird, allein die Aufgabe von Schockabsorbern in der EWU zu übernehmen, so kommt der Beitrag zu dem Schluss, dass solche Innovationen zumindest eine unterstützende Rolle übernehmen könnten.

MOEL – Wechselkursarrangements

Wolf Schäfer

Dieser Beitrag beschäftigt sich mit der grundsätzlichen Frage, welcher Währungspeg für die mittel- und osteuropäischen Länder (MOEL) optimal ist. Zunächst kann zwischen Nominal- und Realpeg unterschieden werden. Modelltheoretisch wird aufgezeigt, welche Bedingungen erfüllt sein müssten, damit ein MOEL sich für die eine oder andere Variante entscheidet. Dabei zeigt sich konkret folgendes: Je größer der Außenhandelssektor, je kleiner die Preissetzungsmacht sowie die wechselkursinduzierten Preisüberwälzungsmöglichkeiten und je größer die internen Stabilitätserfolge eines Landes sind, desto eher sind Realpeg und Nominalpeg miteinander vereinbar. MOEL, die in die Europäische Währungsunion wollen, sollten deshalb ihren Außenhandelsfaktor durch Protektionsabbau erhöhen sowie die internen Stabilitätsanstrengungen verstärken. Zudem wird aufgezeigt, dass der optimale Peg auch unter Berücksichtigung externer finanzieller Restriktionen zu fixieren ist. Dabei besteht das spezielle Problem, dass die Währungsstruktur im Außenhandel von der in der externen Verschuldung eines Landes abweicht. Ein optimaler Weg muss die jeweilige Währungsstruktur sowohl im Außenhandel als auch in der externen Verschuldung berücksichtigen. Es zeigt sich, dass es für ein MOEL sinnvoll ist, die Währungsstrukturen im Außenhandel und in der externen Verschuldung einander anzugleichen. Dabei wird der Euro ein zentrales Gewicht haben, weil der Außenhandel der MOEL sich zunehmend auf den Euro-Währungsraum ausrichtet.

Risikocontrolling und Risikomanagement auf internationalen Finanzmärkten

Manfred Timmermann

Globalisierung, Technologisierung und Diversifikation kennzeichnen den internationalen Markt für Finanzdienstleistungen. Die modernen Instrumente der kapitalmarktorientierten Finanzierung verdrängen mehr und mehr die klassischen Kreditfinanzierungen. Das Volumen der Finanzmärkte übersteigt bei weitem den Finanzierungsbedarf des internationalen realen Güteraustausches. Die internationalen Finanzmärkte gleichen immer mehr einem „globalen Spielcasino". Chancen und Risiken verhalten sich entsprechend. Risikocontrolling und Risikomanagement nehmen daher in ihrer Bedeutung ständig zu. Der Risikoprozess beinhaltet fünf integrierte Elemente: Risikomessung und Reporting, Limitsetzung, Risikoübernahme, Risikoüberwachung und Qualitätssicherung. Markt-, Kredit-, Liquiditäts- und operative Risiken machen die aggregierte Risikoposition einer Bank aus. Die Anforderungen der Bankaufsichtsbehörden an Risikocontrolling und Risikomanagement versuchen, der Komplexität der Risikoentwicklung zu folgen.